Hubert Wolf

DIE GEHEIMEN
ARCHIVE
DES VATIKAN

Hubert Wolf

DIE GEHEIMEN ARCHIVE DES VATIKAN

*Und was sie über
die Kirche verraten*

C.H.Beck

2. Auflage. 2025

© Verlag C.H.Beck oHG, München 2024
Wilhelmstraße 9, 80801 München, info@beck.de
Alle urheberrechtlichen Nutzungsrechte bleiben vorbehalten.
Der Verlag behält sich auch das Recht vor, Vervielfältigungen dieses Werks
zum Zwecke des Text and Data Mining vorzunehmen.
www.chbeck.de
Umschlaggestaltung: Rothfos & Gabler, Hamburg
Umschlagabbildung: Wendeltreppe in den Vatikanischen Museen, Rom.
© David Sciora/Stocksy United
Satz: Janß GmbH, Pfungstadt
Druck und Bindung: Pustet, Regensburg
Gedruckt auf säurefreiem und alterungsbeständigem Papier
Printed in Germany
ISBN 978 3 406 82195 0

verantwortungsbewusst produziert
www.chbeck.de/nachhaltig
produktsicherheit.beck.de

INHALT

Einleitung
Nadeln im Heuhaufen
– 9 –

1.
Heiliger Vater, retten Sie uns
Bittschreiben von Juden an Pius XII.
– 17 –

Bittschreiben und Bittsteller 18 – Antworten und Antwort-
schreiber 19 – Das Bittschreiben von Franz Brinnitzer 20 –
Die Entscheidungsfindung im Fall Brinnitzer 23 – Letzte
Hoffnung Palästina 24 – Gegen das Vergessen 27

2.
Der Papst, der geschwiegen hat
Pius XII. und der Holocaust
– 31 –

Der «Stellvertreter» 32 – Informationen zur hundert-
tausendfachen Ermordung der Juden 34 – Pius XII. und
das Wissen über den Holocaust 37 – Das «Appunto»
Angelo Dell'Acquas 39 – Die Weihnachtsansprache des
Papstes von 1942 44 – Verlegt, verwechselt, verbrannt 47 –
Pius XII. erklärt sich 49

3.

Dogma oder Diplomatie
Pius XII. und seine deutschen Prägungen

– 53 –

Eine typisch römische Biographie 55 – Deutsche Jahre als
Nuntius 58 – Drei deutsche Traumata 60 – Pragmatische
Nachsicht: Die Weimarer Reichsverfassung 63 – Große
Vorsicht: Die Zentrumspartei 64 – Demütige Geschmei-
digkeit: Die Ökumene 67

4.

Totalkontrolle des Wissens
Der Index der verbotenen Bücher

– 71 –

Zensur in Kirche und Staat 74 – Der Fall Galileo Galilei:
Eine Absage an die moderne Physik 78 – Der Fall Charles
Darwin: Evolution oder Schöpfung 82 – Der Fall «Onkel
Toms Hütte»: Angst vor dem Umsturz 87 – Der Fall Leo-
pold von Ranke: Gegen den Primat der Geschichte 89

5.

Tribunal für einen Toten
Die Theologie vor der Inquisition

– 93 –

Der Fall Johann Michael Sailer 95 – Die «Armen Seelen»
als Drahtzieher der Anklage 97 – Das Inquisitionsgutach-
ten Constantin von Schaezlers 99 – Das Geheimnis des
dreizehnten Konsultors 102 – Die Akten verschwinden im
Archiv 106 – Denunziationen als Mittel der Politik 108

6.
Die Inszenierung des Geheimen
Von den Tücken der Papstwahl

– 111 –

Wie wird man Bischof von Rom? 113 – Inthronisation und
Krönung im Lateran 116 – Kardinäle und Wahlrecht 119 –
Konklave und Stimmzettel 121 – Die Wandlung des Kardinals zum Stellvertreter Christi 123 – Rituale und Symbole
der Amtseinsetzung 125 – Die nicht ganz geheime Wahl 128

7.
Es war immer schon so!
Erkenntnisse aus den Archiven für eine Kirchenreform

– 131 –

Reform als Wesenselement der Kirche 133 – Zurück zur
Urform, vorwärts zur neuen Form 134 – Menschenrechte
und die Theologie des Judentums 137 – Subsidiarität als
Grundprinzip 138 – Priesterinnen, Diakoninnen und
Äbtissinnen 140 – Einmalige und mehrfache Sündenver-
gebung 144

8.
Ehelosigkeit als Dogma
Die Erfindung des Zölibats

– 147 –

Verheiratete Priester in Geschichte und Gegenwart 148 –
Die Wurzeln des Zölibats 153 – Zölibat, Priesteramt und
Missbrauch 159

9.

Die Unfehlbarkeit der Päpste
Ein Blick hinter die Kulissen

– 165 –

1863: Pius IX. erfindet das ordentliche Lehramt 167 – 1870:
Der Papst wird «unfehlbar» 171 – Das Erste Vatikanum ge-
gen das Konstanzer Konzil 178 – Die Neuerfindung des
Katholizismus 180

10.

Mord auf Befehl der Gottesmutter
Skandal im Nonnenkloster Sant'Ambrogio

– 183 –

Lebende Heilige 184 – Maria Luisa als Täterin und als Opfer 189 – Eine sexuelle Beziehung mit dem Beichtvater 192
– Die Vergiftung und Rettung Katharinas 194 – Der Prozess vor der Inquisition 199

Dank

– 203 –

Anmerkungen

– 205 –

Literaturhinweise

– 219 –

Personenregister

– 237 –

EINLEITUNG

NADELN IM HEUHAUFEN

Das *Archivio Vaticano*. Einer von Robert Langdons Lebensträumen wurde wahr. ... Das Bild, das er sich im Lauf der Jahre von diesem Raum gemacht hatte, hätte unzutreffender nicht sein können. Langdon hatte sich staubige Bücherregale vorgestellt, die von alten, zerfledderten Folianten überquollen, Priester, die bei Kerzenlicht die Bestände katalogisierten, Bleiglasfenster und Mönche mit Federkielen über Schriftrollen ... was nicht einmal annähernd der Wirklichkeit entsprach. Auf den ersten Blick erschien der Raum wie ein dunkler Flugzeughangar, in dem jemand ein Dutzend freistehender Racquetballfelder mit gläsernen Wänden gebaut hatte .... Es waren Büchertresore, hermetisch gegen Feuchtigkeit und Wärme isoliert, luftdichte Kammern, die verhindern sollten, dass das alte Papier und Pergament noch weiter zerfiel. Sie zu betreten war wegen des dort herrschenden Unterdrucks und des geringen Sauerstoffgehalts lebensgefährlich, wenn nicht von außen ein fremder Bibliothekar die Sauerstoffzufuhr regulierte.[1]

Wer im Vatikanischen Geheimarchiv nicht wie Robert Langdon staubige Regale erwartet, wird diese berühmte Darstellung in Dan Browns Thriller *Illuminati* glaubwürdig finden – doch auch sie könnte unzutreffender nicht sein. Schon die famosen Büchertresore gehören schlicht in eine Bibliothek, Aktensafes wären für ein Archiv angemessener. In einem hat Dan Brown jedoch recht: Wer im Vatikanischen Archiv arbeiten darf, für den wird ein Lebenstraum wahr. Wer einmal die Droge *Archivio Segreto Vaticano* inhaliert hat, der muss immer wieder hin. Die Bannandrohungsbulle gegen Martin Luther in Händen zu halten, in der Registerüberlieferung Gregors VII. zu blättern und hier auf den berühmten *Dic-*

tatus Papae von 1075 zu stoßen oder die Inquisitionsakten gegen Galileo Galilei vor sich zu sehen, lässt das Herz jeder Historikerin und jedes Historikers höherschlagen. Existiert für eine deutsche Stadt eine Urkunde aus dem elften Jahrhundert, ist man schon glücklich. In Rom aber hat man in dieser Zeit die ein- und ausgehende Korrespondenz Tag für Tag vor sich.

Das Vatikanische Archiv ist das einzige Archiv auf der Welt, das man nur durch täglichen Grenzübertritt mit einem Visum betreten kann. Forscherinnen und Forscher müssen jeden Tag über die Porta Santa Anna, wo sich der offizielle Grenzübergang befindet, von der Republik Italien in den Kirchenstaat, die Città del Vaticano, einreisen, um zum Eingang des Archivs im Cortile del Belvedere zu kommen. Dort muss man seine *Tessera* abgeben, oder – falls man noch keinen Benutzerausweis hat – sich einen ausstellen lassen. Dann bekommt man einen Schlüssel für die Garderobe. Dessen Nummer ist auch für die Bestellung von Akten an diesem Tag anzugeben.

Das Vatikanische Archiv ist nicht ganz einfach zu benutzen, manchmal geradezu mühsam. Inventare im Internet wie bei deutschen Staatsarchiven gibt es nicht. Man muss vor Ort in der *Sala degli Indici*, einem separaten Saal, in dem alle «Findmittel» in Regalen aufgereiht sind, auf speziellen PCs die PDFs der Inventare durchsuchen oder die handschriftlichen und getippten Repertorien wälzen. Die neueren Findbücher sind sehr präzise und umfassend, für manche Bestände existieren zum Teil aber nur summarische oder auch gar keine Übersichten. Oft erfährt man lediglich, dass eine tausend Blatt umfassende Schachtel «Affari diversi» enthält, was alles und jedes bedeuten kann. Manchmal juckt es einen einfach im kleinen Finger und intuitiv bestellt man den richtigen Bestand.

Vor allem aber muss man die Geschäftsgänge der Kurie, ihre einzelnen Behörden, Sekretariate und Kongregationen und die Ablagepraxis der jeweiligen Archivare im entsprechenden Untersuchungszeitraum genau kennen oder sich erst mühsam erarbeiten, um die richtigen Akten in den Lesesaal zu bestellen und sein Thema durch alle Stationen hindurch zu verfolgen. Das hat viel mit Kriminalistik zu tun. Durch die falsche Kombination von Indizien kann man leicht in die Irre geleitet werden. Dann war tagelange Arbeit umsonst. Manchmal kommt man sich vor wie Heinrich Schliemann beim Ausgraben von Troja. Man braucht eine ganze Reihe stratigraphischer Gräben, um die Goldader in einem bislang unbekannten Bestand aufzuspüren – oder eben auch nicht. Manchmal blättert man tagelang den Inhalt von Schachteln durch und siebt nur Sand. Und wenn man Glück hat, findet man es doch, das gesuchte Nugget, das oft recht unscheinbar daherkommt, aber zu glänzen beginnt, wenn man es am Ärmel des Jacketts reibt. Aber selbst wenn der große Fund zur eigenen Fragestellung ausbleibt, finden sich im Sand so viele andere interessante Spuren, dass man sich leicht ablenken lässt – und nicht selten ein ganz neues, völlig unerwartetes Thema entdeckt. Dann hat man nicht die Nadel im Heuhaufen gefunden, die man gesucht hat, dafür aber eine ganz andere.

Im Lesesaal gibt es rund siebzig Arbeitsplätze für die Forscherinnen und Forscher aus der ganzen Welt. Um die raren Plätze muss man sich lange im Voraus bemühen. Es gibt Steckdosen für Laptops an jedem Arbeitsplatz, Kugelschreiber und Füllhalter sind zum Schutz der Akten verboten, handschriftliche Notizen darf man nur mit Bleistift machen, einen Spitzer mitzunehmen, ist daher unbedingt empfehlenswert.

Im Cortile della Pigna, dem Innenhof zwischen dem Vatikanischen Archiv und der BAV, der Biblioteca Apostolica Vaticana, wird in einer aufgelassenen Kapelle in einer Cafeteria einer der besten Cappuccini Roms serviert, lebenswichtige Koffeinzufuhr, um viele Stunden anstrengender Archivarbeit mit Quellen in den unterschiedlichsten Sprachen und anspruchsvollen paläographischen Herausforderungen aller Art ohne Schaden an Leib und Seele zu überstehen. Zugleich ist diese Bar der wichtigste Treffpunkt für die Forscherinnen und Forscher. Hier wurde schon manches internationale Symposion und manche transatlantische Kooperation vereinbart.

Nach der Stärkung in der Bar wendet man sich wieder den etwa fünfundachtzig laufenden Kilometer Akten zu. Die Quellen-

massen sind wahrlich immens. Die ältesten reichen ins achte
Jahrhundert zurück. Auch wenn es schon vorher Sammlungen
von Quellen gab, wurde das eigentliche Vatikanische Archiv erst
von Paul V. im Jahr 1612 im Apostolischen Palast errichtet. Dazu
wurden zunächst verstreute Archivmaterialien aus der *Biblioteca
Segreta* der Engelsburg und der Apostolischen Kammer in das
Vatikanische Archiv übertragen, das seither Jahr für Jahr durch
Abgaben aus den verschiedenen Registraturen der kurialen Behörden wächst.

Das Archiv diente zunächst nur als interne Quellensammlung
der Päpste. Erst 1880 wurde es der Forschung zugänglich gemacht,
zunächst nur die mittelalterlichen Bestände, dann folgten immer
mehr Archivalien aus Reformation und Früher Neuzeit. Seither
hat sich die Praxis eingebürgert, dass die Päpste in chronologischer
Reihenfolge immer wieder neue Bestände öffnen. Dabei werden
jeweils alle Akten eines Pontifikats, vom ersten Regierungstag
eines Papstes bis zu seinem letzten, zugänglich – ohne Unterscheidung der Quellengattungen. So machten zuletzt Johannes
Paul II. 2003 und 2006 alle Akten Pius' XI. (1922–1939) der Forschung zugänglich; 2020 folgte durch Franziskus die Apertura der
Quellen des Pontifikats Pius' XII. (1939–1958). Allein für das Pontifikat dieses Papstes gibt es rund vierhunderttausend Schachteln
mit bis zu eintausend Blatt. Dass bestimmte Quellengattungen
nach Ablauf einer Frist automatisch zugänglich werden, wie in
deutschen Archiven meist üblich, ist im Vatikanischen Archiv nicht
vorgesehen.

Die Erlaubnis, das Archiv konsultieren zu dürfen, hängt
nicht – wie vielfach kolportiert – vom katholischen Taufbuch ab,
sondern von der wissenschaftlichen Qualifikation des Antrag-
stellers und der Empfehlung eines ausgewiesenen Wissenschaft-
lers. Katholiken arbeiten hier neben Protestanten, Agnostiker
neben Muslimen. Priester und Nonnen bilden eher eine Minderheit.

Ein «Geheimarchiv» gibt es übrigens nicht nur im Vatikan.
Segreto, «geheim», meint schlicht «privat» im Gegensatz zu
einem öffentlichen kommunalen oder staatlichen Archiv. Das

«Geheimarchiv» des Papstes ist also die Privatsammlung des Kirchenoberhaupts, so wie das *Geheime Hausarchiv* der Wittelsbacher in München das «private» Archiv dieser Adelsfamilie ist.

Inzwischen nennt sich das Vatikanische Archiv auch nicht mehr «geheim». Am 28. Oktober 2019 entschied Franziskus, dass das Archivio Segreto Vaticano (ASV) fortan Archivio Apostolico Vaticano (AAV) heißen sollte. «Geheimarchiv» klang dem argentinischen Papst offenbar zu sehr nach Geheimniskrämerei, nach Unter-der-Decke-Halten von Skandalen, nach einem Versteck für den Heiligen Gral und anderen Preziosen. Ein Geheimarchiv passte offenbar nicht mehr so recht zu der von der katholischen Kirche angesichts von Missbrauchs- und Finanzskandalen neu entdeckten Transparenz.

An der Faszination, die von diesem Archiv ausgeht, hat sich seit der Umbenennung jedoch nichts geändert. Auch unter dem neuen Namen bleibt das Vatikanische Archiv ein Eldorado der Geschichtswissenschaft, «soweit sie quellenmäßig arbeitet» (Karl August Fink).[2] Hier hat die katholische Kirche in gewisser Weise die Weltgeschichte eingelagert, denn es handelt sich um nicht weniger als das Archiv des ersten Global Players mit Informationsquellen auf der ganzen Welt.

Das Vatikanische Geheimarchiv oder jetzt: Apostolische Archiv ist zwar die größte Quellensammlung der Päpste, aber nicht das einzige vatikanische Archiv. Neben dem Vatikanischen Apostolischen Archiv und dem eigenständigen Archiv des Päpstlichen Staatssekretariats, die sich im Vatikanstaat selbst befinden, gibt es die Archive der Kongregation Propaganda Fide, zuständig für die «Verbreitung des Glaubens», der Kongregation für die Orientalischen Kirchen, der Apostolischen Pönitentiarie, die als kuriale Behörde Gnadenerweise gewährte, und vor allem der Glaubenskongregation, die die Überlieferungen der Römischen Inquisition und der Indexkongregation verwahrt. Diese eigenständigen Institutionen liegen auf italienischem Staatsgebiet. Von einem einheitlichen vatikanischen Zentralarchiv ist die Römische Kurie also immer noch meilenweit entfernt, obwohl Paul V., der Gründer des Archivs, dies bereits im Jahr 1610 angestrebt hatte.

Der 2. März 2020 war ein Meilenstein in der Geschichte der Öffnung der Vatikanischen Archive, denn an diesem Tag wurden erstmals die Bestände aus dem Pontifikat Pius' XII. aus den Jahren 1939 bis 1958 für die Forschung zugänglich. Die Erwartungen waren und sind hochgesteckt: Endlich würde man die Fragen nach der Rolle dieses Papstes während der Schoah beantworten können. Endlich käme Klarheit in die Frage, ob und wie der Vatikan Pässe für Naziverbrecher wie Adolf Eichmann oder Josef Mengele ausgestellt hat, damit sie sich nach Südamerika oder auf andere Kontinente absetzen können – Stichwort Rattenlinie. Endlich wüsste man, warum der Vatikan sich 1948 gegen die Gründung des Staates Israel ausgesprochen hat. Die Abertausenden erstmals benutzbaren archivalischen Einheiten würden diese und noch hundert andere Fragen beantworten. Doch angesichts der Menge an Akten sind schnelle Antworten nicht zu erwarten.

Die ersten beiden Kapitel dieses Buches versuchen eine erste Annäherung an zwei große Forschungsthemen auf Grundlage dieser neu zugänglichen Bestände: Zunächst sind die Stimmen einiger der vielen tausend jüdischen Bittsteller aus ganz Europa zu hören, die den Papst flehentlich um Hilfe vor der Verfolgung durch die Nationalsozialisten baten. Die Akten geben Aufschluss darüber, ob Pius XII. ihnen geholfen hat oder nicht. Dann geht es um die Frage, was genau der Papst vom Holocaust wusste und warum er nicht öffentlich gegen die Ermordung von sechs Millionen jüdischen Menschen protestiert hat. Von hier führt der Weg durch das Labyrinth der Vatikanischen Archive mit immer wieder neuen Funden zur Buchzensur und Inquisition über den Zölibat und verschüttete Reformoptionen für die katholische Kirche bis zum Kampf um das Unfehlbarkeitsdogma und Mord und Missbrauch im römischen Nonnenkloster Sant'Ambrogio.

Für den Einblick in die Archive wurden Entdeckungen ausgewählt, die der Verfasser dieses Buches in den letzten vier Jahrzehnten in den Vatikanischen Archiven gemacht hat. Dazu kommt eine Reihe von neueren Entdeckungen, die bisher nicht oder kaum bekannt sind. Die Beispiele sollen einen Überblick über das Archiv und die Arbeit in ihm bieten. Vor allem aber ist ihnen gemeinsam, dass sie neue historische Einblicke bieten, wo bisher Legenden, Vermutungen und das offizielle Selbstbild der Kirche als einer traditions- und segensreichen Institution vorherrschen. Es sind einzelne Nadeln in einem Heuhaufen – teils gezielt gefunden, teils zufällig entdeckt –, der noch längst nicht alle Geheimnisse preisgegeben hat.

1.

HEILIGER VATER, RETTEN SIE UNS
BITTSCHREIBEN VON JUDEN
AN PIUS XII.

Heiliger Vater! Ich Endesunterzeichneter, Euer ergebenster Diener, wende mich heut zum ersten Mal an Eure Heiligkeit, da mir die Not über den Kopf wächst, und ich genau weiß, welch gutes treues Herz in Eurer Heiligkeit wohnt. Bemerken muss ich, dass ich Jude bin, also keine Berechtigung habe, bei Eurer Heiligkeit anzuklopfen, aber im festen Glauben, dass uns Menschen alle ein Gott regiert, wage ich es.[1]

So beginnt eines von vielen tausend Bittschreiben jüdischer Menschen, die den Vatikan während des Zweiten Weltkriegs erreichten. Franz Brinnitzer schrieb es am 27. Juli 1942, als Absenderadresse wurde Rom, Via Montecatini 5, angegeben, wo er mit seiner Frau Meta vorübergehend Unterschlupf gefunden hatte.

Bislang waren diese Briefe unbekannt.[2] Erst mit dem 2. März 2020, der Öffnung der Vatikanischen Archive für die Zeit Pius' XII., der von 1939 bis 1958 auf dem Stuhl Petri saß, wurden diese zugänglich. Doch die Schreiben finden sich nicht in einem einzigen wohlsortierten Bestand, sondern verstreut über mehrere Archive in verschiedenen Aktenserien, wovon zwei zentral sind: Zum einen die Serie «Razza» in den Unterlagen der Commissione Soccorsi, die zur Zweiten Sektion des Staatssekretariats gehörte und deren Bestände sich im Apostolischen Archiv des Vatikans befinden; zum anderen die Serie «Ebrei» der Ersten Sektion, die sich im eigenständigen Archiv des Staatssekretariats befindet.

Bittschreiben und Bittsteller

Bislang lässt sich nur schätzen, um wie viele jüdische Menschen es sich genau handelt, die auf die Hilfe des Papstes hofften. Derzeit ist von rund 15 000 auszugehen. Eine bloße Addition der Namen aus den Serien «Ebrei» («Juden») und «Razza» («Rasse») greift zu kurz, weil es eine ganze Reihe von Doppelüberlieferungen gibt, wenn beide Sektionen des Staatssekretariats mit ein und demselben Fall befasst waren. Zudem dokumentieren diese beiden Fondi bei weitem nicht alle Bittschreiben jüdischer Menschen an den Heiligen Stuhl.

Aber was ist unter einem Bittschreiben eigentlich genau zu verstehen? Fünf Gattungen sind zu unterscheiden: Erstens ein Egodokument, in dem die bittstellende Person für sich selbst (und ihre Angehörigen) um Hilfe bittet. Zweitens Bittschreiben, die Verwandte und Freunde für jüdische Menschen verfasst haben. Drittens: Bittschreiben aus der Feder von Kirchenleuten oder einflussreichen Persönlichkeiten des öffentlichen Lebens, die den Papst ebenfalls stellvertretend um Hilfe bitten. Dazu kommen als vierte Gattung Empfehlungsschreiben kirchlicher Persönlichkeiten, die den eigentlichen Bittschreiben beigelegt sind und den Kenntnisstand über die Bittsteller aus einer zusätzlichen Perspektive erweitern. Nicht zu vergessen sind fünftens Petitionen, in denen um einen öffentlichen Protest des Papstes gegen die Schoah oder grundsätzliche politische Interventionen zugunsten großer Gruppen von Deportationen verfolgter Juden gebeten wird.

Aber selbst mit diesem weiten Begriff von «Bittschreiben» sind nicht alle jüdischen Bittsteller erfasst. Nicht selten findet sich in den vatikanischen Quellen nur eine interne Aktennotiz zu einem jüdischen Menschen in Not, ohne dass ein ausdrückliches Bittschreiben beiliegt. Dieses kann an einem anderen Ort abgelegt oder verloren gegangen sein. Es kann sich aber auch um eine nur mündlich vorgebrachte Bitte gehandelt haben. Mit den Bittschreiben und ihren Absendern ist die Frage nach ihrem Selbstverständnis, aus dem heraus sie sich an den Heiligen Stuhl wandten, eng verbunden.

Das Bittschreiben von Franz Brinnitzer etwa unterscheidet sich von zahlreichen anderen Bittbriefen, denn Brinnitzer fällt sozusagen mit der Tür ins Haus: «Bemerken muß ich, daß ich Jude bin, also keine Berechtigung habe, bei Eurer Heiligkeit anzuklopfen.»[3]

Dieser Satz macht auf eine terminologische Grundproblematik im Hinblick auf den Begriff «Jude» aufmerksam. Es ist nicht immer eindeutig, wer damit jeweils gemeint ist. So definierten die Nürnberger Gesetze und auch die italienischen Rassegesetze, wer als Jude zu gelten hatte – Religion spielte dabei keine Rolle. In den Bittschreiben finden sich jedoch ganz unterschiedliche Selbstbezeichnungen der Betroffenen. Bei Brinnitzer ist die Sache relativ einfach: Er rechnet sich von der Abstammung und dem Glauben her eindeutig dem Judentum zu. Andere Bittsteller bekennen sich zwar als Angehörige des jüdischen Volkes, aber nicht des jüdischen Glaubens. Viele dieser «Juden» sahen sich – wie zahlreiche ihrer protestantischen oder katholischen Zeitgenossen – selbst zuerst als Italiener, Deutsche oder Franzosen. Und nicht zuletzt hatten sich viele der Bittsteller ganz bewusst als Erwachsene taufen lassen, andere waren schon als Kinder getauft worden, bei manchen waren schon die Eltern oder wenigstens ein Elternteil konvertiert. Damit waren sie nach Kirchenrecht Katholiken und erhofften sich als solche den Schutz der Kirche.

Antworten und Antwortschreiber

Auch die vatikanischen Mitarbeiter verwendeten unterschiedliche Begriffe, wie bereits die Bezeichnung der Archivbestände «Razza» und «Ebrei» zeigt, mit denen getaufte und nicht getaufte Juden gleichermaßen gemeint sein können. Nicht selten übernahmen die kurialen Mitarbeiter aber – bewusst oder unbewusst – einen faschistischen Sprachgebrauch, indem sie etwa von «cattolico non ariano», «katholisch nicht arisch» oder «non ariano battezzato», «nicht arisch und getauft» sprachen. Ferner tauchen immer wieder Formulierungen auf wie «hebraicae origines», «von Geburt an jüdisch», «di religione e stirpe israelitica», «von Religion und Rasse jüdisch», «race juive», «von jüdischer Rasse» oder «ebreo e appartenente a famiglia di razza ebraica», also «Jude und Angehöriger einer Familie jüdischer Abstammung».[4]

Diese verschiedenen sprachlichen Ausdrücke sind ein Indiz für eine Pluriformität des «Jüdischseins». Ihre jeweilige Verwendung erlaubt zumindest Rückschlüsse auf das Selbstverständnis der Bittsteller und die Sichtweise der kurialen Mitarbeiter. Und sie sind relevant, wenn es – jenseits der Einzelschicksale – um übergeordnete Fragen geht: Wie viele der Bittsteller waren gläubige Juden? Wie viele waren Konvertiten? Half die Römische Kurie möglicherweise solchen sogenannten katholischen Nichtariern häufiger als gläubigen Juden? Oder galten sie in Rom doch nur als Katholiken zweiter Klasse? Damit geht die Frage einher, ob sich bei den einzelnen Mitarbeitern der Kurie ein bestimmter Sprachgebrauch etabliert hat, der auf eine feindliche Einstellung «Juden» gegenüber schließen lässt. Gab es dezidierte Antisemiten? Und ausgesprochene Judenfreunde? Da diesen Mitarbeitern und ihren Memos eine entscheidende Rolle bei der Bearbeitung der Bittschreiben zukam, ist die Beantwortung dieser Frage von zentraler Bedeutung. Sie zeigt zugleich, dass bei diesem Thema eine Konzentration auf Pius XII. allein zu kurz greift.

Das Bittschreiben von Franz Brinnitzer

Das Bittschreiben von Franz Brinnitzer weist auf die Bedeutung der Unterstützung durch kirchliche oder staatliche Autoritäten oder angesehene Einzelpersönlichkeiten hin. Vatikanischer «Briefträger» für den schriftlichen Hilfeschrei der Eheleute Brinnitzer im Sommer 1942 war kein Geringerer als der langjährige Privatsekretär Pius' XII., der Jesuitenpater Robert Leiber.

Der Jesuit legte das Bittschreiben nicht einfach auf den Schreibtisch seines obersten Chefs, Papst Pius XII., sondern hielt den Dienstweg ein. Er sandte es mit einem befürwortenden Begleitschreiben am 16. August 1942 an Mario Brini, den Sekretär der Commissione Soccorsi, der für die Hilfe zuständigen Kommission. Leiber konnte sicher sein, dass das Bittschreiben der Brinnitzers trotz der für vatikanische Ohren ungewöhnlichen Direktheit somit auf Wohlwollen treffen würde. Er schrieb: «Reverendissimo Monsignore, ich erlaube mir Ihnen … eine Bitte um Hilfe der Eheleute Brinnitzer [weiterzuleiten]. Die Form der Anfrage ist ein wenig seltsam; sie sind Juden auch der religiösen Konfession nach. Aber es sind gute Leute … was sie über ihren Sohn schreiben, entspricht der Wahrheit.»[5]

Brinnitzer selbst hatte dem Papst dazu geschrieben:

> Ich muss etwas zurückgreifen. Meine liebe Frau und ich, beide Reichsdeutsche, wanderten sofort, als Hitler das Regime übernahm, von Bremen im Mai 1933 nach Amsterdam, wo wir dort einen Lunch-Room eröffneten und es uns gut ging. Unser einziger Sohn, der in Deutschland studierte, in Würzburg, Freiburg, auch Düsseldorf, bestand sein Physikum und sein Staatsexamen: Summa cum laude. Er war 1933 Stadtarzt in Barmen und Assistenzarzt dort im großen Krankenhaus. Er brauchte dort nicht zu gehen, da ich im Weltkrieg Frontsoldat war, aber sein Ehrgefühl ging über das Wohlleben.[6]

Der Brief schildert zwar die Migrationsgeschichte der Brinnitzers nach 1933 differenziert, über ihre Herkunft und Geschichte vor Hitlers Machtübernahme ist aus den vatikanischen Quellen jedoch nichts zu erfahren. Das macht auch die Grenze der dort verwahrten Unterlagen deutlich. Statt der vollständigen Lebensgeschichte findet sich hier nur der zentrale Ausschnitt der Verfolgungssituation, den die Menschen selbst für relevant erachteten. Alle übrigen Informationen müssen aus anderen Quellen, aus Datenbanken wie der internationalen Holocaust-Gedenkstätte Yad Vashem, dem Holocaust Memorial Washington, den Arolsen Archives oder auch mithilfe gedruckter Literatur zeitaufwendig erhoben werden.

In diesem Fall ergeben die Recherchen in den nichtvatikanischen Quellen kurzgefasst folgende Informationen: Franz Alexander Walter Brinnitzer stammte aus Breslau, er war dort als Sohn von Joseph Brinnitzer am 5. Dezember 1879 in eine jüdische Familie hineingeboren worden. Seine spätere Frau Meta Priester erblickte das Licht der Welt am 15. Juni 1884 in Hohenmölsen als Tochter von Wilhelm und Amalie Priester. Meta und Franz heirateten 1905 in Berlin, als Berufe werden Kaufmann und Verkäuferin angegeben. Am 19. Januar 1906 wurde ihr Sohn Heinz Norman geboren. Die Familie siedelte irgendwann in den folgenden Jahren nach der Entlassung von Franz aus dem Kriegsdienst nach Bremen über. Jedenfalls beantragten Franz und Meta Brinnitzer im Jahr 1921 bei den dortigen Behörden einen Reisepass.

Das Bittschreiben an Pius XII. bietet nun eine ganze Reihe neuer Informationen. Zunächst berichtet Franz voller Stolz vom weiteren Lebens- und Bildungsweg seines Sohnes Heinz:

> Er ging nach Italien und musste das zweite Mal in Turin und Rom seine Examen machen, die er alle mit Auszeichnung bestand. Er ließ sich in Rom nieder und hatte eine große Praxis, beliebt bei arm und reich. … Meine Frau und ich waren bis 1937 in Holland. Dort wurde dieselbe durch das feuchte Klima schwer nierenleidend, und rieten die dortigen Ärzte meinem Sohn uns sofort nach Rom kommen zu lassen, da Lebensgefahr bestand. Unser Sohn veranlasste uns in Amsterdam alle Verbindungen zu lösen, und unverzüglich zu ihm zu kommen. Heiliger Vater! Wir haben das beste Kind, und damit das schönste Geschenk, was uns der Herrgott geben konnte. Wir bekamen eine Villa in Frascati als Wohnung, und glaubten uns unter der großen Liebe unseres Kindes im Garten Eden. … Im September 38 machten die Judengesetze gegen Stranieri dem Traum ein Ende … Mein Sohn ging mit seiner Frau am Stichtag 12. 3. 39 nach Palästina, uns ein baldiges Nachkommen versprechend. … Als wir fast soweit waren fortzukommen, brach in Italien der Krieg aus. Und damit unsere Sorgen, denn bis dahin sorgte unser Sohn. Auch weiterhin schlugen wir uns tapfer durch, aber jetzt stehen wir notorisch vor dem Nichts. … Außerdem hat uns die Quaestur am letzten Sonnabend die Aufforderung gesandt, sofort Rom zu verlassen, sodass wir im wahren Sinne des Wortes verlassen im fremden Land

stehen. Heiliger Vater, bei dem gütigen Allmächtigen bitte ich für mich und meine liebe Frau um eine Hülfe bei Ihnen, denn Sie wissen genau, wie alle Gläubigen, dass jede gute Tat belohnt wird. … Untertänigst, mit heißem und innigen Dank, Franz Brinnitzer.[7]

Die Entscheidungsfindung im Fall Brinnitzer

Wie wurde mit diesem Fall im Vatikan umgegangen? Das Bittschreiben Brinnitzers vom 27. Juli 1942 und der Begleitbrief Leibers vom 16. August wurden am 21. September in der Commissione Soccorsi bearbeitet. Monsignore Brini fasste die Causa in einem knappen getippten Appunto, einem Memo, zusammen: «Alter Jude befindet sich zusammen mit seiner Frau, nachdem der Sohn, ein Arzt, nach Palästina ausgewandert ist, in äußerster Not. Die Polizei hat sie aufgefordert, Rom zu verlassen. Sie bitten um eine barmherzige Hilfe des Heiligen Vaters. Pater Leiber empfiehlt sie.»[8] Solche Memos sind von zentraler Bedeutung, denn die Sachbearbeiter beeinflussten damit die weitere Entscheidungsfindung maßgeblich.

Im Fall Brinnitzer war die Erste Sektion nicht beteiligt. In dieser wurden in der Regel die Bittschreiben, die über die Nuntien hereinkamen, bearbeitet und – außer, wenn es um Brasilienvisa für getaufte Juden ging – nicht selten an die Zweite Sektion weitergeleitet. Da Leiber die Causa jedoch direkt bei Brini im eigentlich zuständigen Büro abgegeben hatte, entfiel dieser Schritt.

Brini reichte das Appunto an seinen Chef, den Substituten Giovanni Battista Montini weiter, der es mit in seine Privataudienz bei Pius XII. am 24. September 1942 nahm. Wie üblich notierte Montini die Entscheidung des Papstes in Kurzfassung handschriftlich auf dem Appunto: «Ex Aud. SSmi 24. 9. 42 L 500,– (f. profughi) GBM.»[9] Was in der Langversion bedeutet: Aus der Audienz beim Heiligen Vater am 24. September 1942. Bewilligt dem Bittsteller 500 Lire (aus dem Fonds für Flüchtlinge) Giovanni Battista Montini.

500 Lire klingen zunächst nicht nach viel. Tatsächlich aber

hatten sie 1942 immerhin einen Wert von 40 US-Dollar, von
denen zwei Personen einen Monat leben konnten. Das Audienz-
notat Montinis enthält aber noch einen anderen wichtigen Hinweis: Die Zuwendung sollte aus dem «Fonds für Flüchtlinge»
kommen. Es gab auch einen «Fonds für die Juden», teilweise
sprang auch die Vatikanbank direkt ein.

Der Fall Brinnitzer erreichte tatsächlich seinen Adressaten:
den Papst. Das war keineswegs immer der Fall. Viele Causen
wurden auf der Arbeitsebene entschieden und der Kardinalstaatssekretär unterschrieb lediglich die Weisungen, die ihm von
seinen Mitarbeitern vorgelegt wurden. Welche Petitionen wurden
Pius XII. denn überhaupt vorgelegt? Und welche nicht? Nahm er
die Fälle getaufter Juden eher zur Kenntnis als andere? Spielte
das Renommee des Bittstellers oder des «Briefträgers» die entscheidende Rolle? Fest steht, dass die Bittschreiben Pius XII. immer wieder und mit großer Regelmäßigkeit mit der Judenverfol-
gung konfrontierten, auch wenn ihm nur ein geringer Prozentsatz
der tausenden von Schreiben persönlich vorgelegt worden sein
sollte. Sein «Schweigen» zur Schoah beruht daher nicht auf
Nichtwissen, sondern auf anderen Motiven.

Am 7. Oktober teilte Montini Leiber den Beschluss des Papstes offiziell mit. Der Heilige Vater bedaure sehr, angesichts der
«zahllosen Bitten und der schwierigen Umstände» nicht mehr
finanzielle Unterstützung gewähren zu können.[10]

Letzte Hoffnung Palästina

Der Fall Brinnitzer deutet an, wie unterschiedlich die Bitten jüdischer Menschen an den Papst sein konnten. Sehr häufig wird um
eine finanzielle Unterstützung für das konkrete Überleben in den
nächsten Wochen und Monaten gebeten. Bei solchen Fragen der
Caritas konnte der Papst aus den eigenen Mitteln unmittelbar
mit kleineren Beträgen unterstützen, diplomatische Rücksicht
musste er dabei nicht nehmen. Aber in den Bittschreiben ging es

um weit mehr: Ein anderer wichtiger Punkt war die Auswanderung, um dem Tod in einem nationalsozialistischen Vernichtungslager zu entkommen.

Am 26. September hatte auch Brinnitzer gegenüber Pater Leiber diesen Wunsch geäußert. Mit Blick auf die Auswanderung hatte er von einer Aktion gehört: Es solle die Möglichkeit bestehen, Italiener, die in Palästina als Kriegsgefangene von den Briten festgehalten wurden, mit Angehörigen von «Palästinensern» in Italien auszutauschen:

> Mein Sohn ist in Haifa, seit mehr als drei Jahren, Palästinenser Bürger und medico, genau wie vorher viele Jahre in Rom. ... Wenn es irgendeinen Weg geben würde, der uns in die Arme unseres einzigen Sohnes führen würde, so würde es Ihnen Ehrwürden der Allmächtige im Himmel lohnen uns zusammenzuführen. Ich kenne nicht den Weg, der dabei einzuschlagen ist, und wäre Ihnen für eine Angabe dazu innig dankbar ... Mit innigem Dank für Ihre liebe Menschenfreundlichkeit, Ihre stets ergebenen Franz Brinnitzer und Frau.[11]

Leiber nahm das Anliegen der Brinnitzers am 12. Oktober auf und wandte sich direkt an Montini, ohne dieses Mal den Umweg über Brini zu wählen. Den Brief der jüdischen Eheleute mit der Idee eines Personenaustauschs legte er bei. Der Substitut wurde am 26. Oktober tätig. Er fragte bei der Botschaft des Vereinigten Königreiches beim Heiligen Stuhl an, ob im Zuge einer Familienzusammenführung prinzipiell die Möglichkeit bestehe, die Brinnitzers mit von den Briten in Palästina festgehaltenen Italienern auszutauschen und zu ihrem in Haifa lebenden Sohn auswandern zu lassen.

Die Antwort traf bereits am 29. Oktober 1942 im Staatssekretariat ein und war eindeutig: Nein. Damit schied eine diplomatische Lösung für die Emigration der Brinnitzers, die zwischen dem Heiligen Stuhl und der englischen Regierung zu vereinbaren gewesen wäre, aus. Botschafter Francis Osborne schob die Verantwortung den lokalen Behörden zu. «Die einzige Hoffnung, eine Erlaubnis zur Einreise für Herrn und Frau Brinnitzer nach

Palästina zu erhalten, bestände für ihren Sohn, in Haifa bei den
lokalen Autoritäten ein Einreisevisum für seine Eltern zu be-
antragen.»[12] Genau das hatte Heinz Brinnitzer seit 1939 vergeblich versucht. Am 9. November teilte Montini Pater Leiber den
abschlägigen Bescheid der britischen Botschaft schriftlich mit.

Die Causa Brinnitzer stellt einen sehr speziellen Fall dar: die
Auswanderung nach Palästina zu einem dort bereits befindlichen
gut situierten Sohn im Austausch gegen britische Kriegsgefangene aus Italien. Hier hätten nicht nur die britische Mandats-
behörde oder das Londoner Außenministerium, sondern auch
die zuständigen faschistischen Behörden in Italien zustimmen
müssen. Die Wahrscheinlichkeit ging von Anfang an gegen null.
Deshalb fragte Montini bei Mussolini erst gar nicht an, weil er
mit einem abschlägigen Bescheid der Briten rechnete. Ansonsten
hätte er über dessen Beichtvater, den Jesuiten Pietro Tacchi-Venturi, über einen engen Draht zum Duce verfügt. Dieser wurde in
zahlreichen Fällen, die von der Gnade Mussolinis abhingen, von
der Kurie – teilweise mit Erfolg – eingeschaltet.

Bei der Ermöglichung von Auswanderungen vorwiegend nach
Nord- und Südamerika war der Heilige Stuhl dagegen wesent-
lich erfolgreicher. Er organisierte Visa und Pässe, finanzierte
Schiffspassagen und Flugtickets und sorgte für eine Begleitung
am Abfahrtshafen Lissabon. Für die praktische Umsetzung dieser
Maßnahmen waren die Pallottiner in Person der Patres Anton
Weber und Adalbert Turowski zuständig, die die Funktion des in
Deutschland aufgelösten Raphaels-Verein übernahmen.

Die Akte Brinnitzer in den Vatikanischen Archiven endet mit
dem abschlägigen Bescheid Montinis an Leiber. Wo sich Franz
und Meta in den folgenden Monaten aufhielten, ist unbekannt.
Man weiß nicht, ob sie der Ausweisung aus Rom entgehen
konnten, ob sie mithilfe Leibers vielleicht einen Unterschlupf
fanden. Beide wurden jedenfalls nicht Opfer der großen Juden-
deportation vom Oktober 1943. Denn nachdem die Deutschen
die Macht in Rom übernommen hatten, waren buchstäblich unter den Fenstern des Apostolischen Palasts über tausend Jüdin-
nen und Juden verhaftet und deportiert worden. Pius XII. hat

gegen diesen barbarischen Akt in seiner Stadt nie öffentlich protestiert.

Franz und Meta Brinnitzer stehen nicht auf der Liste der 1007 Personen, die nach Auschwitz deportiert und bis auf sechzehn Überlebende ermordet wurden. Damit war die Geschichte aber nicht zu Ende – auch die Leidensgeschichte der Brinnitzers nicht. Denn der Verzicht auf einen öffentlichen feierlichen Protest Pius' XII. gegen die Verschleppung der römischen Juden führte nicht zu einem Ende der Deportationen von Juden aus Italien.

Einer dieser Aktionen fielen die Brinnitzers zum Opfer. Sie waren offenbar in Florenz untergetaucht, wurden dort im Juni 1944 verhaftet und in das Durchgangslager Fossoli bei Carpi in der Provinz Modena verbracht. Franz und Meta Brinnitzer wurden in den Transportzug Nr. 13 getrieben, der am 26. Juni 1944 in Fossoli abfuhr und vier Tage später in Auschwitz ankam. Wahrscheinlich wurden die sechzigjährige Meta und der fünfundsechzigjährige Franz unmittelbar an der Rampe des Bahnhofs Auschwitz als arbeitsunfähig «aussortiert» und direkt in die Gaskammern geschickt. Sie erreichten nie ihren Sehnsuchtsort Israel, sie sahen ihren einzigen Sohn Heinz nie wieder. Dieser starb 1959, im Alter von nur 53 Jahren.

Gegen das Vergessen

Dieser schmerzhafte Erinnerungsprozess an das wiederentdeckte Schicksal der Brinnitzers und zahlreicher anderer jüdischer Menschen scheint einer Versöhnung eher im Wege zu stehen – jedenfalls wenn man den Vätern des Westfälischen Friedens vom 24. Oktober 1648 glaubt. Hier heißt es: Nur durch «perpetua oblivio» – immerwährendes Vergessen – und «amnestia» – Straferlass durch Vergessen der Straftaten – werde ein gedeihliches Zusammenleben von Tätern und Opfern möglich sein.[13]

Als Vorbild dient offenkundig die griechische Mythologie. Als Odysseus nach seiner jahrelangen Irrfahrt alle Freier seiner Frau

Penelope und damit den halben Adel Griechenlands ermordet
hat, scheint ein endloser Rachekrieg unausweichlich. Da greift
Zeus selbst ein und löscht die Ermordung der Söhne und Väter
aus dem Gedächtnis der betroffenen Familien, indem er den
Mantel des Vergessens über sie wirft. Und weil die Verstorbenen
auch in der Unterwelt nicht mit der ewigen Schuld leben können,
dürfen sie im Hades aus der Lethe, dem Fluss des Vergessens,
trinken. Sein Wasser spült alle Erinnerung weg. Vergessen als
probates Mittel zur Versöhnung – mit dem eigenen Leben und
den Feinden von gestern.

Der renommierte deutsche Historiker Wolfgang Reinhard plä-
diert dafür, diese Lösung auch auf die Schoah anzuwenden,
immerwährendes Vergessen statt dem «zum rituellen Mantra»
gemachten ewigen Sich-erinnern-Müssen weiter zwanghaft zu
folgen.[14] Dieser Ansicht ist aus theologischer wie historischer
Sicht unbedingt zu widersprechen.

Zunächst zu dem entscheidenden theologischen Argument:
Christen und Juden ist das Untertauchen im Strom des Vergessens schon von ihrem Glauben her verwehrt. Beide Religionen
zeichnen sich durch eine Pflicht zur Erinnerung aus. Aber nicht
nur die Gläubigen dürfen nicht vergessen, auch Gott vergisst
nicht. Im vierten Kapitel des Buches Deuteronomium wird die
göttliche und die menschliche Seite der jüdischen Erinnerungs-
religion treffend auf den Punkt gebracht: «Vergesst nicht den
Bund, den der Herr, Euer Gott mit euch geschlossen hat» und
«Gott vergisst nicht den Bund mit deinen Vätern, den er ihnen
geschworen hat».[15] Amnesie gehört nicht zu den Eigenschaften
Adonais und nicht zu denen seiner Gläubigen.

Dann zum entscheidenden geistesgeschichtlichen Argument:
Einfaches Vergessen historischer Ereignisse widerspricht den zentralen abendländischen Werten von Wahrheit und Wahrhaftigkeit,
denen sich Historiker stets verpflichtet wissen sollten. Das zeigt
schon ein genauer Blick auf die Begriffe Wahrheit und Wahrhaftigkeit. Im Griechischen steht für beide der Terminus «aletheia».
In diesem Begriff steckt, was meistens übersehen wird, «lethe»,
der Strom des Vergessens. Allerdings steht ein Alpha privativum

als Negationspräfix davor. A-letheia meint das dezidiert nicht zu Vergessende. Aletheia, Wahrheit, ist also ein Synonym für das Nichtvergessen, für ewig im Gedächtnis behalten, für unbedingte Erinnerung.

Dieses Nichtvergessen meint eben nicht Erinnern als sich stets stupide wiederholendes Mantra. Niemand, der auf der Seite der Wahrheit steht – auch der historischen und religiösen –, der sich der Aletheia als Grundwert der abendländischen Geschichte verpflichtet weiß, kann und darf die Schoah vergessen. Zur Wahrheit gehört, sich an sie zu erinnern, sie auf gar keinen Fall aus dem Gedächtnis zu tilgen. Denn Versöhnung kann nur auf Aletheia gründen.

Franz und Meta Brinnitzer konnten weder das persönliche Engagement Pius' XII., noch der Einsatz seines Privatsekretärs Leiber, noch alle Aktivitäten der Hilfskommission unter Montini, weder Geld noch diplomatische Mühen retten. Aber die Offenheit, mit der Franz Brinnitzer sein Leben vor den vatikanischen Autoritäten ausbreitet, entreißen sein Schicksal und das seiner Frau und seines Sohnes wenigstens ein wenig dem Vergessen und geben drei jüdischen Menschen, deren Andenken die Nationalsozialisten auslöschen wollten, wieder ein Gesicht, eine Stimme und eine eigene unverwechselbare Geschichte.

2.

DER PAPST, DER GESCHWIEGEN HAT
PIUS XII. UND DER HOLOCAUST

Unser Gelöbnis schuldet die Menschheit den Hunderttausenden, die – persönlich schuldlos – bisweilen nur wegen ihrer Nationalität oder Abstammung dem Tode geweiht oder einer fortschreitenden Verelendung preisgegeben sind.[1]

Diese Formulierungen stammen aus der Weihnachtsansprache, die Pius XII. am Heiligen Abend 1942 im Radio gehalten hat. Es handelt sich um die einzige öffentliche Äußerung dieses Papstes, die man mit viel gutem Willen als Stellungnahme zum Holocaust, zur systematischen Ermordung sechs Millionen jüdischer Menschen, auffassen kann.

Doch um diesen Satz ist ein heftiger Streit entbrannt: Während die Anhänger Pius' XII. darin eine eindeutige Aussage des Papstes zur Schoah erkennen wollen, sehen seine Kritiker darin ein kaum verständliches, «uneigentliches Reden», in dem weder die «Juden» als Opfer noch die «Nationalsozialisten» als Täter eindeutig benannt sind, weshalb man eher doch von einem «Schweigen» Pius' XII. zum Holocaust reden müsse.

Genau dieses Verhalten der Schoah gegenüber macht Pius XII. zu einem der umstrittensten Päpste der Kirchengeschichte. Das war nicht von Anfang an so. Denn als Pius XII. am 9. Oktober 1958 nach neunzehn Jahren auf dem Stuhl Petri starb, galt er als der ideale Papst schlechthin, als die mustergültige Verwirklichung der Papstidee, als Papa angelicus. Der Nachruf in der *Welt* vom 10. Oktober 1958 steht exemplarisch für diese Sicht: «Pius XII., einer der größten Päpste des Jahrhunderts, geschätzt und verehrt in der Welt, ist ... ruhig entschlafen ... Die katholische Kirche und die ganze Welt, zu deren Nutzen er seine hervorragenden Kräfte des Geistes, des Herzens und der Tat eingesetzt hat, steht jetzt in Trauer vereint.»[2] *Die Zeit* würdigte Pius XII. sogar ausdrücklich als «modernen» Menschen: «ein überlegener Geist, ein leidenschaftlicher Mahner, ein souveräner Kämpfer gegen alles, was den Ungeist unserer Gegenwart ausmacht».[3]

Aber auch in der jüdischen Welt wurde Pius XII. überraschenderweise äußerst positiv gewürdigt. Pinchas Lapide etwa resümierte: «Da uns die Geschichte immer hart angefasst und nie verwöhnt hat, sind wir all unsern Wohltätern auch für kleine Gefälligkeiten dankbar gewesen. Doch keinem Papst der Geschichte haben die Juden herzlicher gedankt als Pius XII.»[4] Und die israelische Außenministerin Golda Meir sagte: «Als unser Volk in den zehn Jahren des Naziterrors einem schrecklichen Martyrium ausgesetzt war, erhob er seine Stimme zur Verurteilung der Verfolger und voller Mitgefühl für ihre Opfer.»[5] Demnach hat Pius XII. gerade auch aus jüdischer Perspektive nicht geschwiegen. Im Gegenteil: Er hat geredet und sich für die verfolgten Juden während der Schoah eingesetzt.

Der «Stellvertreter»

Dieses positive Bild Pius' XII. hat sich bezeichnenderweise nicht aufgrund historischer Forschungen oder Aktenfunde geändert, sondern durch ein Theaterstück: Rolf Hochhuths 1963 erschienenes «christliches Trauerspiel» *Der Stellvertreter*. Demnach hätte der Papst als Stellvertreter Jesu Christi so handeln müssen wie der Herr selbst und gegen den Holocaust feierlich protestieren, notfalls unter Einsatz seines eigenen Lebens und unabhängig vom Erfolg eines solchen Protests, was er aber nicht getan hat. Sebastian Haffner, der die Uraufführung im *Stern* am 7. April 1963 rezensierte, scheint recht behalten zu haben:

So, wie man jetzt schon merken kann, dass von der ganzen Geschichte
Hitlers und des Zweiten Weltkrieges nur zwei Wörter im Gedächtnis
der Menschheit bleiben werden – Auschwitz und Hiroshima –, so fühlt
man schon jetzt, dass von Pius XII. nur sein Schweigen zu diesen Taten
übrigbleiben wird. Die Geschichte wird ihn kennen als den Papst, der
schwieg.[6]

Wer sich seit der Uraufführung des *Stellvertreters* als Wissen-
schaftler mit Pius XII. beschäftigt, ist – ob er will oder nicht – gezwungen, seine Forschungen in ein Verhältnis zu diesem Theaterstück zu setzen: ohne eine Auseinandersetzung mit Hochhuth
keine Geschichte von Pius XII. Diese Bedeutung einer literarischen
(und somit «fiktionalen») Gestaltung eines historischen Stoffes
für die Historiographie dürfte einmalig sein.

Es gibt im Wesentlichen vier historische Positionen zum Verhalten Pius'XII. zur Schoah: erstens die anklagende (der Papst
schwieg schuldhaft wider besseres Wissen, er hätte reden müssen, Hochhuth hat im Wesentlichen recht), zweitens die apolo-
getische (der Papst hat 1942 geredet, Hochhuth lügt), drittens die
vermittelnde (der Papst war öffentlich bewusst zurückhaltend,
nur dadurch konnte er viele Juden retten) und viertens die aus-
weichende (Geschichtswissenschaft kann nur Fakten sammeln,
aber kein abschließendes moralisches Urteil fällen, weil es dazu
ethische Kriterien braucht).

Trotz aller Bemühungen hat es bisher keine historische Pius-
Biographie vermocht, das fiktionale literarische, eindeutig negative Bild Pius'XII., das Hochhuth gezeichnet hat, nachhaltig zu
korrigieren. Das lag sicher auch daran, dass Hochhuths *Stellvertreter* einer ganzen Generation deutscher Mitläufer, die wegge-
sehen hat, als ihre jüdischen Nachbarn deportiert wurden, die
Möglichkeit gab, ihrVerhalten während der NS-Zeit zu entschul-
digen. Pius XII. wurde zum Sündenbock: Wenn schon der Papst
schweigen musste zum Holocaust, wie hätten wir kleine Rädchen
dann reden und etwas ausrichten können? Viel lag aber auch daran, dass die vatikanischen Quellen zu diesem Pontifikat der Forschung nicht zugänglich waren.

Das hat sich durch die Öffnung der Archive Pius' XII. grundsätzlich geändert. Jetzt ist es möglich, hinter die hohen Mauern des Vatikans zu schauen, die internen Diskussionen und mitunter recht verworrenen Entscheidungsfindungsprozesse in der Römischen Kurie nachzuzeichnen. Die *Radiomessagio di Natalizio* von 1942 ist hierbei ein Schlüsseldokument, und es lohnt sich, sie näher in den Blick zu nehmen. Zuvor muss jedoch geklärt werden, *warum* Pius XII. ausgerechnet am 24. Dezember 1942 – wenn auch verklausuliert – ein einziges Mal öffentlich zur Schoah sprach.

Eine Reihe von Historikern schraubte die Erwartungen an die Archivöffnung deutlich herunter und schloss spektakuläre Funde aus, weil die wesentlichen Dokumente doch schon längst bekannt seien. Und in der Tat hatte der Vatikan bereits in den 1960er Jahren vier jesuitische Historiker – Pierre Blet, Robert A. Graham, Angelo Martini und Burkhart Schneider – beauftragt, die wichtigsten vatikanischen Quellen der Kriegszeit in einer monumentalen Edition zu publizieren. Dies geschah nicht zuletzt in Reaktion auf die heftigen Anfeindungen, denen Pius XII. nach der Veröffentlichung von Hochhuths *Stellvertreter* ausgesetzt war. Von 1970 bis 1981 erschienen insgesamt elf Bände der *Actes et Documents du Saint Siège relatifs à la Seconde Guerre Mondiale*, die auf über 7600 Seiten rund 5100 Aktenstücke zugänglich machen. Lutz Klinkhammer, der Stellvertretende Direktor des renommierten Deutschen Historischen Instituts in Rom, bezeichnete diese Edition als «sehr gut gearbeitet» und schloss aus, dass es hier «wesentliche Auslassungen» gebe oder Dokumente bewusst verheimlicht worden sein könnten.[7]

Informationen zur hunderttausendfachen Ermordung der Juden

Dieser Annahme muss entschieden widersprochen werden. Es hat nur drei Tage Recherchearbeit im Archiv des Staatssekretariats gebraucht, um ein getipptes einseitiges Appunto von Monsignore Angelo Dell'Acqua vom 2. Oktober 1942 aufzufinden. Dieses interne Memo war von entscheidender Bedeutung für die negative Reaktion Pius' XII. auf eine Anfrage des amerikanischen Präsidenten Franklin D. Roosevelt, ob der Heilige Stuhl aus jüdischen Quellen stammende Informationen zur hunderttausendfachen Ermordung von Juden in Polen und der Ukraine bestätigen könne oder nicht. Ausgerechnet dieses wichtige Appunto findet sich nicht in den *Actes et Documents*.

Als Erklärung für diese Tatsache bieten sich drei Hypothesen an, deren erste und einfachste lautet: Die Bearbeiter haben das Blatt mit dem Appunto Dell'Acquas schlicht und ergreifend übersehen beziehungsweise es nie in der Hand gehabt. Was man nicht kennt, kann man nicht publizieren.

Die zweite hat mit den Kriterien zu tun, nach welchen die zu edierenden Quellen ausgewählt wurden. Falls in den *Actes et Documents* prinzipiell nur Texte, die vom Papst selbst, dem Kardinalstaatssekretär, den päpstlichen Nuntien und den beiden Substituten im Staatssekretariat Giovanni Battista Montini und Domenico Tardini stammen, ediert werden sollten, dann wäre die Gattung der Aktennotizen, die meist von subalternen Monsignori verfasst wurden, a priori ausgeschlossen. Wenn aber andere derartigen Memos doch aufgenommen wurden – was tatsächlich der Fall ist –, dann wäre zu klären, ob es formale Gründe dafür gibt, warum ausgerechnet dasjenige vom 2. Oktober 1942 fehlt.

Die dritte Hypothese schließlich geht von einer Nichtaufnahme des Appuntos in die Edition aufgrund seines aus der Sicht der Bearbeiter problematischen Inhalts aus. Dann hätten diese den damals noch lebenden Verfasser Dell'Acqua, der inzwischen zum Kurienkardinal aufgestiegen war, durch Auslassung seines Textes bewusst geschützt.

Das Aufstellen von Hypothesen ist stets mit der Aufforderung verbunden, diese auf den Prüfstand zu stellen und sie durch weitere Quellenstudien zu verifizieren oder gegebenenfalls zu falsifizieren. Für die Kirchengeschichte als theologisches Fach mit historischen Methoden ist ein solches Vorgehen selbstverständlich. Ewige dogmatische Wahrheiten aufzustellen oder apologetisch motivierte Schutzbehauptungen unbesehen zu akzeptieren, hat in dieser forschungspraktischen Tradition keinen Platz. Es gilt nach wie vor die Überzeugungskraft des Arguments.

Die aus der Literatur bereits bekannten Tatsachen und vor allem die auf Basis der neu zugänglichen Quellen möglichen Präzisierungen erlauben eine genaue Kontextualisierung des bislang unbekannten Appunto: Am 27. September 1942 brachte der amerikanische Gesandte Myron Taylor ein auf den 26. datiertes Schreiben ins päpstliche Staatssekretariat, das er Kardinalstaatssekretär Luigi Maglione persönlich übergeben wollte. Weil Taylor seinen Brief Kardinalstaatssekretär Luigi Maglione nicht persönlich überreichen konnte, wurde er ausnahmsweise direkt Pius XII. vorgelegt. Darin heißt es:

> Die Liquidierung des Warschauer Ghettos ist in vollem Gange. Ohne jeden Unterschied, ohne Rücksicht auf Alter oder Geschlecht, werden alle Juden in Gruppen aus dem Ghetto weggeführt und erschossen. Ihre Körper werden dazu benutzt, um Fett herzustellen, und ihre Knochen zur Produktion von Dünger. Die Massenhinrichtungen finden jedoch nicht in Warschau selbst statt, sondern in speziell zu diesem Zweck vorbereiteten Lagern, von denen sich eines in Belzek befindet. Während des vergangenen Monats sind allein in Lemberg an Ort und Stelle rund 50 000 Juden ermordet worden. Nach einem anderen Bericht wurden in Warschau 100 000 massakriert. Im ganzen Gebiet von Ostpolen einschließlich der besetzten russischen Gebiete ist kein einziger Jude mehr am Leben.[8]

Diese erschütternden Informationen über den Holocaust standen in einem Memorandum, das das Genfer Büro der «Jewish Agency for Palestine» der amerikanischen Regierung vier Wochen zuvor vorgelegt hatte. In Washington nahm man die Angelegenheit offenbar sehr ernst. So ernst, dass das Außenministerium beschloss, Papst Pius XII. mittels des oben erwähnten Briefes davon in Kenntnis zu setzen.

Und Pius XII. las das Schreiben tatsächlich noch am selben Tag, wie ein Aktenvermerk belegt. Neben der entsetzlichen Beschreibung der systematischen Ausrottung der Juden in Polen und der Ukraine erfuhr der Papst durch den Brief auch davon, dass die Juden aus Deutschland, Belgien, Holland, Frankreich und der Slowakei in den Osten deportiert würden, um dort «hingeschlachtet» zu werden. In Polen schaffe man derzeit durch effizient organisierte Massenhinrichtungen ausreichenden Platz für immer neue Deportationszüge von Juden aus dem Westen.

Am Ende seines Schreibens kam Taylor dann auf sein eigentliches Anliegen zu sprechen: Die USA wollten in Erfahrung bringen, «ob der Vatikan über irgendwelche Informationen verfügt, die darauf hindeuten, die in diesem Memorandum erhaltenen Informationen zu bestätigen». Falls dem so sein sollte, «würde ich gerne wissen», ob der Heilige Vater «irgendwelche Ideen hat, auf welche Weise man die öffentliche Meinung dazu benutzen könne, die zivilisierten Kräfte der Welt aufzurütteln, um eine Fortsetzung dieser barbarischen Taten zu verhindern».[9]

Pius XII. und das Wissen über den Holocaust

Der amerikanische Gesandte Myron Taylor hat Pius XII. damit im September 1942 in der Tat die entscheidenden, bis heute aktuellen Fragen gestellt: Was wusste der Papst wann von der Schoah? Wie hat er sich angesichts der millionenfachen Ermordung von Juden verhalten? Welche Optionen wurden im Vatikan besprochen? Dazu kommt: Wie abhängig war der Papst von der Zuarbeit seiner Mitarbeiter? Haben deren Memos seine Entscheidungen maßgeblich beeinflusst oder nicht?

Der Wortlaut des Briefes von Taylor mit dem darin zitierten Memorandum der «Jewish Agency» wurde in den *Actes et Documents* bezeichnenderweise nicht abgedruckt. Zwar wird eine interne Aktennotiz des Päpstlichen Staatssekretariats angeführt, wonach der Papst am 27. September 1942 «questa lettera», ebendieses Schreiben Taylors, gelesen habe.[10] Aber es wird kein Wort darüber verloren, was in diesem Schreiben stand: brisante Informationen zum Holocaust. Lediglich eine Fußnote verweist auf die in den 1970er Jahren nur schwer greifbare amerikanische

Aktenedition *Foreign Relations of the United States*, in der Taylors Schreiben abgedruckt ist – ohne jedoch wenigstens die wesentlichen Inhalte des Briefs und des Memorandums in einem Regest kurz zusammenzufassen. Damit fehlt aber den weiteren in diesem Kontext abgedruckten Dokumenten ihr wesentlicher Bezugspunkt. Man weiß im Grunde nicht genau, worum es geht. Wenn dahinter keine Absicht steckt, dann ist die Edition *Actes et Documents* zumindest handwerklich schlecht gemacht.

Kurz nachdem Pius XII. an jenem 27. September 1942 die Beschreibungen der nationalsozialistischen Verbrechen gegen die Juden gelesen hatte, hielt Kardinalstaatssekretär Luigi Maglione in einer knappen internen Aktennotiz fest: «Ich glaube nicht, dass wir über Informationen verfügen, die – im Einzelnen – diese schwerwiegenden Nachrichten bestätigen. Ist es nicht so?»[11]

Dieser Einschätzung widersprach jedoch Magliones eigener Stellvertreter, der Substitut in der Zweiten Abteilung des Staatssekretariats, Giovanni Battista Montini, der spätere Papst Paul VI.: «Es gibt solche [Informationen] von Herrn Malvezzi», notierte er am 30. September.[12] Giovanni Malvezzi war als Mitglied des staatlich-italienischen «Istituto per la Ricostruzione Industriale» von einer Reise aus Polen zurückgekehrt und hatte Montini in einem vertraulichen Gespräch am 18. September über seine Eindrücke informiert: «Die Massaker an den Juden» hätten «verdammenswerte und entsetzliche Ausmaße» angenommen; «unglaubliche Gemetzel» fänden Tag für Tag statt; eine vollständige Entvölkerung der jüdischen Ghettos in Polen sei binnen weniger Wochen erreicht worden.[13]

Neben dieser Gesprächsnotiz lag dem Heiligen Stuhl aber noch eine weitere aktuelle Information vor, die den Inhalt des Memorandums zur systematischen Ermordung der Juden im Osten weitgehend bestätigte. Es handelte sich sogar um ein innerkirchliches Zeugnis. Andrej Scheptyzkyj, der katholisch-unierte Erzbischof der Stadt Lemberg, hatte am 29./31. August in einem ausführlichen Schreiben an Pius XII. von schlimmsten Gräueltaten an den Juden in seinem Sprengel berichtet. Er bezeichnete die deutsche Besatzung sogar als «geradezu diabolisch».

200 000 jüdische Menschen seien bereits ermordet worden, allein in Kiew habe es 130 000 Opfer gegeben, darunter auch Frauen und Kinder. Aus fast allen kleineren Städten der Ukraine würden ebenfalls solche «Massaker» gemeldet.[14]

Allerdings ist der Brief von Erzbischof Scheptyzkyj nicht im Band 8 der *Actes et Documents* abgedruckt, der die einschlägigen Quellen aus dem Kontext der Taylor-Anfrage dokumentiert, obwohl er im Archiv des Staatssekretariats unter derselben Position abgelegt wurde wie diese und Malvezzis Bemerkungen. Vielmehr findet sich Scheptyzkyjs Brief in Band 3/2 der Edition, ohne dass im achten Band ein Hinweis auf dieses bereits publizierte Schreiben gegeben würde. Über den Registereintrag zu «Scheptyzkyj» in Band 3/2 ist der Brief bezeichnenderweise ebenfalls nicht zu finden, weil ausgerechnet dieser entscheidende Brief dort fehlt.

Das «Appunto» Angelo Dell'Acquas

Es gibt aber noch ein weiteres Dokument, das in dieser Angelegenheit von großer Bedeutung ist und der Öffentlichkeit gezielt vorenthalten wurde. Gezielt deshalb, weil die Editoren der *Actes et Documents* diesen Text nicht etwa aus Unachtsamkeit übersehen haben. Im Gegenteil: Sie haben das Blatt Papier, auf dem er steht, nachweislich in Händen gehalten, weil sie einen anderen Text, der ebenfalls auf dieser Seite steht, veröffentlicht haben. Bei der nichtveröffentlichten Quelle handelt es sich um das Appunto Angelo Dell'Acquas vom 2. Oktober 1942. Damit scheidet die erste Hypothese als Erklärung aus.

Taylor hatte in seinem Schreiben an Papst Pius XII. gefragt, was dieser über das Schicksal der Juden in Osteuropa wisse und ob die Kurie über Informationen verfüge, die jene der «Jewish Agency» bestätigen könnten. Nachdem er am 1. Oktober 1942 noch immer keine Antwort erhalten hatte, wurde er erneut im Vatikan vorstellig. Fünf Tage später, am 6. Oktober, fiel dann tatsächlich die Entscheidung über die römische Antwort an die US-Regierung:

In einer handschriftlichen Notiz – die in den *Actes et Documents* gedruckt vorliegt – formulierte der Substitut Montini als Ergebnis einer Unterredung mit dem Papst, man möge einen Schriftsatz vorbereiten, «in dem man im Wesentlichen sagt, dass der Heilige Stuhl von den strengen Behandlungen» – den «severi trattamenti» – «gegen die Juden erfahren hat». Den Amerikanern solle jedoch verdeutlicht werden, dass der Heilige Stuhl sich außerstande sehe, «die Exaktheit all der erhaltenen Informationen überprüfen zu können».[15]

Auf dem Blatt Papier, auf dessen unterem Viertel Montini die Entscheidung Pius' XII. notierte, steht zuoberst das bereits genannte Appunto Angelo Dell'Acquas vom 2. Oktober 1942. Anders als Montinis handschriftliche Notiz wurde das ausführliche maschinenschriftliche Appunto Dell'Acquas nicht in den *Actes et Documents* abgedruckt. Hier liegt kein Versehen vor. Es handelt sich vielmehr um eine bewusste Entscheidung der Herausgeber.

Montinis Formulierungen, in denen die kuriale Antwort an die Amerikaner vorgegeben wurde, sind überschrieben mit den Worten: «Ex. Aud. Em.mi 6–10–42.»[16] Es gibt zwei Möglichkeiten, diese Kürzel zu deuten. Denkbar ist, dass Maglione die Angelegenheit an jenem Tag in einer Privataudienz mit Pius XII. besprochen hatte und unmittelbar danach Montini davon berichtete, der das Ergebnis dann schriftlich festhielt. Denkbar ist aber auch, dass Maglione eigenständig entschied. Denn der Genitiv «der Eminenz» kann sowohl ein Genitivus subjectivus als auch ein Genitivus objectivus sein und sich somit entweder auf eine Audienz des Kardinals bei Papst Pius XII. oder auf die Audienz Montinis bei Kardinalstaatssekretär Maglione beziehen. Im ersten Fall hätte der Papst entschieden, im zweiten sein Kardinalstaatssekretär.

Die erste Lesart scheint die wahrscheinlichere zu sein: Nachdem Pius XII. Taylors Brief selbst gelesen hatte, dürfte Maglione den Papst bei der Entscheidung über eine Antwort kaum übergangen haben. Aber unabhängig davon, wie man diese Frage beantwortet, fiel die Entscheidung eindeutig auf Basis des Appuntos Dell'Acquas, denn sonst wäre nicht plausibel, warum Montini den Beschluss ausgerechnet auf dem Blatt notierte, auf dem dieses stand. Wahrscheinlich hatte Maglione das Blatt mit dem Memo wie üblich mit in seine Audienz beim Papst genommen.

Am 10. Oktober erließ Maglione tatsächlich die entsprechende Antwort an den amerikanischen Botschafter Harold H. Tittmann. Man habe von den «severi providimenti presi nei confronti dei non ariani», den «harten Maßnahmen [der Nationalsozialisten] gegenüber den Nicht-Ariern» gehört, könne aber die Genauigkeit der Informationen nicht überprüfen – so lautete die offizielle Botschaft des Papstes an die Amerikaner.[17] Und das, obwohl sowohl eine eigene hochrangige, innerkatholische Quelle, Erzbischof Scheptyzkyj, als auch der unabhängige italienische Geschäftsmann Malvezzi die Darstellung des jüdischen Memorandums weitgehend bestätigt hatten. Eine exakte Überprüfung der Zahlen der ermordeten Juden und der Ortsangaben hatte niemand vom Heiligen Stuhl verlangt.

Für die Amerikaner wäre es wichtig gewesen, zu erfahren, dass der Vatikan tatsächlich über Informationen verfügte, die ihre eigenen bestätigten. Denn es gab damals in Washington offenkundig Skepsis gegenüber der Verlässlichkeit der Angaben der «Jewish Agency». Die beschriebenen Gräuel und vor allem die Zahl hunderttausender ermordeter Juden in derart kurzer Zeit schienen einfach unglaublich. Erst im weiteren Verlauf des Jahres 1942 erhielt man von der polnischen Exilregierung in London eine Dokumentensammlung, die den Massenmord an den Juden als unbestreitbare Tatsache erkennen ließ und zu einem öffentlichen Protest der Alliierten Mächte am 17. Dezember 1942 führen sollte. Der Heilige Stuhl hat sich trotz nachhaltiger Bitten der USA diesem Protest nicht angeschlossen.

Was genau aber waren die Gründe für die so zurückhaltende Antwort des Papstes auf das Schreiben der Amerikaner? Diese erschließen sich, wenn man sich das Appunto Dell'Acquas genauer ansieht. Es beginnt mit der Feststellung: «Die Informationen, die im Schreiben von Botschafter Taylor enthalten sind, sind äußerst schwerwiegend, da besteht kein Zweifel.» Dann folgt der Satz: «Es ist aber erforderlich, sich zu versichern, dass sie der

Wahrheit entsprechen, weil es auch unter den Juden leicht zu Übertreibung kommt ...»[18] Diese Aussage wiegt schwer angesichts hunderttausender ermordeter jüdischer Menschen.

Dell'Acqua zog damit die Glaubwürdigkeit von jüdischen Quellen generell in Zweifel und bediente ein weit verbreitetes antisemitisches Vorurteil. Mehr noch: Er traut den Aussagen des katholisch-unierten Erzbischofs von Lemberg Scheptyzkyj, der als Zeuge vor Ort in der Ukraine die Massenmorde bestätigt, ebenfalls nicht über den Weg: «Es reicht nach meiner unmaßgeblichen Meinung auch nicht, sich auf Informationen zu stützen, wie sie der ruthenisch katholische Metropolit von Lemberg geliefert hat (auch die Orientalen sind nun wirklich kein Beispiel von Aufrichtigkeit).»

Obwohl die Informationen über die Ermordung abertausender Juden im Osten aus zwei voneinander unabhängigen Quellen stammen und sich gegenseitig bestätigen, relativiert Dell'Acqua ihre Verlässlichkeit grundsätzlich mit dem mehr als zweifelhaften Argument: Juden und Katholiken aus dem Osten kann man prinzipiell nicht trauen – was er durch sein Appunto auch als Botschaft an den Papst formuliert. Die dritte unabhängige Quelle, über die der Vatikan verfügte und die die massenhafte Ermordung von Juden in Polen und der Ukraine ebenfalls klar bestätigte, die Aussagen von Conte Malvezzi, erwähnt der Monsignore mit keinem Wort.

Dell'Acqua schreibt weiter: «Aber angenommen, dass die Informationen wahr sind» – was sie nach seinen einleitenden Bemerkungen kaum noch sein konnten –, so müsse man, was ihre mögliche Bestätigung angehe, den Amerikanern gegenüber äußerst vorsichtig sein. Der Monsignore vermutete hinter der Initiative des US-Präsidenten ein «rein politisches» Manöver, um in der Judenfrage eine öffentliche Übereinstimmung zwischen den USA und dem Heiligen Stuhl zu suggerieren. «Das könnte aber unerfreuliche Konsequenzen haben, nicht nur für den Heiligen Stuhl, sondern vor allem für die Juden selbst, die sich in den Händen der Deutschen befinden.» Denn diese Deutschen könnten eine solche Aktion als Vorwand nutzen, ihre «abscheulichen und barbarischen Maßnahmen» gegen die Juden noch weiter zu verschärfen. Mit diesem Satz bestätigte Dell'Acqua, wohl ohne sich dessen bewusst zu sein, dann doch die Glaubwürdigkeit der von ihm vorher als nicht vertrauenswürdig abqualifizierten Quellen.

Nach Dell'Acquas Empfehlung sollte sich der Papst auf keinen Fall öffentlich zum Holocaust äußern, wie sich aus dem anschließenden Abschnitt seines Appunto ergibt. Man müsse sich nämlich stets vor Augen halten, dass der «kürzlich erfolgte Protest französischer Bischöfe gegen die Deportation der Juden (von dem man ja glaubt, dass er ihnen vom Heiligen Stuhl nahegelegt worden ist)» völlig ausreicht, um zu belegen, wie sehr die katholische Kirche derartig «inhumane Akte missbilligt». Die Engländer und Amerikaner hätten aus diesem Protest ohnehin schon genügend politisches Kapital geschlagen und würden dies auch weiter tun. Der Appell Dell'Acquas lautet: Jede politische Instrumentalisierung Pius' XII. die Juden betreffend durch die Alliierten gegen die Deutschen müsse unbedingt vermieden werden.

Damit dürfte Hypothese 3 bewiesen sein: Die Bearbeiter der *Actes et Documents* haben dieses Appunto Angelo Dell'Acquas absichtlich nicht veröffentlicht. Es ist schlicht zu menschenverachtend, zu herabwürdigend, zu antisemitisch – und es war eine der entscheidenden Grundlagen der ausweichenden Antworten des Heiligen Stuhls auf die beiden Fragen der Amerikaner: Sind die unglaublichen Informationen der «Jewish Agency» glaubwürdig? Und wie lassen sich die «zivilisierten Kräfte der Welt» aufrütteln? Von einer Vollständigkeit der Edition *Actes et Documents* kann also keine Rede sein. Gründliche Arbeit in den Vatikanischen Archiven lohnt sich, und sie ist auch vonnöten.

Die Weihnachtsansprache des Papstes von 1942

Dem Protest der Alliierten gegen den Holocaust schloss sich
Pius XII. nicht an und blieb bei seinem öffentlichen Schweigen
zur Schoah. Aber am 24. Dezember 1942 redete er überraschenderweise dann doch in seiner Weihnachtsansprache im Radio und
gedachte der hunderttausenden Menschen, die allein wegen ihrer
Nationalität oder Abstammung dem Tod geweiht seien. Mit der
Öffnung der Vatikanischen Archive war natürlich die Hoffnung
verbunden, erstmals das Originalmanuskript mit den handschriftlichen Änderungen Pius' XII. in Händen halten und alle offenen
Fragen zur Entstehungsgeschichte dieses Schlüsseldokuments
beantworten zu können.

Es ist bekannt, dass der Jesuit Gustav Gundlach die Entwürfe
aller Weihnachtsansprachen Pius' XII. verfasste. In seinen Erinnerungen schrieb er:

> Mit jedem Septemberende dieses langen Pontifikates … erreichte mich
> der Auftrag, Thema und Disposition der kommenden Weihnachts-
> ansprache vorzuschlagen und einzusenden. Die Pflicht der Geheimhal-
> tung zwang dann zu einsamem Denken, und der Papst konnte nie lange
> warten. Dann folgte die mühsame Arbeit der Textgestaltung, die man
> glücklicherweise in der Muttersprache vorlegen durfte.[19]

Darüber hinaus verrät er aber noch eine Reihe weiterer inte-
ressanter Details zum Redaktionsprozess, den eine päpstliche
Weihnachtsansprache in der Regel durchlief. Jahr für Jahr schlug
Gundlach eigenständig ein sozialethisches Thema vor, das
Pius XII. regelmäßig akzeptierte. Den ersten Entwurf schrieb der
Jesuit dann stets auf Deutsch nieder, weil Pius XII. in dessen
Italienischkenntnisse offenbar nur wenig Vertrauen setzte. In der
nächsten Stufe übertrug der Papst selbst die deutsche Vorlage
«mit seiner kleinen, aber klaren Handschrift» ins Italienische,
wobei er vor allem sprachliche und stilistische Änderungen vor-
nahm.[20] Danach wurde die italienische Fassung mit Schreib-

maschine abgetippt. Bis kurz vor der Aufnahme der Radioansprache bearbeitete der Papst dieses Typoskript immer weiter und nahm handschriftliche Korrekturen vor. Die oft noch in letzter Minute vom Papst angebrachten Änderungen musste der Substitut Montini selbst übernehmen. Dieser übergab den Text dann der vatikanischen Druckerei, damit er im *Osservatore Romano* und in den *Acta Apostolicae Sedis* erscheinen konnte.

Im Nachlass von Gustav Gundlach, der sich im Archiv der Katholischen Sozialwissenschaftlichen Zentralstelle in Mönchengladbach befindet, haben sich eine Reihe von deutschen Entwürfen von Weihnachtsansprachen erhalten. Der Vergleich mit den gedruckten italienischen Ansprachen bestätigt die Erinnerungen des Jesuiten. Für die Weihnachtsansprachen der Jahre 1943 und 1944 kann man anhand der im Nachlass Gundlachs erhaltenen Entwürfe die weitgehende Übereinstimmung mit den von Pius XII. im Radio vorgetragenen Fassungen zeigen. Manche Passagen sind kaum mehr als stilistisch aufgehübschte Übersetzungen des deutschen Originals.

Leider hat sich im Nachlass Gundlachs ausgerechnet der Entwurf für die Weihnachtsansprache von 1942 nicht erhalten. Deshalb bleibt nur der Analogieschluss: Warum sollte das, was für die Weihnachtsansprachen Pius' XII. insgesamt gilt, nicht auch für die Radiobotschaft von 1942 zutreffen?

Wenn diese Annahme zutrifft, hat Gundlach Ende September 1942 den Auftrag erhalten, ein Thema vorzuschlagen. Er wählte die «innere Ordnung» der Staaten auf der Basis des Naturrechts. Nachdem Pius XII. dieses Thema grundsätzlich akzeptiert hatte, begann der Jesuit Anfang Oktober, den Entwurf auf Deutsch zu schreiben, den er Anfang November dem Papst zukommen ließ. Daran hätte sich dann der übliche Redaktionsprozess angeschlossen. Zu diesem Zeitpunkt hatte der Papst das Memorandum der «Jewish Agency» gerade gelesen und der ausweichenden Antwort auf die amerikanische Anfrage zugestimmt.

In seiner Weihnachtsansprache wendet sich Pius XII. – nach langatmigen sozialethischen Argumentationen relativ unvermittelt – mit sechs Gelübden an die Hörerinnen und Hörer: «Dieses

Gelöbnis schuldet die Menschheit» erstens «den zahllosen Toten, die im Boden der Schlachtfelder ruhen», denn sie haben «das Opfer ihres Lebens» als Höhepunkt ihrer Pflichterfüllung dargebracht für eine neue und bessere soziale Ordnung; «dieses Gelöbnis schuldet die Menschheit» zweitens «der unabsehbaren Trauerschar von Müttern, Witwen und Waisen», denen mit ihren gefallenen Vätern und Männern die Stütze ihres Lebens genommen wurde; drittens «schuldet die Menschheit» dieses Gelöbnis den zahllosen Vertriebenen und «Verjagten», die im Krieg ihre Heimat verloren haben und «in fremde Länder verweht» wurden; viertens – und hier folgt der eingangs zitierte Satz – den hunderttausenden Menschen, die schuldlos, nur weil sie einer bestimmten Nation oder Rasse angehören, dem Tod geweiht sind; fünftens schuldet die Menschheit dieses Gelöbnis den unzähligen zivilen Opfern – insbesondere den «Frauen, Kindern, Kranken und Greisen» – des Luftkriegs und des Bombardements der Städte.[21]

Diese fünf Erfahrungen von Schmerz und Leid infolge des Weltkriegs bündelt der Papst noch einmal in einer abschließenden Formulierung: «Dieses Gelöbnis schuldet die Menschheit den Strömen von Tränen und Bitternis, von Leid und Qual, die aus den Ruinen des Riesenkampfes hervorbrechen, den Himmel beschwörend, den Geist herabflehend, dass er die Welt vom Überhandnehmen der Gewalt und des Schreckens erlöse.»[22]

Die Antwort auf die entscheidende Frage, ob diese sechs Gelöbnisse auf Gundlach zurückgehen oder ob sie Pius XII. selbst verfasst hat, musste die Forschung bislang schuldig bleiben. Auch aus diesem Grund kam der Öffnung der Vatikanischen Archive eine zentrale Bedeutung zu. Hätte Pius XII. diesen Abschnitt eigenhändig in die Vorlage eingefügt, dann würde dies dafür sprechen, dass ihm ein Wort zum Massenmord an den Juden ein wichtiges persönliches Anliegen war – man hätte dann wirklich einen O-Ton des Papstes zu diesem Thema vor sich. Stand dieser Satz aber bereits im Entwurf des Redenschreibers und wäre dort möglicherweise sogar ausdrücklich von der «*jüdischen* Rasse» die Rede gewesen, dann hätte Pius XII. diesen Begriff für die Endfassung gestrichen und so eine eindeutige Aussage zur Schoah diplomatisch weichgespült.

Verlegt, verwechselt, verbrannt

Tatsächlich verwahrt das Apostolische Vatikanische Archiv eine äußerst vielversprechende Serie. In der sogenannten «Carte Pio XII», einem Teilnachlass des Papstes, wurden alle Discorsi, also die Reden und Ansprachen Pius' XII., gesammelt – doch das Manuskript für die *Radiomessaggio di Natalizio* 1942 mit den üblichen handschriftlichen Korrekturen Pius' XII., auf das die Forschung so große Hoffnungen gesetzt hatte, fehlt. Alle anderen Redemanuskripte des Papstes im Umfeld von Weihnachten 1942 liegen vor, dazwischen findet sich ein kleiner weißer Zettel, auf dem mit einer Schreibmaschine geschrieben steht: «Radiomessaggio natalizio 1942 dicembre 24», also «Weihnachtsansprache vom 24. Dezember 1942».[23]

Folgende Schlussfolgerung liegt nahe: Das Manuskript befand sich ursprünglich an seinem Platz, wurde aber irgendwann entnommen, in der Absicht, es wieder zu reponieren. Irgendjemand, der zu den damals für die Forschung noch gesperrten Beständen des Geheimarchivs Zugang hatte, muss also den Zettel als Platzhalter an die entsprechende Stelle der Discorsi gelegt haben. In welcher Absicht das Manuskript entnommen wurde, lässt der Zettel selbst nicht erkennen, wohl aber, dass es offensichtlich nicht zurückgegeben worden ist.

Tatsächlich hat das Päpstliche Komitee für Historische Wissenschaften 2008 eine Ausstellung über Pius XII. veranstaltet und laut Ausstellungs-Katalog auch das Manuskript der Radioweihnachtsansprache von 1942 mit den handschriftlichen Korrekturen des Papstes ausgestellt. Demnach wäre der Stellvertreter in den Akten darauf zurückzuführen. Warum aber das Original nach Ende der Ausstellung nicht an das Archiv zurückgegeben wurde, bleibt unklar.

Bereits ein erster Blick zeigt, dass es sich bei diesem Exponat eindeutig nicht um die Radioweihnachtsansprache von 1942 handelt. Vielmehr wurde die Ansprache Pius' XII. an die Kardinäle vom selben Tag ausgestellt. In dieser Allokution heißt es:

> Die des Apostels würdige Klage, die Klage, derer sich der Arbeiter im Weinberg des Herrn nicht zu schämen braucht, ist das Bedauern, das das Herz des Heilands beschwerte und ihn Tränen weinen ließ beim Anblick Jerusalems. Die Stadt Jerusalem stellte sich seiner Einladung und seiner Freundlichkeit so unbelehrbar verblendet und hartnäckig undankbar entgegen, dass diese Verblendung und dieser Undank sie schließlich auf dem Weg der Schuld bis zum Gottesmord trieben.[24]

Pius XII. verwendete hier die in der katholischen Verkündigung und Liturgie weitverbreiteten antijüdischen Stereotypen von den «verblendeten Juden» und «Gottesmördern», was angesichts der massenhaften Ermordung jüdischer Menschen durch die Nationalsozialisten mehr als befremdlich klingt.

Diese Ansprache, die das Päpstliche Historikerkomitee als «Radiomessagio di Natalizio» von 1942 deklariert, rückt Pius XII. ausdrücklich in die Nähe des Antisemitismus – dabei wollte man den Papst doch ausdrücklich als einen Freund der Juden darstellen, der nicht geschwiegen hat zur Schoah. Man hätte den Text vorher lesen sollen.

Wie dem Päpstlichen Historikerkomitee ein solcher Fehler unterlaufen konnte, ist unerklärlich. Die Ansprache vor den Kardinälen trug zwar ebenfalls das Datum «24.12.42», das ist aber auch die einzige Gemeinsamkeit der beiden Dokumente. Der Präfekt des Vatikanischen Archivs, Sergio Pagano, hat versucht, die päpstlichen Historiker zu exkulpieren, indem er die Schuld einem Hilfsarchivar des Vatikanischen Archivs zuschrieb, der versehentlich die Kardinalsallokution für die Radioansprache gehalten, diese für die Ausstellung ausgehoben und den Platzhalter «Radiomessagio natalizio 1942 …» eingelegt habe. Dieser sei bei der Rückgabe des Dokuments nicht entfernt worden, weil ja nicht der Text der Radioansprache zurück ins Archiv kam, sondern die Kardinalsansprache.

Nach dieser Lesart war das Manuskript der *Radiomessagio* bereits 2008 nicht mehr vorhanden und scheint sich – wenn man den Bearbeitern der *Actes et Documents* glaubt – auch schon in den 1970er Jahren nicht mehr an seinem Ort befunden zu haben. Viel Raum für Spekulationen. Ganz banal ist es durch eine unsachgemäße Archivierung der Discorsi Pius' XII. in säurehaltigen Plastikfolien bei einer Reihe von Redemanuskripten zu Säurebrand gekommen, der teilweise zur völligen Zerstörung dieser Dokumente, darunter vielleicht auch das Manuskript der Weihnachtsansprache von 1942, geführt hat.

Pius XII. erklärt sich

Der direkte Weg, die Fragen nach der genauen Rolle Pius' XII. bei der Entstehung dieses Schlüsseltextes und den Passagen, die nachweislich auf den Papst selbst zurückgehen, durch einen eindeutigen Quellenbeweis zu beantworten, bleibt verwehrt. Man ist deshalb erneut auf einen aufwendigen Indizienprozess und Hypothesenbildung verwiesen. Eine genaue inhaltliche und sprachliche Analyse des Textes selbst und ein überraschender Fund im Apostolischen Archiv des Vatikans – das Manuskript der Ansprache vor den Kardinälen aus Anlass seines Namenstages vom 2. Juni 1943 mit zahlreichen Korrekturen von der Hand des Papstes – lassen es einigermaßen plausibel erscheinen, dass Pius XII. den Satz, mit dem er den Hunderttausenden von Menschen, die allein aufgrund ihrer Nation oder Rasse dem Tod geweiht sind, eine Stimme gibt, selbst formuliert und in den Entwurf Gundlachs eingefügt hat.

Für eine Autorschaft Pius XII. spricht vor allem, dass der ganze Passus mit den sechs Gelöbnissen inhaltlich in einer geradezu pedantischen Weise auf Ausgewogenheit und Überparteilichkeit angelegt ist. Der Diplomat in Pius XII. war immer bemüht, jede Einseitigkeit und Parteilichkeit in seinen Texten zu vermeiden. Daher beginnt er in den Gelöbnissen der Weihnachtsansprache ganz allgemein mit den zahllosen im Krieg gefallenen Soldaten, den trauernden Hinterbliebenen und den Vertriebenen. Dann erinnert der Papst an die hunderttausend Toten des Genozids, nicht ohne gleich im nächsten Satz die vielen abertausenden Opfer des Luftkriegs und des Bombardements von Städten zu nennen – die Nationalsozialisten als Täter und die Engländer und Amerikaner als Piloten der Bomber erwähnt er nicht. Das ist die Sprache der Neutralität, jener Neutralität, die der Papst sich selbst auferlegt hat als padre commune, der über den Parteien stehen muss als Vater aller Gläubigen.

Dieses verklausulierte Reden hat aber noch einen anderen Grund, der bisher meist übersehen worden ist. Denn man hat die beiden Begriffe «Nation» und «Rasse» als Hendiadyoin aufgefasst und beide auf das jüdische Volk bezogen, was der Papst aber so nicht gemeint hatte, wie er dem amerikanischen Botschafter auf Nachfrage schon Ende 1942 in einer Audienz erklärte: Er habe doch klar und eindeutig zwei verschiedene Opfergruppen angesprochen. Pius XII. war enttäuscht, dass das offenbar kaum jemand verstanden hatte.

In der Namenstagsansprache vom 2. Juni 1943 sah er sich dann zu einer authentischen Interpretation seiner *Radiomessagio di Natalizio* gezwungen. Er sei von einem doppelten Genozid ausgegangen. Mit «Stirpe» (Rasse) seien natürlich die Juden gemeint gewesen, nicht aber mit Nation, zumal es einen jüdischen Staat 1942 auch noch gar nicht gab. Mit «Nazionalità» (Nationalität) habe er vielmehr die polnische Nation gemeint, die unendliches Leid habe erfahren müssen.[25] In dieser Rede gehen die entscheidenden Formulierungen tatsächlich auf den Papst selbst zurück, wie seine handschriftlichen Einfügungen eindeutig belegen.

Wenn man den Kontext genau analysiert, wird deutlich, warum Pius XII. in der Weihnachtsansprache 1942 die Juden nicht expressis verbis als Opfer nennen konnte. Die Nationalsozialisten hatten 1940/41 etwa eine Million katholischer Polen ermordet, und polnische Bischöfe und Gläubige hatten mehrfach einen öffentlichen Protest des Papstes gefordert. Dieser blieb aber aus. Nachdem Pius XII. zum Genozid an den katholischen Polen geschwiegen hatte, konnte er nun zum Genozid an den Juden ebenfalls nicht Klartext reden. Durch sein Schweigen 1940/41 zum Genozid an den Polen hatte er sich 1942/43, als es um die Schoah ging, in eine Sackgasse hineinmanövriert, aus der es kein Entkommen mehr gab. Niemand – vor allem kein Katholik in Polen – hätte verstanden, wenn er für die Juden das tat, was er für die katholischen Polen nicht getan hatte. '

Pius XII. hat zur Schoah tatsächlich öffentlich geredet, aber es war doch ein sehr uneigentliches Reden. Ob man ihn verstanden hat, ist zweifelhaft. Mussolini etwa konnte in der Weihnachtsansprache nur nichtssagende Gemeinplätze entdecken, die über die Qualität einer Predigt seines Dorfpfarrers von Predappio nicht hinausgekommen sei. Auch für Joseph Goebbels war sie «ohne jede tiefere Bedeutung».[26] Nur das Reichssicherheitshauptamt notierte, der Papst habe in bislang nie dagewesener Weise die Neuordnung der Welt in nationalsozialistischem Sinne kritisiert. Die *New York Times* sprach immerhin von einer «einsamen Stimme, die aus der Stille des Kontinents ruft».[27]

Seine Überparteilichkeit sprachlich exakt ausbalanciert in Worte zu fassen, das ist dem Papst in jedem Fall gelungen.

3.

DOGMA ODER DIPLOMATIE
PIUS XII. UND SEINE DEUTSCHEN PRÄGUNGEN

Im Frühjahr 1927 befand sich Eugenio Pacelli, seit 1917 Nuntius in München und seit 1920 gleichzeitig in Berlin, in einer äußerst heiklen Situation. Das Heilige Offizium, die oberste Glaubensbehörde in Rom, hatte die «Una Sancta» in Deutschland als eindeutig häretische Gruppierung verurteilt. Allen Katholiken wurde feierlich bei Strafe der Exkommunikation jegliches Engagement in der ökumenischen Bewegung verboten. Nuntius Pacelli wurde angewiesen, umgehend für die strikte Umsetzung dieser Damnatio im Deutschen Reich zu sorgen und so zur Reinerhaltung der gesunden Lehre und zum Schutz des wahren katholischen Glaubens beizutragen.

Normalerweise hätte der Nuntius einer Weisung der obersten kirchlichen Glaubensbehörde ohne Zögern Folge leisten müssen. Das tat er aber überraschenderweise nicht. Stattdessen wandte sich Pacelli an die oberste politische Behörde der Kurie, das Staatssekretariat. Er machte Kardinalstaatssekretär Pietro Gasparri, seinen unmittelbaren Vorgesetzten, darauf aufmerksam, die Durchführung des lehramtlich natürlich absolut richtigen Dekrets könne wegen der schwierigen Konkordatsverhandlungen mit dem protestantisch dominierten Preußen, in denen er sich im Auftrag des Papstes gerade befinde, politisch möglicherweise inopportun und kontraproduktiv sein. Er fürchtete, antirömische Affekte in der deutschen Öffentlichkeit könnten durch das Verbot der ökumenischen Bewegung neue Nahrung erhalten.

Damit sind die beiden wichtigsten Pole benannt, die das Handeln jedes Nuntius maßgeblich bestimmten: Hier das Dogma, über das die Suprema Congregatio rigoros zu wachen hatte, dort die Diplomatie des Staatssekretariats, die Opportunitäten und politische Umstände in Betracht ziehen musste: Pacelli agierte als politischer Kleriker somit in einem heiklen Spannungsfeld zwischen Religion und Politik.

Eugenio Pacelli war bereits in den beiden vorangegangenen Kapiteln Gegenstand der Untersuchungen, jedoch ausschließlich für seine Zeit als Papst Pius XII. und schwerpunktmäßig in der Frage, wie er sich zum Holocaust verhalten hat. Aber auch Päpste fallen nicht vom Himmel, sie haben vielmehr eine irdische Biographie vor ihrer Wahl zum Pontifex maximus. Ohne diese Vorgeschichte kann man ihr späteres Handeln auf dem Stuhl Petri meist nicht verstehen.

Für Pacellis vorpapale Biographie bedeuteten das Jahr 1917 und die Berufung zum Nuntius in Deutschland eine entscheidende Zäsur. Zwölf Jahre Deutschland, bevor er 1929 als Kardinalstaatssekretär Pius' XI. nach Rom zurückkehrte, lassen den Römer in der Historiographie häufig zum «deutschen Papst» werden. Pacelli selbst hat jedoch überraschenderweise nachhaltige deutsche Prägungen stets ausdrücklich bestritten. Am nachdrücklichsten bei seinen Abschiedsworten an die deutschen Katholiken am 10. Dezember 1929:

> Meine deutsche Mission ist zu Ende. Eine größere, umfassendere am geistigen und übernatürlichen Brennpunkt der universalen Kirche hebt an. Ich kehre zurück, wovon ich ausgegangen bin. Zu dem Grab des Felsenmannes unter der Kuppel Michelangelos, zu dem lebendigen Petrus im Vatikan. Nahe bei Petrus stehen, heißt nahe bei Christus sein.[1]

Folgt man dieser Argumentation, dann haben die deutschen Jahre Pacelli relativ unbeeindruckt gelassen: In der platonischen Metapher von Ausgang und Rückkehr bringt er vielmehr zum Ausdruck, dass er seine nachhaltigsten theologischen und kirchenpolitischen Überzeugungen seiner Kindheit in Rom, dem Studium ebenda und seiner Tätigkeit im Staatssekretariat verdankte. Deutschland war für ihn lediglich eine Durchgangsstation, in der in Rom Erlerntes angewandt und umgesetzt wurde.

Diese Behauptung soll auf der Basis der reichlich fließenden Quellen aus seiner Nuntiaturzeit auf den Prüfstand gestellt werden. Vorher müssen aber seine Kindheit und Jugend in Rom sowie die ersten Schritte seiner Karriere in der Römischen Kurie wenigstens kurz vorgestellt werden. Für diese Phase ist der Forschungsstand relativ bescheiden. Das Privatarchiv der römischen Adelsfamilie Pacelli in Rom war leider nicht zugänglich. Allerdings bieten die Dokumente des Seligsprechungsverfahrens für Pius XII. – mit der nötigen wissenschaftlichen Distanz verwendet – einigen Aufschluss für die frühen Jahre.

Eine typisch römische Biographie

Eugenio Maria Giuseppe Giovanni Pacelli wurde am 2. März 1876 als Sohn der Eheleute Filippo und Virginia Pacelli (geborene Graziosi) in Rom geboren. Seit der nationalen Einigung Italiens und der Besetzung Roms durch italienische Truppen im Jahr 1870 war die Bevölkerung der Hauptstadt kulturkämpferisch gespalten in Anhänger des modernen nationalliberalen Staates und solche, die dem im Vatikan «gefangenen» Papst die Treue hielten und das neue Königreich Italien dezidiert ablehnten. Die niederadelige Familie der Pacelli gehörte eindeutig «zum schwarzen Rom», stellte sie doch seit Generationen Laienjuristen, die an der päpstlichen Kurie arbeiteten. Die Kinder wurden in einer Atmosphäre strenger und behütender traditioneller katholischer Frömmigkeit und Papstverehrung erzogen.

Aber an eine Wiederherstellung der weltlichen päpstlichen Macht glaubten die Pacellis offenbar nicht wirklich. Sie wollten ihrem Sohn alle Optionen auf eine Karriere auch im laizistischen Italien offenhalten und schickten ihn daher nicht auf ein katholisches Gymnasium, sondern auf die liberale antiklerikale Vorzeigeschule Italiens schlechthin, das Liceo Ennio Quirino Visconti. Viele Schulhefte Pacellis sind zum Glück erhalten. Sie zeigen einen sensiblen und hochbegabten Schüler, der 1894 seine Reifeprüfung mit Bestnoten ablegte. Besonders liebte er die lateinische Klassik. Enge Mitarbeiter sollten ihm später vorwerfen, aus ihm spreche eher Cicero als Christus. Die Hefte geben darüber hinaus Zeugnis von einer ungebrochenen, fast kindlich anmutenden katholischen Frömmigkeit.

Pacelli hatte aber seine Schulzeit wegen einer «Krise» im Sommer 1891 für einige Monate unterbrechen müssen. Was die Ursachen dafür waren, bleibt unklar. Es wurden körperliche und psychische Probleme vermutet. Er litt zeitlebens unter einer eher schwächlichen Konstitution und hatte vor allem immer wieder massive Magenprobleme, weshalb er später als Nuntius das schwere bayerische Essen nur schwer vertrug. Ob die jugendliche Verliebtheit in das Mädchen Lucia aus dem Dorf Onano bei Viterbo, wo die Pacellis ein Landhaus besaßen, eine Ursache dieser Krise war, darüber schweigen sich die Seligsprechungsakten bezeichnenderweise aus. Zeitzeugen aus dem Dorf gaben aber zu Protokoll: «Wenn Lucia damals zu ihm Ja gesagt hätte, dann wäre er nicht Papst geworden.»[2]

Wie es sich für die Biographie eines künftigen Heiligen gehört, erfolgte – nachdem die doppelte Versuchung der Liebe zu einer Frau und einer Karriere als Jurist im laikalen Nationalstaat überwunden war – die Entscheidung zum Priestertum. So steht es jedenfalls in seinen Seligsprechungsakten. Im Herbst 1894 begann Pacelli ein Philosophie- und Theologiestudium am Collegio Capranica an der Jesuitenuniversität Gregoriana. Bereits nach wenigen Monaten musste er jedoch aus gesundheitlichen Gründen seine Studien abbrechen. Er erhielt die Ausnahmegenehmigung, nicht mehr im Priesterseminar wohnen zu müssen, sondern seine Studien vom Elternhaus aus fortsetzen zu dürfen. Eine klerikale Formierung im Sinne eines Tridentinischen Seminars und strikter Abschottung von der bösen Welt, wie sie die Römische Kurie weltweit immer wieder einschärfte, sieht anders aus. Aber mit Beziehungen war in der Kirche alles möglich. Und über diese verfügten die Pacellis. Ein ausgewiesener Theologe wurde Pacelli jedoch nie.

Am 2. April 1899 empfing Eugenio in Anwesenheit von Kardinälen und Bischöfen allein in einer Privatkapelle die Priesterweihe: auch dies ein Zeichen dafür, dass seine Eltern fest entschlossen waren, ihm eine Karriere an der Kurie zu ermöglichen. Auch wenn die Seligsprechungsakten den Eindruck vermitteln wollen, Pacellis Traum wäre ein Dasein als einfacher Pfarrer gewesen, hat er faktisch kaum praktische Seelsorge betrieben. Vielmehr setzte er zielstrebig sein Studium des kanonischen Rechts fort, um für einen Aufstieg in der kirchlichen Verwaltung gerüstet zu sein, und schloss dieses mit einem römischen Doktor beider Rechte ab.

Inzwischen hatte Kardinal Vincenzo Vannutelli den jungen Priester an den neu ernannten Sekretär der Kongregation für die Außerordentlichen Kirchlichen Angelegenheiten, Pietro Gasparri, empfohlen, der ihn seit 1901 beschäftigte, zunächst als Apprendista, also als Azubi. 1903 wurde er Minutant, 1911 Sottosegretario und schließlich 1914 Sekretär der Kongregation. Seit 1912 war er zugleich Konsultor des Heiligen Offiziums.

Pacelli macht in dieser Zeit sowohl mit den «Zelanti» Bekanntschaft, personifiziert im glühenden Antimodernisten Pius X. und dem Sottosegretario Umberto Benigni, als auch mit den «Politicanti», vertreten durch den konzilianten Benedikt XV. und seinen Staatssekretär Pietro Gasparri. Die «Zelanti», die Eiferer, traten für die katholische Wahrheit unerbittlich, ungestüm und kompromisslos ein. Die «Politicanti», die Gemäßigten, dachten eher politisch-strategisch, bezogen Opportunitätskriterien in ihre Überlegungen ein und suchten nach Lösungen, um den Katholizismus mit den Erfordernissen der jeweiligen Zeit irgendwie zu versöhnen.

Umberto Benigni gilt als Prototyp des integralistischen Hardliners an der Kurie schlechthin. Mithilfe eines dichten Netzes von Denunzianten verfolgte er innerkirchliche, des «Modernismus» verdächtige Gegner unnachgiebig. Pacelli wahrte bei aller Sympathie in der Sache offenbar einen gewissen Abstand zu Be-

nigni, obwohl dieser zeitweise sein direkter Vorgesetzter war. Jedenfalls konnte Pacelli als einer der wenigen seine Karriere
bruchlos fortsetzen, als Benedikt XV. im Jahr 1914 Papst wurde,
Benigni entmachtete und die «Ketzerverfolgung» in der Kirche
beendete.

Sein Stern begann erst jetzt richtig zu steigen: Pacelli hatte als
Gasparris engster Mitarbeiter entscheidenden Anteil an der Abfassung des Codex Iuris Canonici (CIC) von 1917, des neuen
zentralistischen Kirchenrechts, das die Dogmen von 1870 (Unfehlbarkeit und Jurisdiktionsprimat) in Recht umsetzte. Und
1914 schloss Pacelli mit Serbien ein wichtiges Konkordat, das
eine ganze Ära von Konkordaten einleitete. Er galt bald als das
beste diplomatische Pferd im Stall der Kurie. Deshalb wurde
ausgerechnet er nach der Bischofsweihe, die ihm der Papst persönlich spendete, 1917 von Benedikt XV. ausgewählt, um seiner
Friedensinitiative zur Beendigung des Weltkriegs als Nuntius in
Deutschland Nachdruck zu verleihen. Der Papst war überzeugt:
Wenn es einer schaffen konnte, dann Eugenio Pacelli.

Deutsche Jahre als Nuntius

Mit dieser Ernennung betritt man in Pacellis Biographie quellenmäßig erstmals absolut sicheren Grund. Denn die Akten aus seiner deutschen Nuntiaturzeit, die im Apostolischen Archiv des
Vatikans und dem Archiv des päpstlichen Staatssekretariats
lagern und seit 2003 der Forschung zugänglich sind, machen
einen genauen Blick in Pacellis Handeln und Denken von 1917
bis 1929 möglich.[3] Die Archive der Nuntiaturen in München und
Berlin für die Zeit Pacellis wurden nach dessen Wechsel als Kardinalstaatssekretär nach Rom im Jahr 1930 an das Vatikanische
Archiv abgegeben. Hier liegen die Entwürfe der Nuntiaturberichte Pacellis, aber auch alles weitere Material, das in diesen
Berichten verarbeitet wurde: Schreiben von Informanten, externe
Memoranden oder interne Notizen sowie die Ausfertigungen der

Weisungen aus Rom. Die entsprechende römische Gegenüber-
lieferung dagegen, also die Entwürfe der Weisungen und die
Ausfertigungen der Nuntiaturberichte, wird im eigenständigen
Archiv des römischen Staatssekretariats, genauer in den betreffenden Länderserien der Kongregation für die außerordentlichen
kirchlichen Angelegenheiten «Baviera» (für München) und «Germania» (für Berlin) verwahrt. Hier werden teilweise auch kurien-
interne Diskussionen im Hinblick auf entsprechende römische
Reaktionen auf Pacellis Berichte greifbar. Und links vom Petersplatz liegt das Archivio del Dicastero per la Dottrina della Fede
im Palazzo del Sant'Ufficio, in dem sich Berichte zu Glaubensfragen und anderen lehramtlichen Fragen finden.

Bei den Nuntiaturberichten Pacellis liegen nicht nur die diplomatisch ausgefeilten Endfassungen vor, vielmehr lässt sich die
Entstehung jedes einzelnen Berichts vom ersten Entwurf über
mitunter bis zu sechs Zwischenstufen bis zur endgültigen Fassung nachvollziehen. Die genaue Analyse dieser vielen Quellen
zeigt: Pacelli legte stets besonderen Wert auf eine präzise, geradezu abgezirkelte Sprache. An seinen tausenden Nuntiaturberichten, die er nach Rom schickte, feilte er meist sehr lange.

So war er geschockt, als er Ende Juni 1917 auf Wilhelm II. traf.
Sein erster Eindruck war: Der deutsche Kaiser spinnt. Das konnte
er dem Papst so natürlich nicht schreiben. Deshalb rang er sich
zunächst zu deutlich zurückhaltenderen Formulierungen durch
und charakterisierte Wilhelm II. als «exaltiert in seinen Gesten
und seiner Sprache», auf jeden Fall aber «nicht ganz mit sich im
Lot». Für die Ausfertigung erschien ihm diese Aussage dann
doch wieder zu schwach. Der Nuntius traute sich schließlich zu
schreiben: Wilhelm II. «ist nicht ganz normal» – und fügte in
Klammern sicherheitshalber den Satz hinzu: «… ob von Natur
aus oder in Folge der Auswirkungen dieser drei langen und be-
drückenden Jahre des Krieges, weiß ich nicht.»[4]

Ganz anders im Bericht vom 29. Mai desselben Jahres, in dem
Pacelli dem Kardinalstaatssekretär voller Begeisterung über die
deutsche Technik in seinem Dienstwagen berichtet, den ihm die
deutsche Regierung in München vor die Tür der Nuntiatur hatte

stellen lassen. Hier vereinen sich die Ästhetik der Sprache und die Eleganz des Automobils:

> Es handelt sich um einen wunderschönen Benz, 18/45 PS, stark und elegant. Er verfügt über alle Neuheiten der Automobilindustrie, vom Geschwindigkeits- und Neigungsmesser bis zur elektrischen Sirene, von der automatischen Startvorrichtung bis zum elektrischen Zigarettenanzünder. Darüber hinaus besitzt er für den Winter eine elektrische Heizvorrichtung. Zusammengefasst: Es ist ein Automobil, das einem Vertreter des Papstes würdig ist.[5]

Drei deutsche Traumata

Spätere Handlungsmuster Pacellis lassen sich auf drei deutsche Erfahrungen zurückführen: die Münchner Räterepublik, den Kulturkampf und die Friedensinitiative Benedikts XV.

Der strikte Antikommunismus, der den gesamten Pontifikat des Pacelli-Papstes prägen sollte, ist weniger auf die Verurteilung des Marxismus durch das römische Lehramt, sondern auf schockierende persönliche Erlebnisse im Kontext der Münchner Räterepublik zurückzuführen. Spartakistische Revolutionäre drangen in die Nuntiatur ein, hielten Pacelli buchstäblich die Pistole an den Kopf und verlangten die Herausgabe des eleganten Dienstwagens, den der Chauffeur in weiser Voraussicht technisch k.o. gesetzt hatte. Pacelli war geradezu traumatisiert. Deshalb übernahm er in seinem Bericht an Kardinalstaatssekretär Gasparri vom 18. April 1919 ausnahmsweise unbeanstandet Formulierungen aus dem Entwurf seines Auditors Lorenzo Schioppa über den Revolutionär Max Levien, die eindeutig antisemitische Stereotype bedienten: «Bleich, schmutzig, mit ausdruckslosen Augen, mit einer kratzigen und flegelhaften Stimme: ein wirklich widerlicher Typ, nichtsdestoweniger mit einer intelligenten und schlauen Physiognomie.»[6]

Besonders demütigend für den Nuntius war, dass er nach Rorschach in die Schweiz fliehen musste, weil niemand für seine

Sicherheit in der bayerischen Landeshauptstadt garantieren konnte. Kommunismus hieß für ihn fortan: Chaos, Mord und Totschlag, Gefahr für jede Ordnung in Staat und Kirche, Untergang des christlichen Abendlandes. Deshalb vermied er während des Zweiten Weltkriegs alles, was Stalin hätte in die Hände spielen können. Deshalb sah er Hitler als Bollwerk gegen den Bolschewismus und hielt sich mit Verurteilungen der nationalsozialistischen Verbrechen zurück. Deshalb kam es nach 1945 zu einer Westbindung der Römischen Kurie. Deshalb forcierte er die Gründung der «Democrazia Cristiana», um zu verhindern, dass die Kommunistische Partei Italiens bei den Wahlen nach Kriegsende eine Mehrheit erreichen konnte.

Immer wieder kam Pacelli auf den Kulturkampf zurück, der eine ganze Generation von Kirchenleuten, auf die er in München und Berlin nach 1917 traf, nachhaltig geprägt hatte: Nie mehr durfte Ähnliches in Deutschland geschehen, nie mehr Menschen ohne die Tröstungen der Heiligen Sakramente sterben, nie mehr kein Seelsorger zur Verfügung stehen, weil der Staat ihn daran hinderte. Und was war die Ursache für dieses seelsorgerliche Desaster? Die Kirche hatte sich im Kulturkampf in die Politik eingemischt, sich mit Reichskanzler Otto von Bismarck angelegt, anstatt sich auf ihre eigentliche Aufgabe zu konzentrieren. Deshalb: Zurück in die Sakristei! Vielleicht liegt hierin eine Erklärung für den Pakt mit dem Teufel, dem Reichskonkordat von 1933?

«Cura animarum, suprema lex» – so lautet nicht umsonst das Grundaxiom des neuen «Codex Iuris Canonici» von 1917, an dem Pacelli maßgeblich mitgearbeitet hatte.[7] Für ihn galt eine absolute Priorität der Seelsorge an den anvertrauten Schäfchen, die allen politischen Zielen, auch dem Eintreten für die allgemeinen Menschenrechte übergeordnet war. Nach dem Motto: Gott wird Dich am Ende fragen, wie viele von denen, die ich Dir anvertraut habe, hast Du verloren? Er wird nicht fragen, welche politischen Erfolge hast Du gehabt?

1917 war es zu einem Konflikt zwischen Benedikt XV. und Gasparri gekommen. Der Papst wollte, dass sich die Kurie mit konkreten Vorschlägen für die Beendigung des Ersten Weltkriegs einsetzte; der Kardinalstaatssekretär favorisierte die Wahrung der absoluten Überparteilichkeit des Papstes, weil Katholiken dies- und jenseits aller Frontlinien kämpften, und plädierte für einen Verzicht auf jedwede politische Einmischung. Benedikt XV. setzte sich durch – und seine Friedensinitiative scheiterte. Und mit ihr Pacelli, der daraus seine Lehre zog: Als Papst würde er diesen Fehler seines Vorvorgängers nicht machen.

Auch deshalb glaubte er während des Zweiten Weltkriegs schweigen zu müssen zur Ermordung von einer Million katho- lischer Polen und von sechs Millionen Juden, um die Rolle des Papstes als padre commune, als Vater aller Gläubigen aller Natio- nen, nicht zu gefährden, um nicht der Parteilichkeit geziehen zu werden. In der Erfahrung von 1917 liegt ein wichtiger Schlüssel zum Verständnis seiner Haltung zur Schoah. Wahrscheinlich hat ihn das Trauma von 1917 gehindert, die völlig veränderte Situa- tion von 1942 als solche wahrnehmen zu können.

Zurück zur Ausgangsfrage, wie Pacelli als Nuntius die grund- sätzliche Spannung zwischen Dogma und Diplomatie bearbeitet hat: Auf welcher Seite stand Pacelli? War er nach Mentalität und Habitus eher ein Politicante oder ein Zelante? Entschied er sich im Konfliktfall für die absolute dogmatische Wahrheit oder für das politisch Machbare? Dominierte der Kleriker in ihm den Dip- lomaten? Oder umgekehrt? Suchte er beides unter einen Hut zu bringen?

Besonders aufschlussreich zur Beantwortung dieser Fragen sind Pacellis Haltung zur Weimarer Reichsverfassung, zur Rolle der Zentrumspartei in der sogenannten Weimarer Koalition sowie sein Verhalten im schon angesprochenen Konflikt um die Öku- mene in Deutschland. In all diesen Fällen waren die normativen, lehramtlichen und kirchenrechtlichen Vorgaben aus Rom ein- deutig, es kam jetzt alles auf die Art der Norm-Umsetzung durch Nuntius Eugenio Pacelli an.

Pragmatische Nachsicht:
Die Weimarer Reichsverfassung

Über die Weimarer Reichsverfassung kam es innerhalb des deutschen Katholizismus zu heftigen Kontroversen, die auf dem Münchener Katholikentag von 1922 im öffentlichen Streit zwischen dem Münchener Erzbischof Michael von Faulhaber und dem Präsidenten des Katholikentages und Kölner Oberbürgermeister Konrad Adenauer eskalierten. Faulhaber favorisierte die Rückkehr der Monarchie und lehnte die Weimarer Reichsverfassung wegen des fehlenden Gottesbezuges ab. Adenauer plädierte pragmatisch dafür, die neuen Möglichkeiten offensiv zu nutzen, die die Kirchenartikel der Kirche boten. Faulhaber war erbost und wollte die Versammlung unter Protest verlassen, fand aber irgendwie seinen Kardinalshut nicht. Da bat Adenauer den Kardinal um seinen Segen, den dieser nicht verweigern konnte und wutschnaubend erteilte.

Man würde erwarten, dass der Nuntius den Heiligen Stuhl über diesen Dissens innerhalb des deutschen Katholizismus informierte und dabei eine Position bezog, die eindeutig der lehramtlichen Staatsrechtslehre folgte. Einen solchen Bericht sucht man jedoch vergebens. Aber der *Osservatore Romano* druckte die Auftaktrede Faulhabers ab, die Pius XI. mit großer Befriedigung las. Am 11. September 1922 hieß er den Substituten im Staatssekretariat, Giuseppe Pizzardo, an Pacelli zu schreiben, dieser möge Faulhaber «Seine Zufriedenheit und Seine väterliche Genugtuung für die ausgezeichnete Rede» mitteilen. Pacelli hielt sich Rom gegenüber weiter bedeckt und führte lediglich den direkten Auftrag Kardinalstaatssekretär Gasparris aus, indem er Faulhaber nach dem genauen Wortlaut der «unvergessliche[n] Rede Euerer Eminenz auf dem hiesigen Katholikentag» bat.[8]

Pacelli agierte hier als Pragmatiker. Die Mitarbeit des Zentrums an der Weimarer Reichsverfassung nannte er trotz der Kritik aus Rom eine «reife Entscheidung», die angesichts der Gefahren, die Deutschland drohten, absolut notwendig gewesen sei.[9]

In einem Schreiben vom 15. März 1919 an Gasparri wird deutlich, wie er gedachte, mit der Spannung zwischen den normativen Vorgaben aus Rom und dem politisch Möglichen grundsätzlich umzugehen: Ein Großteil des Zentrums favorisiere das lehramtlich gutgeheißene Konzept der Monarchie als idealer Staatsform, schrieb der Nuntius. Aber eine genaue Analyse der Umstände, der «circostanze» zeige eindeutig, dass «eine Wiederherstellung der Monarchie» in Deutschland «absolut unmöglich» sei. Deshalb müsse sich das Zentrum an der Regierung der Republik notgedrungen beteiligen, um das Feld nicht den Linken zu überlassen, die als Kirchenfeinde bekannt seien.[10]

«Circostanze» ist ein Begriff, der in Pacellis Berichten sehr häufig auftaucht – ein Indiz dafür, dass er sein Amt als Politicante ausfüllte. Vieles spricht dafür, dass er dabei die Zirkumstanzienlehre des Thomas von Aquin und das moraltheologische Konzept der Epikie – der Nachsicht in Fällen, in denen ein Gesetz nicht streng angewendet werden kann oder es kein passendes Gesetz gibt – im Hinterkopf hatte. Im Oktober 1919 kam Pacelli noch einmal auf das Problem der Weimarer Reichsverfassung zurück. Diese war nach Pacelli «eine Verfassung, die in der Theorie [in teoria] nicht gut ist, aber den deutschen Katholiken in der Praxis [in pratica] heute zumindest eine größere Freiheit als unter dem vergangenen Regime ermöglicht».[11] Nicht zuletzt die Autonomiegarantie für die Kirche ermöglichte die Konkordatspolitik Pacellis, mit der er den Einfluss der Ortskirche bei der Bestellung der Bischöfe erfolgreich zurückdrängen konnte.

Große Vorsicht: Die Zentrumspartei

Die Zentrumspartei blieb während Pacellis gesamter Nuntiaturzeit im Fokus seines Interesses. Das Verhältnis des Zentrums zur Römischen Kurie war nicht frei von Spannungen, entsprach doch das Modell einer eigenständigen, von der kirchlichen Hierarchie unabhängigen Partei, in der in erster Linie Laien das Sagen hatten, keineswegs den Vorstellungen des Papstes: Laien sollten – so das Konzept der «Katholischen Aktion» – ihren Weltauftrag nämlich keineswegs selbständig, sondern in enger Anlehnung an Papst und Bischöfe ausüben. Katholische Politiker sollten nichts anderes sein als Transmissionsriemen der päpstlichen Verkündigung und Politik.

Mit der Bildung der Weimarer Koalition aus Zentrum, SPD und Liberalen erhielt das Thema eine zusätzliche Brisanz. Das römische Lehramt hatte Liberalismus und Sozialismus mehrfach als äußerst verderbliche Irrtümer verurteilt und beide Weltanschauungen für mit dem katholischen Glauben prinzipiell unvereinbar erklärt. Im Mai 1925 erhielt der Nuntius ein Schreiben Gasparris, der sich auf Formulierungen Pius' XI. aus dem Konsistorium vom Dezember 1924 berief: «Der Heilige Vater, der den offensichtlich antireligiösen Inhalt des sozialistischen Programms gut kennt, ... ist sehr besorgt über die Tatsache, dass die Leiter der katholischen Parteien Möglichkeiten finden, mit Sozialisten Allianzen zu schließen.» Anschließend gab Gasparri folgende Anweisung:

> Deshalb werden Seine Eminenz es nicht versäumen, den deutschen Bischöfen mit Vorsicht den Willen des Heiligen Vaters ins Gedächtnis zu rufen, dass die Katholiken, die aktiv am politischen Leben dieses Landes teilnehmen, im Lichte der unvergänglichen Prinzipien der Kirche ernsthaft hinterfragen, ob die Allianzen mit Sozialisten, die immer Gegner der katholischen Ideen gewesen sind und diese als reaktionär und fortschrittsfeindlich verleumdet haben, für die Autorität der Kirche auf lange Sicht nicht eine ernsthafte Gefahr bedeuten.[12]

Pacelli fühlte sich merklich unwohl in seiner Rolle: Er müsse mit sehr viel Vorsicht vorgehen, schrieb er Gasparri, denn die Position der Berliner Nuntiatur könne «irreparabel kompromittiert werden, wenn in die Öffentlichkeit durchsickert, dass sich der Nuntius, wie und aus welchem Grund auch immer, in Parteifragen engagiert oder beabsichtigt, die Innenpolitik der deutschen Katholiken zu beeinflussen». In der ersten Version seines Berichts lautete dieser Absatz noch ein wenig anders. Die Parenthese «wie und aus welchem Grund auch immer» fügte Pacelli erst in der Überarbeitungsphase des Berichts ein. Ursprünglich hatte er geschrieben: «aus den sehr gerechten Gründen religiöser Natur»[13] – eine Formulierung, mit der sich der politicante Nuntius angreifbar gemacht hätte, denn aus der Sicht eines Zelante mussten solch gerechte Gründe religiöser Natur stets Vorrang vor politischen Abwägungen haben.

Man sieht: Pacellis Verhältnis zur Zentrumspartei war heikel. Der Heilige Stuhl betrachtete die katholischen Parteien nämlich als Möglichkeit, um seine Interessen in der deutschen Politik durchzusetzen. So hieß es in der Generalinstruktion für seinen Vorgänger Giuseppe Aversa von 1917 zur Zentrumspartei:

> Der Herr Nuntius wird also alle Mittel – ohne politisches beziehungsweise persönliches Kompromittieren – einsetzen, um diese wieder auf einen guten Weg zu bringen, die Zahl der Abgeordneten zu vermehren und sie fest zusammenzuhalten.

Das Risiko dieser Mission war den Verfassern der Instruktion bekannt:

> Besonders mit den Personen des Zentrums werden Sie mit höchster Vorsicht umgehen, um die Empfindlichkeiten der Regierenden nicht zu reizen, und damit diese den päpstlichen Vertreter nicht für verdächtig halten.[14]

Pacelli unternahm daher alles, um den Eindruck zu vermeiden, er nehme auf die katholischen Parteien unmittelbaren Einfluss.

Als Nuntius trat Pacelli, wie andere Diplomaten auch, zunächst einmal als Interessenvertreter und politischer Verhandlungspartner gegenüber der deutschen Politik auf. Das wurde in der deutschen Öffentlichkeit allgemein akzeptiert. Doch eines unterschied Pacelli von allen anderen Mitgliedern des Diplomatischen Korps: Neben den politisch-diplomatischen Instrumenten verfügte Pacelli als Vertreter des Stellvertreters Jesu Christi auf Erden in Deutschland über das ganze Arsenal religiöser Einflussmöglichkeiten. So konnte er einzelnen Katholiken und Bischöfen ins Gewissen reden, katholische Vereine und Organisationen an ihren katholischen Auftrag erinnern und nicht zuletzt seine Autorität über die katholischen Parteien geltend machen, was von Teilen der deutschen Öffentlichkeit jedoch extrem skeptisch gesehen wurde. In seiner religiösen Funktion galt er als gefährlicher Strippenzieher der «schwarzen» katholischen Internationale. Das schwierige Thema Weimarer Koalition sprach Pacelli am 1. Dezember 1925 in seinem Bericht an Gasparri unter der Überschrift «Über die Kollaboration der Sozialisten mit den Katholiken in Deutschland» noch einmal ausführlich an. Er zeigte viel Verständnis für die Position des Papstes, hielt es jedoch für äußerst unklug, wenn Pius XI., wie er es erwogen hatte, im Konsistorium eine Koalition des Zentrums mit den Sozialisten ausdrücklich verurteilen würde. Denn dem Zentrum bliebe angesichts der konkreten politischen Situation gar nichts anderes übrig als eine Neuauflage der Mitte-Links-Koalition unter Einschluss der SPD. Zwischen den Zeilen forderte der Nuntius den Kardinalstaatssekretär auf, Pius XI. von einem solch «katastrophalen» Schritt abzuhalten.[15] Im Klartext: Auf dem Feld der Lehre hatte der Papst zwar recht, aber als Kirchenpolitiker betrachtete Pacelli in diesem Fall die Durchsetzung der reinen Lehre als eine Katastrophe. Er hatte Erfolg: Der Papst verzichtete auf eine feierliche Verurteilung der Weimarer Koalition.

Demütige Geschmeidigkeit: Die Ökumene

Solange es sich um die Theorie und die lehramtliche Ebene handelte, konnte Pacelli eine intransigente, dogmatische Position einnehmen. Am 30. Juli 1926 hatte ihn der Kardinalsekretär der Römischen Inquisition, Raffaele Merry del Val, angewiesen, präzise Informationen über die ökumenische Bewegung zu sammeln. Pacelli kam dieser Aufgabe eifrig und ganz im Sinne des als

Zelante geltenden Merry del Val nach. Am 15. November über-
sandte er einen 47 Seiten umfassenden Bericht, in dem er seine
Recherchen über die ökumenische Bewegung in Deutschland
zusammenfasste und diese äußerst negativ beurteilte. Die ökumenischen «Umtriebe» verlangten aus seiner Sicht unbedingt ein
Einschreiten des kirchlichen Lehramts. Merry del Val brachte in
einem Schreiben vom 9. Dezember 1926 seine «höchste Zufriedenheit» mit Pacelli in dieser «äußerst diffizilen und delikaten
Angelegenheit» zum Ausdruck und lobte ihn als «Zelante».[16]
Damit reklamierte er den Nuntius zugleich für seine Partei der
unbeirrten Kämpfer für die katholische Wahrheit.

Im Heiligen Offizium zog man aus dem Bericht des Nuntius
denn auch eindeutige Schlüsse. Aus Pacellis Äußerungen gehe
unzweifelhaft hervor, dass die ökumenische Bewegung in Deutschland Prinzipien vertrete, «die gänzlich im Gegensatz zum reinen
katholischen Glauben» stünden.[17] Die Kardinäle beschlossen ein
Schreiben an die deutschen Bischöfe, das am 11. April 1927 fertig-
gestellt wurde. Es verbot allen Katholiken, sich in irgendeiner
Weise in der ökumenischen Bewegung zu engagieren oder gar an
der Zeitschrift *Una Sancta* mitzuarbeiten.

Jetzt ging es um die Umsetzung dieses Beschlusses der Suprema Congregatio. Am 16. April 1927 erhielt Pacelli eine Kopie des
Rundschreibens. Er sollte es dem deutschen Episkopat bekannt-
geben und seine Realisierung in Deutschland strikt überwachen.
Eigentlich wäre zu erwarten gewesen, dass der Berliner Nuntius
über diese klare Entscheidung des Heiligen Offiziums eine tiefe
Befriedigung empfunden hätte, entsprach sie doch ganz den
Schlussfolgerungen, die er selbst in seinem Bericht vom Vorjahr
gezogen hatte. Die Reaktion Pacellis fiel indes völlig anders aus:
Er tat alles, um von der Durchführung des Dekrets entbunden zu
werden. Es sei zwar wahr, aber politisch inopportun.

Diese für einen Politicante typischen Überlegungen konnte
der «kleine» Nuntius in Berlin aber unmöglich dem mächtigen
Kardinalsekretär der Suprema in Rom direkt mitteilen. Doch er
fand einen Weg, das Heilige Offizium inoffiziell von seiner Position in Kenntnis zu setzen, und zwar über seinen Freund Giu-

seppe Pizzardo im Staatssekretariat. Diesem gelang es wiederum informell über den Assessor des Heiligen Offiziums, Nicola Canali, mit dem er befreundet war, Merry del Vals Empörung über Pacelli zu mäßigen und nach einigem Hin und Her eine politisch pragmatische Lösung durchzusetzen: Rom hielt sich offiziell aus der Sache heraus, die Entscheidung des Heiligen Offiziums wurde nicht publiziert. In der Öffentlichkeit sollte der Eindruck entstehen, als ob die deutschen Bischöfe aus eigenem Antrieb ganz ohne römische Beeinflussung gegen die ökumenische Bewegung vorgingen. Damit zogen sie die mögliche Kritik allein auf sich, während der Heilige Stuhl sowie insbesondere der Nuntius völlig unbelastet blieben.

Pacelli musste sich allerdings Merry del Val gegenüber formal äußerst demütig zeigen, um in der Sache zu obsiegen. In einem Schreiben an Canali vom 28. April 1927 versuchte er «jegliche Mißverständnisse» gegenüber dem «liebsten Herrn Kardinal Merry del Val» auszuräumen und bat

> bescheiden um Verzeihung, dass ich auch in dem vorliegenden Fall geirrt haben kann, wie ich mich bei der Erfüllung meines Amtes tatsächlich täglich irre, ein Amt, das meine Kräfte besonders bei den heutigen, höchst schwierigen Umständen viel zu sehr übersteigt, von dem ich deswegen freigestellt werden möchte, um mich ins Privatleben zur Ausübung des heiligen priesterlichen Dienstes zurückziehen zu können.[18]

In äußerst geschmeidiger Weise hatte Pacelli im Interesse seiner Konkordatspolitik eine lehramtliche Weisung des Heiligen Offiziums entschärft. Bei allen Unterwürfigkeitsfloskeln behielt er seinen politischen Spielraum als Diplomat des Heiligen Stuhles in Deutschland stets im Auge. Das Opportunitätsargument, das er verwendet, belegt, dass er in der Wahl seiner Mittel diplomatisch, nicht dogmatisch agierte. Er verstand es, den unterschiedlichen Erwartungen gerecht zu werden, die als Diplomat und Kleriker an ihn gestellt wurden, und er verstand es, die Spannungen zwischen Politik und Religion auszugleichen.

4.

TOTALKONTROLLE DES WISSENS

DER INDEX DER VERBOTENEN BÜCHER

22. Juni 1633: Galileo Galilei schwört feierlich in Rom der kopernikanischen Lehre ab. Er widerruft dabei seine auf naturwissenschaftliche Beobachtungen gestützte Ansicht, wonach nicht die Erde im Mittelpunkt des Universums steht, sondern sich als nur ein Planet unter vielen um die Sonne dreht. Unter dem Druck der römischen Glaubenswächter musste Galilei das heliozentrische Weltbild, das für ihn aus empirischen Gründen wahr war, der dogmatischen Wahrheit des Geozentrismus opfern.

Die Szene der Abschwörung bildet auch den Höhepunkt von Bertolt Brechts Schauspiel *Leben des Galilei*. Galileis Schüler und seine Tochter warten auf den Ausgang des Prozesses. «Herr Galilei wird um fünf Uhr in einer Sitzung der Inquisition widerrufen. Es wird die große Glocke von Sankt Markus geläutet und der Wortlaut dann öffentlich verkündet werden.» Galileos Schüler Andrea hofft, dass er nicht abschwören wird: «Sie werden ihn umbringen ... da er niemals widerruft.» Und als der Klang der Glocke auch einige Minuten nach fünf Uhr noch nicht zu hören ist, bricht Jubel aus: «Er widersteht. Oh, wir Glücklichen! Er widerruft nicht! ... Jetzt beginnt wirklich die Zeit des Wissens. Das ist ihre Geburtsstunde ... *In diesem Augenblick beginnt die Glocke von Sankt Markus zu dröhnen.*»

Galileis Tochter, die bisher kniend gebetet hat, steht erleichtert auf: «Die Glocke ...! Er ist nicht verdammt!» Dann hört man die Stimme des Herolds:

Ich, Galileo Galilei, Lehrer der Mathematik und der Physik in Florenz, schwöre ab, was ich gelehrt habe, dass die Sonne das Zentrum der Welt ist und an ihrem Ort unbeweglich, und die Erde ist nicht Zentrum und nicht unbeweglich. Ich schwöre ab, verwünsche und verfluche mit redlichem Herzen und nicht erheucheltem Glauben alle diese Irrtümer und Ketzereien sowie überhaupt jeden anderen Irrtum und jede andere Meinung, welche der heiligen Kirche entgegen ist. *Es wird dunkel.*[1]

Auch wenn Brecht manches Detail historisch nicht ganz korrekt wiedergibt, bringt er den Grundkonflikt zwischen Glauben und Wissen doch treffend auf den Punkt. In der Szene, die der Abschwörung Galileis folgt, wird dieser Konflikt dann auch ausdrücklich thematisiert. Der Mathematiker sucht durch die Beobachtung der Gestirne, durch den Einsatz des gerade erfundenen Fernrohrs, kurz: durch empirisch-wissenschaftliche Methoden die Theorie des Kopernikus zu beweisen. Nicht mehr philosophische Deduktion ausgehend vom aristotelischen Modell der Wirklichkeit, sondern naturwissenschaftliche Induktion war Galileos Anliegen. Brecht lässt den Schüler Andrea feststellen, durch Galileos erzwungenen Widerruf seien von der Inquisition nicht nur irgendwelche wissenschaftlichen Theorien verboten worden, sondern das Recht und die Freiheit zu denken überhaupt, weil es stets mit Gründen und Beweisen operiere.

Glauben und Wissen, Offenbarung und Naturwissenschaft, Kirche und Forschung waren damit eindeutig für inkompatibel erklärt. Auch der Dauerstreit zwischen wissenschaftlicher Theologie und päpstlichem Lehramt schien ein für alle Mal entschieden. Nicht ohne Grund war dieses Thema in der katholischen Kirchengeschichtsschreibung lange Zeit ein Tabu.

Was Brecht anspricht und am Beispiel der Causa Galilei illustriert, läuft letztlich auf die Frage hinaus, wieso die katholische Kirche ein derart umfassendes Wahrheitsmonopol beanspruchen konnte (beziehungsweise glaubte, beanspruchen zu können), und auf welcher Grundlage sie dies tat. Bezieht sich die Offenbarung, die in der Heiligen Schrift niedergelegt ist, nur auf Fragen des Glaubens im engeren Sinn? Oder bezieht sie sich auf alle Bereiche der Wirklichkeit und der Wissenschaft?

Die katholische Kirche hat diese Frage zumindest bis zum Zweiten Vatikanischen Konzil klar beantwortet: Die Kirche besitzt ein umfassendes Wahrheitsmonopol, das ihr durch Jesus Christus übergeben wurde. Er hat die katholische Kirche gestiftet, wie sie bis heute unverändert als Institution der Ewigkeit existiert. Da Wahrheit in Gott gründet, muss sie ebenso ewig und unveränderlich sein wie er selbst. Deshalb sind alle Wissenskulturen, die auf dem Prinzip der Entwicklung basieren, grundsätzlich zu verwerfen: Das gilt für den Protestantismus, der glaubt, die ewige Kirche durch Reform(ation) verändern zu können, genauso wie für die Physik Johannes Keplers, Nikolaus Kopernikus' und Galileis, die die ewig im Mittelpunkt der Welt stehende Erde zu einem von vielen sich um die Sonne bewegenden Planeten degradieren. Das gilt für die Geschichtswissenschaft, die Grundsätze innergeschichtlicher Entwicklung und das Prinzip der Veränderung auch auf ewige kirchliche Institutionen wie das Papsttum anwendet. Das gilt für die Biologie, die sich im Gefolge Charles Darwins anmaßt, den Menschen in der Entwicklung der Arten als einen höheren Affen anstatt als Ebenbild Gottes und Krone der Schöpfung aufzufassen. Das gilt nicht zuletzt für alle «modernen» Politik- und Gesellschaftskonzepte, die statt auf Gottesgnadentum und ewige Begründung von Recht in der Transzendenz auf Volkssouveränität und Verfassungsentwicklung ohne Gottesbezug setzen. Aus der Perspektive der Kirche waren deshalb all diese Wissenskulturen vor das Tribunal der römischen Glaubenswächter zu stellen, waren ihre Schriften einer strengen Zensur zu unterwerfen.

Zensur in Kirche und Staat

Der Begriff «Zensur» ist heute eindeutig negativ besetzt: Presse-
und Meinungsfreiheit sind unveräußerliche Menschenrechte. Das
deutsche Grundgesetz stellt unmissverständlich fest: «Eine Zensur findet nicht statt.»[2] Nicht selten wird dieses moderne Verständnis aber unhinterfragt auf frühere Zeiten zurückprojiziert.
Diese Sichtweise wird der historischen Wirklichkeit allerdings
kaum gerecht.

Im sechzehnten und siebzehnten Jahrhundert, als die römi-
schen Zensurkongregationen gegründet wurden und der erste
«Index der verbotenen Bücher» erschien, gehörte Zensur zu den
selbstverständlichen und kaum hinterfragten Instrumentarien
staatlicher und kirchlicher Ordnungspolitik. Der französische
König nahm dieses Recht genauso für sich in Anspruch wie der
Kaiser des Heiligen Römischen Reiches, die verschiedenen
Fakultäten der Universitäten ebenso wie evangelische Kirchen-
behörden und katholische Bischöfe. Zensur stellte sozusagen den
«Normalzustand» dar.

Erst im Kontext der Aufklärung bekam Zensur einen nega-
tiven Klang. Jetzt hatte die Idee der Presse- und Meinungsfreiheit
als Grundrecht des einzelnen Bürgers Konjunktur und stand im
Widerstreit mit der kirchlichen und staatlichen Kontrolle des
Wissens im Interesse einer Systemstabilisierung. In Mitteleuropa
dauerte es allerdings bis weit in die zweite Hälfte des zwanzigsten Jahrhunderts, bevor Zensur schließlich abgeschafft wurde.
Und in vielen Diktaturen der Welt gehört Zensur nach wie vor
zur täglich geübten Praxis. Der Krieg in der Ukraine, Russlands
Desinformationskampagne im eigenen Land oder auch die Fake
News des Donald Trump erlauben heute wieder Gedanken über
eine rigidere Medienkontrolle.

Das frühe Christentum kannte Zensur von Anfang an. Die
sukzessive Herausbildung des Kanons des Neuen Testaments
führte dazu, dass bestimmte Bücher von der Kirche angenommen, andere jedoch verworfen wurden. Die Verfolgung von Häre-

sie gehört zu den Hauptthemen der alten Kirchengeschichte. Das *Decretum Gelasianum* von 494 bietet erstmals so etwas wie einen «Index verbotener Bücher» und listet sechzig Werke auf – allerdings noch ohne Androhung von Sanktionen. Auch die mittelalterliche Kirche verurteilte regelmäßig Irrlehrer und ihre Bücher. Ihre Zahl blieb allerdings überschaubar. Genannt seien hier nur drei prominente Namen: Petrus Abaelard, John Wyclif, Jan Hus. Auch der jüdische Talmud wurde immer wieder verboten und verbrannt, so etwa in Paris 1242. Laien war es verboten, die Bibel selbst zu lesen, damit sie nicht durch die Lektüre mancher Passagen, wie etwa des Hohen Lieds der Liebe, auf «dumme Gedanken» kamen. Das letzte Bibelverbot wurde übrigens im Jahr 1904 erlassen.

Die Erfindung des Buchdrucks und sein gezielter medienpolitischer Einsatz in der Reformation verlieh der Wissenskontrolle eine ganz neue Dimension. Johannes Gutenbergs bewegliche Lettern ermöglichten die rasche Verschriftlichung aller Arten von Wissen und machten dieses Wissen beinahe unbegrenzt reproduzierbar. Man brauchte nicht mehr Jahre, um im Skriptorium eines Klosters auch nur eine einzige Kopie eines Werkes durch mühsames Abschreiben von Hand herzustellen. Ideen und Gedanken, aktuelle Streitfragen und uralte Traktate, Postillen und die Heilige Schrift selbst waren plötzlich hunderttausendfach verfügbar. Die Reformation als medienpolitische Revolution wurde zum entscheidenden Katalysator für die Zensur, denn die nun entstehende literarisch-publizistische Öffentlichkeit und die damit verbundene grenzüberschreitende Kommunikation der «Intelligenz» provozierten ein existentielles Kontrollbedürfnis der alten Autoritäten.

Bereits 1501 hatte man in Rom die Gefahren des Buchdrucks für das kirchliche Wissensmonopol wenigstens anfanghaft erkannt und die Bischöfe zur Kontrolle des explodierenden Buchmarktes durch Präventivzensur und nachträgliche Verdammung bereits gedruckter Bücher aufgefordert. 1515 brachte das Fünfte Laterankonzil die ambivalente Sichtweise der katholischen Kirche auf Gutenbergs Erfindung treffend auf den Punkt: «Gewiss

kann man sich durch Bücherlesen ohne Schwierigkeit wissenschaftliche Bildung erwerben, und die Buchdruckerkunst, die ...
mit Gottes Hilfe erfunden ... wurde, hat den Sterblichen vielerlei
Vorteile gebracht.» Bedauerlicherweise brächten einige Drucker
jedoch Bücher auf den Markt, die «Irrtümer auch im Glauben
und gefährliche Lehren» enthielten. Die «segensreiche Erfindung» Gutenbergs «zur Verherrlichung Gottes, zur Vermehrung
des Glaubens und zur Verbreitung der guten Künste» dürfe nicht
in ihr Gegenteil verkehrt werden, damit «nicht zusammen mit
der guten Saat auch Dorngestrüpp aufwachse».[3]

Aber so richtig verstanden hatte man in Rom die Sprengkraft,
die in Gutenbergs Erfindung steckte, damals noch nicht: 1520
hatte man in klassischer Weise das Urteil gefällt, Luthers Schriften seien dem Feuer zu übergeben, und die Umsetzung dem
weltlichen Arm überlassen – doch diese langgeübte und erprobte
Praxis funktionierte mit einem Mal nicht mehr. Was hilft es, ein
Buch zu verbrennen, wenn man es tausend Mal nachdrucken
kann? Wenn es nicht mehr Jahre dauert, bis im Skriptorium eines
Klosters mühsam eine einzige Kopie angefertigt wird? Luthers
Ideen und der Druck mit beweglichen Lettern breiteten sich
weiter aus.

Erst Anfang der vierziger Jahre scheint man in Rom das Medium Buch als das eigentliche Erfolgsgeheimnis der Reformation,
die inzwischen die Existenz der katholischen Kirche selbst be-
drohte, identifiziert zu haben. Eilig wurde daraufhin die «Heilige
Römische und Universale Inquisition» gegründet (1542) und drei
Jahrzehnte später die hauptsächlich für die Buchzensur zustän-
dige Indexkongregation (1571). Zu deren Hauptaufgaben gehörte – in der Sprache der Zeit ausgedrückt – zu verhindern, dass
sich «gesunde» Katholiken mit dem protestantischen Virus an-
steckten und dadurch diese Pest auch bei ihnen zum Ausbruch
käme. Neben der persönlichen Begegnung von Protestanten und
Katholiken hatte man als Hauptinfektionsweg das Buch ausge-
macht. Deshalb kam es zur Erfindung des berühmt-berüchtigten
«Index der verbotenen Bücher», einer «schwarzen Liste», in der
all die Werke verzeichnet waren, die Katholiken bei Strafe der Ex-

kommunikation nicht lesen durften. Der Buchmarkt sollte einer Totalkontrolle unterzogen werden. Nicht selten reichte bereits ein protestantischer Verlagsort (wie Leipzig oder Tübingen) für eine Indizierung. Der erste Index erschien 1559, der letzte 1948; er blieb gültig bis 1966.

Das hohe Selbstbewusstsein der römischen Zensurbehörden lässt sich anhand der Titelkupfer der römischen Indexausgaben ikonographisch treffend veranschaulichen. Der weitestgehende Anspruch kommt zweifelsohne im Titelkupfer von 1711 zum Ausdruck und veranschaulicht die vermeintliche Souveränität der katholischen Kirche über alle Formen verschriftlichten Wissens. Jedes Buch konnte es treffen, kein Wissenschaftsbereich blieb verschont, und so wurden medizinische, juristische, naturwissenschaftliche, aber auch belletristische, klassische, philosophische und theologische Literatur und sogar Ausgaben der Heiligen Schrift von einem alles versengenden Bannstrahl getroffen: Das Medium Buch ist so gefährlich, dass der brennende Scheiterhaufen die einzig adäquate Reaktion der kirchlichen Autorität zu sein scheint. Die Instanz, die hier über ganze Bibliotheken richtet und damit Wissen insgesamt kontrollieren will, ist die römische Kirche, repräsentiert durch die Apostelfürsten Petrus und Paulus.

Eine solche «Superkompetenz» einer religiösen Elite auf allen Wissensgebieten will gerechtfertigt sein. Daher steht hinter den Institutionen der römischen Zensur kein Geringerer als der Heilige Geist selbst, die dritte Person der Dreifaltigkeit, die ewige, überzeitlich gedachte göttliche Wahrheit. Index und Inquisition als Organe der Römischen Kurie handeln im Namen und Auftrag des Papstes und damit in der Autorität der Apostelfürsten. Letztlich reflektieren deren Herzen aber lediglich den Strahl der ewigen göttlichen Wahrheit, lenken ihn auf das in Buchform geronnene Wissen und verzehren so die falschen gedruckten Wahrheiten.

Noch vor wenigen Jahren war es praktisch unmöglich, Näheres über die römischen Indizierungsverfahren gegen diese aus Sicht der Kirche gefährlichen gedruckten Wahrheiten in Erfahrung zu bringen. Die Archive der Inquisition und Indexkongregation im Palazzo del Sant'Ufficio gehörten zu den bestgehüteten Geheimnissen der römischen Kirche. Mit der Öffnung 1998 kam ein einmaliges Archiv neuzeitlicher Wissenskultur mit negativem Vorzeichen zum Vorschein und ungeahnte Möglichkeiten taten sich für die Forschung auf. Erstmals lassen sich die internen kurialen Diskussionen zur Kontrolle des Wissens, zur Überwachung von Forschung und Wissenschaft für jedes einzelne Buch rekonstruieren, erstmals kommen mit den Zensoren die «Täter» in den Blick.[4]

Der Fall Galileo Galilei:
Eine Absage an die moderne Physik

Zurück zum Fall Galileo Galilei, der 1616 und 1633 in zwei Phasen verlief. 1616 kam der Mathematiker noch einmal mit einem blauen Auge davon. Allerdings bot die Zensur seiner Schriften Anlass zur Klärung einer prinzipiellen Frage: Bezogen sich die Aussagen der Heiligen Schrift und damit die Autorität des römischen Lehramts nur auf den Bereich von Glauben und Moral? Oder enthielt die Bibel auch unveränderliche Wahrheiten auf dem Feld der Naturwissenschaften?

Am 5. März 1616 verbot die Indexkongregation das Buch *De revolutionibus orbium coelestium* des Nikolaus Kopernikus, das über sieben Jahrzehnte seit seinem Erscheinen im Jahr 1543 unbehelligt geblieben war. Wie die römischen Akten belegen, hängt diese späte Verurteilung von Kopernikus und des von ihm vertretenen heliozentrischen Weltbildes entscheidend mit dem Verfahren gegen Galilei zusammen. Dessen Schriften waren nämlich 1615 durch einen in Florenz ansässigen Dominikaner in Rom angezeigt worden. Durch den Einsatz des gerade erfundenen Fernrohrs war es Galilei nicht nur gelungen, die Phasen der Venus, vier Monde Jupiters und die Sonnenflecken, sondern auch unzählige bislang unbekannte Sterne zu entdecken und so naturwissenschaftliche Beobachtungen zu machen, die die Theorien des Kopernikus empirisch stützten.

Um ein Strafverfahren gegen Galilei eröffnen zu können, musste die Inquisition aber zunächst die kopernikanische Lehre als theologisch irrig qualifizieren. Folgerichtig wurde das heliozentrische Weltbild am 24. Februar 1616 für häretisch erklärt. Dieser Beschluss, der zunächst nicht publiziert wurde, war von einschneidender Bedeutung und hätte eigentlich zur sofortigen Verhaftung des Angeklagten und seiner Verurteilung als Ketzer führen müssen. In diesem speziellen Fall war das allerdings gar nicht so einfach, weil ein renommierter Theologe des Karmeliterordens, Paolo Foscarini, Anfang 1615 gleichzeitig mit Galilei eine theologische Verteidigungsschrift der Kopernikanischen Lehre publiziert hatte und die Karmeliter verständlicherweise versuchten, die Verurteilung ihres Ordensbruders zu verhindern.

Überdies hatte Foscarini den Streit zwischen helio- und geozentrischem Weltbild von der Ebene naturwissenschaftlicher Theorien bewusst auf die Ebene der Theologie und speziell der Exegese gehoben. Er hatte gefragt: Ist es nicht aufgrund des naturwissenschaftlichen Fortschritts notwendig geworden, die traditionelle Bibelauslegung der Kirche auf den engen Bereich des Glaubens zu beschränken und die Lehren der Kosmologie von ihr auszunehmen, die eben durch die natürliche Vernunft und ihre Hilfsmittel formuliert werden? Das Beispiel der aristotelischen Himmelsphysik zeige eindeutig, dass diese durch neue astronomische Beobachtungen und neue mathematische Beweisführungen (Keplersche Gesetze) überholt seien.

Exemplarisch stellte sich diese Frage bei der Auslegung des alttestamentarischen Buches Josua. Im Krieg der Israeliten gegen die Amoriter gebot Josua, nachdem er mit Gott Zwiesprache gehalten hatte: «Sonne bleib stehen über Gibeon und du, Mond, über dem Tal von Ajalon! Und die Sonne blieb stehen und der Mond stand still, bis das Volk an seinen Feinden Rache genommen hatte ... Die Sonne blieb also mitten am Himmel stehen und ihr Untergang verzögerte sich ungefähr einen ganzen Tag lang.»[5]

Nimmt man diese Aussage wörtlich, dann ist sie ein eindeutiger Beleg dafür, dass die Sonne sich um die Erde dreht, weil sie auf ihrem Weg stehen bleiben kann. In diesem Sinne haben die Kirchenväter diese Stelle auch stets ausgelegt. Dann aber widerspricht das heliozentrische Weltbild eindeutig der biblischen Offenbarung. Ein Widerspruch gegen das geozentrische Weltbild ist damit zugleich ein Widerspruch gegen den wahren Glauben.

Oder aber – und so argumentierte Foscarini – es handelt sich im Buch Josua nur um zeitbedingte Formulierungen, die dem damaligen kosmologischen Kenntnisstand entsprachen und nichts mit dem eigentlichen Glaubensinhalt der biblischen Offenbarung zu tun haben. Dann muss man sie schlicht metaphorisch verstehen als Bild für die Allmacht Gottes, der zum Schutz seines Volkes Israel sogar die Natur beeinflussen kann.

Die Frage Foscarinis wurde von Kardinalinquisitor Robert Bellarmin klar beantwortet. Für ihn ist auch die Kosmologie der Bibel Gegenstand des Glaubens. Weil Gott der Urheber der ganzen Heiligen Schrift ist, bilden alle ihre Inhalte Glaubensobjekte. Die Behauptung der *tatsächlichen Wirklichkeit* des heliozentrischen Weltsystems würde den heiligen Glauben schädigen. Daher ist die kopernikanische Lehre, wie es im entsprechenden Dekret von 1616 heißt, «falsch und widerspricht ganz und gar der Heiligen Schrift».[6] Foscarinis Buch wurde indiziert und der astronomische Traktat des Kopernikus mit der Auflage, anstößige Stellen zu verbessern, verboten. Galilei dagegen wurde von Bellarmin, der zu einer recht gewagten Begründung griff, lediglich ermahnt: Die *Wirklichkeit* des heliozentrischen Weltsystems dürfe er zwar nicht weiter behaupten, denn das sei Häresie. Es sei aber möglich, die kopernikanische Lehre als rein *fiktive astronomische Hypothese* anzunehmen, mit der man *eventuell* die Position der Sterne besser voraussagen könne, um den Seeleuten nachts auf dem Meer eine verlässlichere Orientierungshilfe an die Hand zu geben. Einen Anspruch auf ihre Geltung in der Wirklichkeit im Sinne einer *These* dürfe er jedoch daraus nicht ableiten.

Galileo unterwarf sich dieser sophistischen Ermahnung umgehend. Fünfzehn Jahre ging das gut. 1633 jedoch kam es erneut zum Konflikt. Galileo hatte kurz zuvor seinen *Dialog über die beiden Weltsysteme* vorgelegt, in dem er durch eine Analyse der Phänomene von Ebbe und Flut einen Nachweis für die Bewegung der Erde erbracht hatte. Durch nebulöse Formulierungen versuchte er diesen naturwissenschaftlichen Beweis als bloße Hypothese zu kaschieren und bat sogar Papst Urban VIII. um eine Druckerlaubnis. Und der Papst ließ sich täuschen. Er erkannte erst nach Erscheinen des Buches, wie brisant dessen Inhalt war: Trotz aller abschwächenden Behauptungen wurde hier nicht mehr nur hypothetisch, sondern mittels Tatsachenbeweis vom heliozentrischen Weltbild gesprochen. Denn wenn die Hypothese der Bewegung der Erde um die Sonne durch eine strenge Beweisführung das Phänomen von Ebbe und Flut erklären kann, dann ist dadurch im Sinne eines Beweises auch die Bewegung der Erde selbst bewiesen. Dieser Häresie musste Galileo abschwören, während sich die Kirche in seinem Fall pars pro toto zur Freiheit von Wissenschaft und Forschung positionierte – und diese Freiheit ablehnte.

Explizit erklärte sich das Lehramt nicht nur für den Bereich von Glauben und Sitte, sondern für alle Disziplinen, auch für die Naturwissenschaften zuständig. Es begründete diesen Anspruch mit entsprechenden Aussagen der Heiligen Schrift, die eben nicht nur Glaubensaussagen, sondern zugleich auch letztverbindliche naturwissenschaftliche Aussagen beinhalten, an deren Wahrheit man nicht zweifeln dürfe, weil sie Gott selbst zum Urheber haben. Indem das Lehramt sich dabei auf die ewige göttliche Wahrheit bezog, definierte es seine Aussagen als prinzipiell unveränderlich. Eine Entwicklung oder Veränderung der kirchlichen Position war damit von vornherein ausgeschlossen, einem flexiblen Umgang mit neuen wissenschaftlichen Erkenntnissen ein Riegel vorgeschoben. Eine eigenständige, von der Heiligen Schrift und dem Lehramt der Kirche unabhängige Forschung, gleichgültig ob im Bereich der Geistes- oder Naturwissenschaften, die dem Fortschrittsgedanken verpflichtet ist, konnte es aus Sicht der Kirche nicht geben.

Der Fall Charles Darwin:
Evolution oder Schöpfung

Der Fall Galilei dominiert im kollektiven Gedächtnis das Bild der katholischen Kirche im Spannungsfeld von Forschung und Zensur weitgehend. Schließlich dauerte es bis zum Jahr 1992, bis Johannes Paul II. das römische Urteil gegen den Mathematiker aufhob. In den Köpfen heute lebender Menschen steht Galileo Galilei stellvertretend für Tausende von Forschern, die bis weit ins zwanzigste Jahrhundert hinein vor das Tribunal der Inquisition zitiert wurden, das durch eine unbarmherzige Zensur den wissenschaftlichen Fortschritt hemmte und den «Index der verbotenen Bücher» zu einem «Friedhof katholischen Geisteslebens» machte.[7] Voller Enthusiasmus stürzten sich daher viele Forscher nach der Öffnung der Inquisitionsarchive auf dieses Thema. Man glaubte, zahlreiche spannende Fälle ausgraben zu können, die in immer neuen Anläufen den Konflikt zwischen den sich entwickelnden Naturwissenschaften und dem unbeweglichen katholischen Lehramt in einer Art unendlicher Geschichte illustrieren würden.

Allein: Diese Erwartungen wurden enttäuscht. Denn unter den tausenden verbotenen Büchern aus vier Jahrhunderten finden sich nur etwa hundertfünfzig naturwissenschaftliche Titel. Neben Paracelsus (1596) und René Descartes (1663, 1720) fallen einem vor allem Sebastian Münsters *Geographia Universalis* (1559, 1564), Gerhard Mercators *Atlas minor* (1603), Francis Bacon (1668) und Thomas Hobbes (1703) ins Auge. Die eigentlich großen Namen Isaac Newton und vor allem Charles Darwin, die für den physikalischen und biologischen Fortschritt schlechthin stehen, sucht man jedoch vergeblich.

Zur Erklärung dieses überraschenden Befundes bietet sich folgende Hypothese an: In der Frühen Neuzeit gab es noch keine präzise Trennung zwischen den Disziplinen, die heute dem Fächerkanon der exakten Naturwissenschaften zugeordnet wird (wie Physik, Geologie, Chemie, Biologie), und den «pseudonaturwissenschaftlichen» Fächern wie Alchemie, Astrologie, Geomantie oder Goldmacherei. Dass eine solche Trennlinie allmählich gezogen wurde, dazu haben Inquisition und Indexkongregation beigetragen, indem sie die letzteren mit schöner Regelmäßigkeit verboten haben, während man eigentliche naturwissenschaftliche Werke so lange passieren ließ, wie die Autoren ihre Ergebnisse lediglich als naturwissenschaftliche Hypothese vertraten und ausdrücklich keinen Zusammenhang zu den Bereichen von Glauben und Moral herstellten. Insofern scheint die sophistische Ermahnung Galileis durch Kardinal Bellarmin aus dem Jahr 1616 zum Leitprinzip römischer Zensur geworden zu sein. Mehr noch: Indem man den Naturwissenschaftlern durch rigide Zensur ihre unliebsame pseudowissenschaftliche Konkurrenz vom Hals hielt, hat die katholische Kirche – so paradox es auch klingen mag – zumindest in Italien sogar zu einer indirekten Förderung des naturwissenschaftlichen Fortschritts beigetragen.

Zwar konnten die römischen Zensoren durch die subtile Unterscheidung zwischen Hypothese und These auf die Herausforderung durch die moderne Naturwissenschaft relativ flexibel reagieren, eine Versöhnung von Kirche und Moderne, von Glauben und Wissen, von Offenbarung und Naturwissenschaft war jedoch durch die Entscheidung von 1616 grundsätzlich und bis auf Weiteres blockiert. Denn hier hatte man nicht nur die ethischen oder religiösen Implikationen einer physikalischen Lehre verurteilt, sondern zugleich diese Lehre selbst. Gut zweihundertfünfzig Jahre später stand erneut eine bahnbrechende naturwissenschaftliche Erkenntnis auf dem Prüfstand: die Evolutionstheorie.

Die Arbeiten des Biologen Charles Darwin selbst kamen gar nicht auf den «Index der verbotenen Bücher». Seine Evolutionstheorie wurde als solche nie zum Gegenstand von Untersuchungen in Rom. Sobald aber jemand Darwins Entwicklungsgedanken in Zusammenhang mit dem christlichen Schöpfungsglauben zu bringen versuchte, schritten die Glaubenswächter umgehend ein. Als Beispiel sei hier der Fall des amerikanischen Theologen und Priesters John Zahm angeführt, der 1896 ein viel gelesenes Buch mit dem sprechenden Titel *Evolution and Dogma* vorlegte.

Ausgangspunkt seiner Überlegungen war die scheinbare Aus-
weglosigkeit der Situation vieler katholischer Schüler, Schülerinnen und Studierenden in den USA. Im Biologieunterricht bekamen sie Darwins Lehre von der Entwicklung der Arten als
bewiesene Tatsache beigebracht und mussten die Abstammung
des Menschen aus dem Tierreich als wissenschaftliche Wahrheit
vertreten, wollten sie ihre Reifeprüfung bestehen. Als Katholiken
waren sie jedoch verpflichtet, die Lehre Darwins entschieden ab-
zulehnen und den Menschen als Krone der göttlichen Schöpfung
aufzufassen – zumal ihnen im Religionsunterricht der biblische
Schöpfungsmythos als historischer Bericht vorgestellt wurde, nach
dem Gott in genau sieben Tagen Welt und Mensch erschaffen
hatte. Entweder die katholischen Schülerinnen und Schüler entschieden sich dafür, moderne Menschen sein zu wollen – dann
mussten sie Darwins Wissenskultur folgen und mit dem Glauben
ihrer Väter brechen –, oder sie hielten am biblischen Schöpfungsglauben fest, wurden dadurch aber in ihrer modernen Umwelt zu
Außenseitern.

Um den katholischen Jugendlichen in ihrem Dilemma zu
helfen, schlug Zahm eine Synthese zwischen Darwinscher Evo-
lutionsbiologie und biblischem Offenbarungsglauben, von *Evolution and Dogma* vor. Dazu las er den Bericht der Genesis evo-
lutionistisch:[8] In den sieben Tagen der Schöpfung sieht er eine
aufsteigende Entwicklung am Werk, die von der Entstehung des
Meeres und des Festlandes über die Entwicklung der Pflanzen,
Vögel und Meerestiere bis hin zum Auftreten der Landtiere und
schließlich des Menschen reicht.

Zahm stellt im ersten Teil seines Werkes die Entwicklung der
Evolutionstheorie von ihren Ursprüngen bei Darwin differenziert
dar, um im zweiten Teil für eine grundsätzliche Versöhnbarkeit
von Schöpfungsglauben und Evolutionsdenken zu plädieren.
Evolution als wissenschaftliche Theorie lasse Raum für göttliches
Handeln bei der Erschaffung und Ordnung der Welt, insbesondere für eine spezielle Intervention Gottes bei der Erschaffung
der menschlichen Seele.

Die Evolution nimmt daher an, dass die Schöpfung eine intellektuelle Notwendigkeit ist, denn wenn es keine Schöpfung gegeben hätte, wäre da nichts gewesen, das sich hätte entwickeln können … Und aus demselben Grund nimmt die Evolution an und sie muss es annehmen, dass es einen Schöpfer gibt, den allerhöchsten Herrn aller Dinge.[9]

Die Konsultoren der Indexkongregation waren sich absolut uneinig, wie mit Zahm zu verfahren sei: öffentliche Verurteilung, Vertagung, Freispruch oder bloße interne Ermahnung – das alles schlugen sie vor. Ganz anders die Sitzung der Kardinäle vom 1. September 1898: Hier kann von einer kontroversen Diskussion keine Rede sein. Die Eminenzen beschlossen vielmehr einmütig, das Buch zu verbieten. Besonders erbost zeigten sie sich über die Behauptung Zahms, die Evolutionslehre könne ohne Probleme auf die Entwicklung des menschlichen Körpers angewendet werden. Dass Adam von Menschenaffen abstamme, und dies auch noch in völliger Harmonie mit der Lehre der bedeutendsten Kirchenlehrer Augustinus und Thomas von Aquin, sei absolut irrig. Immerhin wollte man Zahm vor der Veröffentlichung der Indizierung zunächst die Gelegenheit geben, sich dem Urteil der kirchlichen Zensur zu unterwerfen. Der Papst stimmte dem Beschluss am 3. September zu. Das Urteilsplakat mit der Liste aller Verurteilungen der Sitzung vom 1. September 1898 wurde am 5. September publiziert – ohne Zahms *Evolution and Dogma*.

Tatsächlich nahm Zahm, wie man es von einem frommen Priester erwartete, das Urteil demütig an. Sein Ordensoberer, der Generalsuperior der Kongregation vom Heiligen Kreuz, Gilbert Français, konnte dem Kardinalpräfekten der Indexkongregation, dem Jesuiten Andreas Steinhuber, bereits am 4. November die Unterwerfung Zahms in einem Schreiben offiziell mitteilen. Weil Zahm wieder in den USA weilte, wo er die Funktion des Provinzials seiner Kongregation übernommen hatte, hatte es wegen des langen Postwegs ein wenig gedauert. Jetzt aber hätte dem öffentlichen Verbot von *Evolution and Dogma* mit dem Zusatz «auctor laudabiliter se subjecit» («der Verfasser hat sich lobenswert unterworfen») eigentlich nichts mehr im Wege gestanden. Aber der

Name Zahm taucht auf keinem der folgenden Bandi der Index-kongregation auf, er findet sich auch nicht im «Index der ver-botenen Bücher».

Diese Tatsache überrascht. Warum nahm die römische Zensur nach all dem Aufwand, den sie in dieser Causa betrieben hatte, Abstand von der Publikation des Buchverbots, das die Kardinäle einmütig beschlossen und der Papst nach der Unterwerfung Zahms angeordnet hatte? Die Antwort gibt ein zweites, eher in-offizielles Schreiben des Generaloberen Français, ebenfalls vom 4. November 1898, an den Kardinalpräfekten, in dem er an des-sen Einsicht und Güte appellierte, die Veröffentlichung des De-krets zu stoppen, das der katholischen Kirche in den USA, wo unterschiedliche Konfessionen einander kritisch gegenüberstün-den, großen Schaden zufügen und auch ein Schlag für seinen Provinzial Zahm sein würde, der als vorbildlicher Priester über ein beachtliches öffentliches Ansehen verfüge.

Es zeigt die politische Versiertheit des Generaloberen, die offi-zielle Unterwerfung Zahms und seine private Bitte an Steinhuber in zwei Schreiben vom selben Datum vorzulegen. Das eine war ostensibel und konnte jedem Mitglied der Kongregation gezeigt werden. Das andere dagegen dürfte nur für die Augen des Kardi-nalpräfekten bestimmt gewesen sein. Glücklicherweise hat Stein-huber beide in seinen Amtsakten aufbewahrt. Die politischen Argumente einer Inopportunität der öffentlichen Indizierung eines in den USA populären katholischen Professors scheinen Steinhuber zwar eingeleuchtet zu haben, aber Beschluss war Be-schluss.

Gab es einen Ausweg aus diesem Dilemma? Präfekt und Papst fanden schließlich am 3. Februar des folgenden Jahres eine typisch römische Lösung: Die Indizierung von *Evolution and Dogma* blieb bestehen, aber Leo XIII. wollte sich von der Ernsthaftigkeit der Unterwerfung Zahms unter das Urteil der Indexkongregation vor der Veröffentlichung der Indizierung zuerst ein persönliches Bild machen. Deshalb sollte die Publikation des Dekrets so lange auf-geschoben werden, «bis Pater Zahm, der bald aus den USA nach Rom kommen wird, angehört worden ist».[10]

Zahm kam jedoch zeit seines Lebens nie mehr nach Rom, dafür sorgte sein Ordensoberer. Solange Leo XIII. aber nicht mit Zahm persönlich gesprochen hatte, konnte die Indizierung seines Buches samt Unterwerfung nicht publiziert werden, trotz aller Gerüchte über eine Verurteilung von *Evolution and Dogma.*

Der Fall «Onkel Toms Hütte»: Angst vor dem Umsturz

Indexkongregation und Inquisition nahmen auch zahlreiche Publikationen, die neue Gesellschaftsmodelle, Staatsordnungen und Wirtschaftslehren propagierten, ins Visier. So wurden etwa John Stuart Mills *Principles of Political Economy* als kapitalistisches Wirtschaftslehrbuch umgehend verboten (1856). Die großen kommunistischen beziehungsweise sozialistischen Entwürfe sucht man jedoch auf dem Index vergeblich. Einen Fall Karl Marx oder Friedrich Engels hat es nicht gegeben.

Die Beobachtungen aus dem Bereich der Naturwissenschaften lassen sich auch auf gesellschaftswissenschaftliche Theorien übertragen. Auch hier gerieten nämlich offenbar die «Chefideologen» selbst meistens nicht in den Blick der Glaubenswächter, dafür aber zahlreiche Popularisierungen oder gar belletristische Werke, in denen man eine falsche Staats- und Gesellschaftsordnung zu finden glaubte. *Onkel Toms Hütte* zum Beispiel.

Eine in Florenz erschienene italienische Übersetzung des Werks von Harriet Beecher Stowe, in dem es um die Befreiung der amerikanischen Sklaven geht, wurde 1852 in den Kirchenstaat geschmuggelt und ging der Inquisition ins Netz. Ein Indizierungsverfahren begann. Der Gutachter machte kurzen Prozess mit dem Buch: Das Werk ist von einer Frau geschrieben. Schlimm genug! Überdies von einer Ketzerin: «Die Stowe bekennt sich der methodistischen Religion schuldig!»[11] Also können in dem Buch nur protestantische Häresien stehen: «Sie verspritzt das typische Gift des evangelischen Irrtums!» Aus der

falschen Theologie müssten aber automatisch eine falsche Staats-
lehre und Gesellschaftstheorie resultieren. Eigentliches Thema
des Buches sei daher nicht die amerikanische Sklavenbefreiung.
Die Sklaven stehen für den Gutachter lediglich als Chiffre für die
Unterdrückung der Menschen durch die absolutistischen Herrscher in Europa und speziell den Papst als Stellvertreter Christi
auf Erden. Deshalb rufe das Werk zu Umsturz und Revolution auf
und müsse unbedingt verboten werden. Papst Pius IX., gerade
aus dem Exil zurückgekehrt, in das ihn die Revolution des Jahres
1848 getrieben hatte, litt unter einer verfolgungswahnartigen Re-
volutionsangst. Und genau diese nahm der Gutachter geschickt
auf. Alles, was auch nur entfernt nach Reform oder Freiheit klang,
roch damals in Rom nach Schwefel.

Nach diesem klaren Votum des Zensors wäre das Schicksal
von *Onkel Toms Hütte* besiegelt gewesen, hätte es nicht in der Indexkongregation eine heftige Auseinandersetzung um dieses
Gutachten gegeben. Schließlich beauftragten die Kardinäle einen
Zweitgutachter, der die Argumente des ersten Zensors geschickt
ad absurdum führte. Das Thema des Buches – so sagte er – sei
ausschließlich die Befreiung der Sklaven, die von arroganten Skla-
venhaltern unmenschlich wie Tiere gehalten würden. Da aber alle
Menschen nach katholischer Überzeugung Geschöpfe und Eben-
bilder Gottes sind, seien alle Menschen unabhängig von ihrer
Hautfarbe als solche zu behandeln. Die Lehre der Kirche von der
Einheit des Menschengeschlechtes verlange geradezu einen katholischen Einsatz für die Sklavenbefreiung. Dafür habe sich auch
der Vorgänger des jetzigen Papstes, Gregor XVI., feierlich ausgesprochen. Also vertrete die Autorin, wenngleich Frau und Protes-
tantin, in diesem Punkt die rechte katholische Lehre. Von protes-
tantischem Gift, also Häresie, und Revolution oder gar einem
Aufruf zum Putsch im Kirchenstaat könne keine Rede sein. Der
Erstgutachter habe das Buch überhaupt nicht gelesen, sondern
nur seine eigenen Ängste hineinprojiziert. Daher dürfe man das
Buch nicht nur nicht verbieten, sondern sollte es sogar zur katholischen Pflichtlektüre machen. Der zweite Gutachter setzte sich
durch. *Onkel Toms Hütte* wurde freigesprochen.

Die römischen Zensurbehörden waren kein gleichgeschalteter Apparat. Man stritt heftig um die Wahrheit. Und Freisprüche waren gar nicht so selten: Von den in der Inquisition zwischen 1570 und 1917 gut 4750 verhandelten Büchern wurde nur ein Drittel verboten. Strenger (nämlich mit einem umgekehrten Verhältnis) war die Indexkongregation. Anders als Harriet Beecher Stowe landeten echte Revolutionäre, wie etwa Heinrich Heine, die den Aufruf zum Umsturz mit ätzender Kritik an der Kirche verbanden, regelmäßig auf dem «Index der verbotenen Bücher». Seine *Reisebilder* brachten den Indexgutachter auf die Palme, und man kann es ihm irgendwie nachfühlen. Heine, gerade in Trient angekommen, flüchtet aus der Sommerhitze in den kühlen Dom und schreibt: «Man mag sagen was man will, der Katholizismus ist eine gute Sommerreligion. Es lässt sich gut liegen auf den Bänken dieser alten Dome, man genießt dort eine kühle Andacht, ein heiliges Dolce far niente.» Den Beichtstuhl macht er lächerlich als «Häuschen aus braunem Holze für die Notdurft der Gewissen».[12] Dass ein derartig verdorbener Autor, der die Kirche schmäht, auch zur Revolution aufruft, ergab sich für den Zensor von selbst. Eine falsche Auffassung von Glauben und Kirche führte automatisch eben auch zu gesellschaftspolitischen Irrtümern.

Der Fall Leopold von Ranke:
Gegen den Primat der Geschichte

Zu einem grundsätzlichen Konflikt des kirchlichen Lehramts kam es auch mit der Geschichtswissenschaft, die im neunzehnten Jahrhundert zur Leitwissenschaft im protestantisch dominierten Deutschland avanciert war. Die Historiker waren überzeugt, zeigen zu können, «wie es eigentlich gewesen» sei (Leopold von Ranke). Zahlreiche biblische und kirchliche Texte galten ihnen als Märchen und Mythen. Dogma und Geschichte gingen von zwei einander widersprechenden Paradigmen aus: Das Lehramt behauptete die Unveränderlichkeit kirchlicher Institutionen und Lehren. Für die Geschichtswissenschaft war dies geradezu undenkbar, denn jedes Phänomen dieser Welt ist dem geschichtlichen Wandel unterworfen und entwickelt sich innerhalb der Geschichte fort. Geschichtliche Wahrheit und Wahrheit des Glaubens standen sich unversöhnlich gegenüber.

Während die römische Zensur allgemeinhistorische Werke in der Regel passieren ließ, gerieten Bücher, die zentrale kirchengeschichtliche Themen historisch-kritisch angingen, sofort ins Visier. Hier ist an erster Stelle der «Papst» des deutschen Historismus, der preußische Historiker Leopold von Ranke zu nennen. Seine dreibändige Papstgeschichte – *Die römischen Päpste in den letzten vier Jahrhunderten* aus den Jahren 1834 bis 1836 – landete nach einem komplizierten Verfahren 1842 und nach heftigen innerkurialen Auseinandersetzungen vor allem deshalb auf dem Index, weil Ranke vom «historischen Primat» sprach. Der Historiker wies nämlich nach, dass der Primat des römischen Papstes, der ihn zum absoluten Herrscher der ganzen Kirche machte, das Ergebnis einer langen historischen Entwicklung war. Von einer Einsetzung des Jurisdiktionsprimates durch Christus könne daher keine Rede sein. Dieser sei vielmehr Folge einer rigiden Machtpolitik der römischen Bischöfe. Und so, wie er sich irgendwann historisch entwickelt habe, könne er auch wieder verschwinden. Die katholische neuscholastische Dogmatik hielt hingegen den päpstlichen Primat für ein ewiges Wesensmerkmal der Kirche von Anfang an, die keinerlei geschichtlicher Entwicklung unterliege. Mit historischen Methoden könne der Protestant Ranke das Geheimnis der Kirche ohnehin nicht erschließen.

Auch andere Historiker wurden, sobald sie historisch-kritische Methoden auf kirchliche Personen oder Institutionen anwandten, umgehend indiziert. Den preußischen Geschichtsschreiber Ferdinand Gregorovius traf der römische Bannstrahl im letzten Viertel des neunzehnten Jahrhunderts gleich mehrfach. Als 1874 seine *Geschichte der Stadt Rom* auf dem Index und sein Name auf den großen Verbotsplakaten an den römischen Hauptkirchen auftauchte, hielt er dies für die beste Werbung überhaupt: «Jetzt macht auch der Papst für mich Reklame.»[13]

Zum größten Konflikt zwischen Dogmatik und Geschichtswissenschaft sollte aber die Dogmatisierung des Jurisdiktionsprimats und der päpstlichen Unfehlbarkeit auf dem Ersten Vatikanischen Konzil 1870 werden. Unabhängig von diesem «Sieg» ist die römische Kirche mit ihrem Vorhaben einer Totalkontrolle des Buchmarkts gescheitert. Gutenbergs Erfindung, das Buch als vornehmstes Medium neuzeitlicher Wissenskultur, und die modernen Wissenschaften entzogen sich letztlich dem Zugriff der Glaubenswächter. Schon rein logistisch war es nicht möglich, alle Publikationen, die die Druckerpressen verließen, auch nur zu erfassen, geschweige denn zu beurteilen. Die Kirche brauchte lange – genauer: bis zum Zweiten Vatikanischen Konzil in den 1960er Jahren –, um die Eigenständigkeit und Autonomie weltlicher Sachbereiche zu akzeptieren und damit eine grundsätzliche Freiheit von Forschung und Lehre in nichttheologischen Bereichen zuzugestehen und schließlich den «Index der verbotenen Bücher» abzuschaffen.

Letztlich ging es auch um genau diesen Grundkonflikt in Brechts *Leben des Galilei*. Die Schlussszene stellt dar, wie Galilei als Gefangener der Inquisition in der Nähe von Florenz lebt. Dort erhält er Besuch von seinem Schüler Andrea, der seine letzte Schrift, die *Discorsi*, an der Inquisition vorbei aus Italien herausschmuggeln soll. Der Coup gelingt, das Buch bleibt unentdeckt. Nachdem Andrea die Grenze passiert hat, ruft er zurück: «Wir wissen bei weitem nicht genug, Giuseppe. Wir stehen wirklich erst am Beginn.»[14]

5.

TRIBUNAL FÜR EINEN TOTEN

DIE THEOLOGIE VOR DER INQUISITION

> Die studierenden Jünglinge verglichen Sailers Erscheinen [im Hörsaal] mit der Frühlingssonne, die alles neu belebt. Sein prächtiger Vortrag in guter deutscher Sprache, die hohe eigene Begeisterung für die heiligen Wahrheiten, die Wärme des Tones entzündete Hörer und Schüler.[1]

So beschreibt Christoph von Schmid das besondere Charisma seines akademischen Lehrers und Freundes Johann Michael Sailer. Georg Schwaiger befördert ihn kurzerhand zum «bayerischen Kirchenvater».[2] Philipp Funk kanonisiert Sailer zum «Heiligen jener Zeitenwende» und «ersten geborenen Erzieher» des Menschengeschlechts.[3] Und Johannes Paul II. feiert 1982 Sailer ausdrücklich als «Verfechter der rechten Lehre».[4]

Wenn man diesen von allen Seiten einmütig positiven Wertungen folgt, dann scheint Sailers Biographie wenig Sprengkraft zu bieten: ein braver katholischer Theologe halt – wie so viele andere. Aber wie passt in dieses harmonische Bild, dass Sailer über vierzig Jahre nach seinem Tod im Jahr 1832 posthum bei der Römischen Inquisition wegen Häresie angezeigt wurde und 1873 tatsächlich ein Toter vor dem Tribunal stand? War der Verteidiger der rechten Lehre doch ein Ketzer? Hat Johannes Paul II. sich geirrt?

Johann Michael Sailers Biographie verlief für einen Theologen seiner Zeit nicht ganz geradlinig: 1751 in Aresing (Diözese Augsburg) geboren, trat er 1770 in die Gesellschaft Jesu ein. Er stu-

dierte und promovierte in Ingolstadt – der begabte Theologe
sollte akademischer Lehrer werden. Doch 1773 wurde die Gesellschaft Jesu aufgehoben. Sailer musste Augsburger Diözesanpries-
ter werden. 1780 erhielt er die erhoffte Professur doch noch – und
wurde ein Jahr später als Exjesuit und «päpstlicher» Dunkelmann
entlassen. 1784 wurde Sailer nach Dillingen berufen, verlor aber
1794 auch dort seine Professur wieder, weil ihn der päpstliche
Nuntius als «Illuminat» und Papstfeind beschuldigte. 1799 erhielt
er als vermeintlicher Aufklärer und Reformer einen Ruf nach Ingolstadt, nicht ohne gleichzeitig von Hubert Schiel als «Seele»
der Restauration gelobt zu werden.[5] Versuche des bayerischen
Königs Max I. Joseph, Sailer 1819 als Bischof für Augsburg zu no-
minieren, scheiterten am Widerstand der Römischen Kurie. 1829
wurde Sailer schließlich für drei Jahre Bischof von Regensburg.

Im Kontext dieser Bemühungen gab der später heiliggespro-
chene Redemptorist Klemens Maria Hofbauer ein vernichtendes
Urteil über Sailer ab. Der Hauptvorwurf lautete: Sailer bestreite
das «Monopol der katholischen Kirche auf den Heiligen Geist»
und behaupte, dieser wirke außerhalb genauso wie innerhalb. Für
Hofbauer war Sailer sogar viel gefährlicher als Martin Luther.
Während der Erzketzer und Häresiarch eine Veränderung der
katholischen Kirche ganz offen angestrebt habe, betreibe Sailer
solch unerhörtes Unterfangen ganz hinterhältig, «segretamente».[6]

Solche heftigen Vorwürfe gegen deutsche Bischofskandidaten
waren im neunzehnten Jahrhundert nichts Ungewöhnliches. Die
ultramontanen Scharfmacher versuchten eine ganze Generation
deutscher «Episkopabili» auf diese oder ähnliche Weise fertigzu-
machen. Sie wurden mit allen denkbaren einschlägigen Etiketten
beklebt, wie «Aftermystiker», «Josephinist», «Febronianer», «Illuminat», «Gallikaner», «Lutherus redivivus», «Kryptoprotestant» –
die Vatikanischen Archive sind voll von solchen Denunziationen.
Vor allem der Nuntius in Luzern tat sich hier hervor, weshalb es
zu der weit verbreiteten Formel «Nuntius = De-nuntius» kam.
Insoweit ist der Fall Sailer kein Einzelfall und könnte getrost
unter der Rubrik «Nichts Ungewöhnliches» zu den Akten gelegt
werden.

Der Fall Johann Michael Sailer

Aber – und das ist außergewöhnlich und macht den Fall Sailer wirklich zu einer unerhörten Begebenheit – stammt die gehässige Denunziation erstens von einem Heiligen, was nicht so recht zum angenommenen überdurchschnittlichen Tugendgrad des Maßes und der Milde passt. Und zweitens wurde Sailer nicht zu Lebzeiten, als man seine Ernennung zum Bischof noch hätte verhindern können, sondern über vierzig Jahre *nach* seinem Tod vor das höchste römische Tribunal gezerrt. Es sollte damals zu keiner öffentlichen «Damnatio» kommen, weshalb sein Fall weitgehend ohne Beachtung blieb. Das Heilige Offizium und die römische Indexkongregation publizierten ihre Entscheidungen nämlich nur dann, wenn es zu einer Verurteilung kam. Freisprüche wurden dagegen nicht veröffentlicht, und der Fall Sailer macht keine Ausnahme. Man wollte offenbar keine Werbung für einen freigesprochenen Theologen machen.

Erst als 1971 ein Entwurf der Anklageschrift gegen Sailer im Archiv der bayerischen Redemptoristen in Gars am Inn auftauchte, wurde aus den Gerüchten Gewissheit: Offizieller Ankläger im Tribunal für einen Toten war einer der Nachfolger Sailers auf dem Regensburger Bischofsstuhl, Ignatius von Senestrey. Die eigentlichen Ankläger aber saßen im Himmel.

Bischof Ignatius von Senestrey denunzierte seinen Vorgänger in Rom nicht nur schriftlich, sondern übergab seine Anklageschrift am 3. März 1873 Papst Pius IX. während einer Privataudienz im Vatikan sogar persönlich. Bei dieser Gelegenheit schlug Senestrey auch sofort einen geeigneten Gutachter vor: den Freiburger Privatdozenten Constantin Freiherr von Schaezler. Der Papst, der Senestrey wegen dessen Unterstützung bei der Durchsetzung der päpstlichen Unfehlbarkeit auf dem Ersten Vatikanischen Konzil besonders verpflichtet war, nahm nicht nur die Anklageschrift wohlmeinend entgegen und übergab sie umgehend dem Heiligen Offizium. Er wies darüber hinaus die Verantwortlichen der Inquisition an, Schaezler mit dem Gutachten über

Sailers Schriften zu beauftragen. Dass damit der Ankläger den Gutachter selbst ausgesucht hatte, war ein unerhörter Schritt und wurde von den regulären Gutachtern des Heiligen Offiziums genau registriert. Sie fühlten sich durch die Beauftragung eines Außenseiters übergangen und brüskiert. Diese Tatsache konnten die Konsultoren, also die Mitglieder und Gutachter des Heiligen Offiziums, auf zweifache Weise interpretieren: entweder als Hinweis darauf, dass die Verurteilung Sailers beim Papst bereits beschlossene Sache war, sich ein Engagement für den verstorbenen Theologen daher nicht lohne. Oder aber au contraire: als Appell an den eigenen Stolz, das abgekartete Spiel nicht mitzumachen und sich erst recht für die Rettung Sailers einzusetzen.

Die Anklageschrift von Schaezler, die Senestrey dem Papst übergab, zerfällt in zwei Teile. Der erste Teil beschäftigt sich mit dem traurigen Zustand der deutschen Theologie im neunzehnten Jahrhundert, die vollständig von den «perversen Prinzipien der modernen theologischen Schule» infiziert sei.[7] Was der Münchener Kirchenhistoriker Ignaz von Döllinger, der Tübinger Dogmatiker Johannes Evangelist von Kuhn oder die «Sekte» der Altkatholiken offen vertreten, denken auch die meisten übrigen Theologieprofessoren an den staatlichen katholisch-theologischen Fakultäten im Geheimen. Eine abstrakte Verdammung dieser falschen Lehren reicht aber nicht mehr aus. Vielmehr muss man das Übel mit der Wurzel ausreißen und ihren eigentlichen Urheber namentlich und feierlich als Häretiker verurteilen.

Als Erzvater der modernen, häretischen deutschen katholischen Theologie macht Senestrey im zweiten Teil der Anklageschrift keinen anderen als seinen Vorgänger auf dem Regensburger Bischofsstuhl, Johann Michael Sailer, aus, der in allen zentralen Traktaten der Dogmatik geirrt habe: Er lehnt die Heilsnotwendigkeit des christlichen Glaubens grundsätzlich ab, er vertritt ein falsches Verständnis der Gnadenlehre, eine irrige Christologie und eine völlig unakzeptable Ekklesiologie. Aber nicht nur Sailers Werke sind nach der Anklageschrift eindeutig häretisch und verdammungswürdig, auch seine Lebensgeschichte wird als die typische Biographie eines Ketzers beschrieben. Sailer bekommt alle denkbaren heterodoxen Stempel aufgedrückt: «Illuminat», «Rationalist», «Deist», «Febronianer», «Pseudomystizist» und «Protestantenfreund», ja sogar «neuer Erasmus» («quasi alter Erasmus»), um nur die wichtigeren zu nennen. Und Reformkatholiken wie Erasmus waren von der Warte der Inquisition aus viel gefährlicher als offene Häresiarchen wie Martin Luther.

Die entscheidende Frage, die sich für den Ankläger stellte, lautete: Wie hatte der Lapsus passieren können, dass ein solch offenkundiger Ketzer mit Zustimmung Roms zum Bischof von Regensburg ernannt worden war?

Bischof Senestrey dürfte die Anklageschrift kaum selbst verfasst haben. Dazu verstand er schlicht zu wenig von Theologie. Vielmehr dürfte – dem Inhalt und Stil des Textes nach zu urteilen – der von ihm empfohlene Gutachter Schaezler zumindest der Spiritus Rector, wenn nicht sogar der Verfasser der Anklageschrift gewesen sein. Schaezlers Leib- und Magenthemen finden sich in jeder Zeile der Anklageschrift: zum einen der leidenschaftliche Einsatz für die Neuscholastik und der Kampf gegen die moderne deutsche Theologie, zum anderen die Verbitterung des enttäuschten Akademikers, der zeitlebens keinen Lehrstuhl erhielt, und sein Hass auf das Establishment der Ordinarien an den staatlichen katholisch-theologischen Fakultäten.

Die «Armen Seelen» als Drahtzieher der Anklage

Mit Bischof Senestrey und Schaezler sind die offen in Erscheinung tretenden Gegner Sailers genannt. Und mehr Informationen geben auch die im Archiv der Glaubenskongregation zugänglichen Akten der Inquisition nicht preis. Der Fundort eines Exemplars der Anklageschrift in Gars am Inn lässt allerdings vermuten, dass die eigentlichen Drahtzieher der Affäre Sailer irgendwo im Umfeld der Redemptoristen zu suchen sein dürften. Und diese mussten über Gewicht verfügen, sonst hätte Senestrey das Geheimnis des Heiligen Offiziums, auf dessen Bruch ewige

Verdammnis stand, nicht gebrochen, und eine Abschrift der Anklageschrift dort abgeliefert.

Dieser Verdacht wird tatsächlich bestätigt, wenn man die re-
demptoristische Überlieferung, namentlich den Bestand «Saile-
riana» in Gars am Inn und den Fondo «Höhere Leitung» des
Generalatsarchivs der Redemptoristen in Rom heranzieht. Als
Hintergrund und eigentlicher Auslöser des posthumen Inquisitionsverfahrens gegen Sailer erweist sich die von den Redemptoristen seit 1863 intensiv betriebene Seligsprechung des ersten
deutschsprachigen Redemptoristen Klemens Maria Hofbauer. Bezeichnenderweise war dessen Seligsprechungsverfahren in Rom
vor allem deshalb ins Stocken geraten, weil Hofbauer die bereits
zitierten, verunglimpfenden und auch sprachlich äußerst problematischen Äußerungen über den Bischofskandidaten Johann
Michael Sailer abgegeben hatte. Bischof Senestrey befürchtete zu
Recht, «ob nicht daraus ein Argument gegen den heroischen
Grad der Tugend der Nächstenliebe bei Hofbauer» gemacht werden würde.[8] Der Beatifikation Hofbauers konnte dieses negative
Votum nur dann nicht im Wege stehen, wenn es sachlich gerechtfertigt gewesen wäre, wenn der Selige aufgrund besonderer
göttlicher Begabung den unter dem Deckmantel der Frömmigkeit lebenden Sailer schon damals als Ketzer enttarnt hätte.

Die Wahrheit der Aussagen Hofbauers nachträglich zu beweisen, auf diese geniale Idee war der Provinzial der bayerischen
Redemptoristen, Karl Erhardt Schmöger, gekommen. Und er versuchte sie mit allen Mitteln umzusetzen. Als besonders geeignetes
Instrument stand ihm die sogenannte «Höhere Leitung» zur Verfügung: ein unter seiner Führung um sein mystisch veranlagtes
Beichtkind Louise Beck gescharter Kreis von Klerikern und katholischen Adeligen. Louise Beck hatte seit ihrer Kindheit Visionen
der «Armen Seelen» und vermittelte als Medium deren über-
natürliche Anweisungen. Als sie bald darauf die Wundmale erhielt, entwickelte sich ein regelrechter Kult. Viele Patres und
Gläubige waren von der Echtheit ihrer Seherin überzeugt, baten
um Anweisung zur Rettung ihrer Seelen und legten vor ihr
Lebensbeichten ab, die unweigerlich zu Abhängigkeits- und

Hörigkeitsverhältnissen führten. Ein Aussteigen aus dem Kult der «Höheren Leitung» wurde häufig mit Material aus den Lebensbeichten verhindert, die «Gläubigen» hatten sich als «treue Kinder» der «Mutter» zu erweisen. Wer zuwiderhandelte, dem wurde ewiges Verderben und Höllenpein angedroht.

Schmöger, seit den sechziger Jahren Beichtvater und Seelenführer von Louise Beck, instrumentalisierte die Seherin völlig und verwendete die vor ihr abgelegten Lebensbeichten als äußerst sublimes Machtmittel. Die Armen Seelen, deren Weisungen die Seherin vermittelte, nahmen damals – wie wiederholt kolportiert wurde – sogar den schwäbischen Dialekt Schmögers an. Dieser stammte tatsächlich aus der Diözese Rottenburg.

Auch Bischof Senestrey war ein treues Kind der Mutter und hatte eine Lebensbeichte abgelegt, sich darin unter anderem zu schweren sexuellen Verfehlungen bekannt, die in die Nähe einer Todsünde kamen. Der Historiker Otto Weiß bringt das treffend auf den Punkt: «Die Betreibung und Durchsetzung der Indizierung Sailers wurde ihm nun von der ‹Höheren Leitung› als göttlicher Auftrag zugewiesen, durch dessen Erfüllung er von seinen Bedrängnissen befreit werden würde.»[9] Denn Senestreys Logik lautete vereinfacht etwa so: Kam Sailer auf den Index, wurde er von der Inquisition als Ketzer verurteilt, dann hatte Hofbauer damals wirklich recht gehabt, dann war das Hauptproblem in seinem Seligsprechungsprozess beseitigt, dann würde Senestrey für seine homosexuelle Veranlagung Vergebung finden. Im Hintergrund dieses Inquisitionsprozesses waren äußerst jenseitige Arme Seelen zugunsten äußerst diesseitiger Interessen am Werk!

Das Inquisitionsgutachten Constantin von Schaezlers

Das mithilfe der Armen Seelen als Drahtzieher im Hintergrund in Gang gekommene Verfahren gegen Sailer nahm den gewohnten und von der Geschäftsordnung der Inquisition vorgesehenen Gang. Der vom Ankläger Senestrey vorgeschlagene Gutachter

Constantin von Schaezler (es entbehrt nicht der Brisanz, dass Schaezler ebenfalls zu den enthusiastischen Anhängern der «Höheren Leitung» gerechnet werden muss) wurde auf Weisung des Papstes vereidigt und im März 1873 mit der Abfassung des Gutachtens beauftragt. Er hielt sich zu diesem Zweck im Frühjahr und Sommer des Jahres in Rom auf und lieferte Ende Juni einen umfangreichen, handschriftlichen Text ab, der dann im Verlauf des Julis gedruckt und an alle Konsultoren und Kardinäle der Römischen Inquisition verteilt wurde. Der Text des «Censura et Qualificatio» genannten Votums umfasst im internen Geheimdruck des Heiligen Offiziums 109 Seiten.

Das Gutachten Schaezlers zerfällt in vier Teile. In einer ausführlichen Vorrede werden den Konsultoren und Kardinälen der verderbte Geist und die Eigenheiten der Sailerschen Theologie demonstriert. Sailer bestreite die Offenbarung, das kirchliche Lehramt habe in seinem theologischen System keinen Platz und er tendiere zum Pelagianismus und Pantheismus. Schuld an dieser völlig unkirchlichen Lehre Sailers ist vor allem seine Rezeption aufgeklärter Philosophie. Namentlich der *famoso* Immanuel Kant und der *celeberrimus* Christian Wolff werden hier genannt. Deren Gift und «pestifera doctrina» habe Sailer in die deutsche katholische Theologie eingeschleust. Deshalb seien die Staatsprofessoren bis heute gründlich verdorben, wie vor allem die «Tübinger Schule» zeige.

Im zweiten Teil werden im sogenannten *Syllabus propositionum* 105 falsche beziehungsweise heterodoxe Sätze aus den inkriminierten Werken Sailers zusammengestellt, mit möglichst exakter Angabe der Fundstelle in dessen Opus. Damit soll die Quaestio Facti beantwortet werden, nämlich ob Sailer diese Sätze tatsächlich lehrt.

Den weitaus größten Umfang nimmt Schaezlers Kommentar zu den aus Sailer herausgezogenen Propositionen ein. Hier geht es um die Quaestio Iuris, das heißt um den Nachweis, dass Sailers Sätze tatsächlich häretisch und damit strafwürdig sind. Schaezler fasst dabei die 105 Sätze zu 23 thematischen Blöcken zusammen, die ein Kaleidoskop aller erdenklichen Häresien ergeben. Sailer leugnet den übernatürlichen Charakter der christlichen Religion, er huldigt einem falschen Glaubens- und Offenbarungsbegriff und hängt einer irrigen Vorstellung vom ewigen Leben an. Sailer ist ein Anhänger von Pantheismus, Subjektivismus, Humanismus, Rationalismus und Pseudo-Mystizismus. Sailer lehrt die unmittelbare Gotteserkenntnis aus innerer Erfahrung, er vertritt eine völlig inakzeptable, praktische Auslegung der Heiligen Schrift. Sailer steht für eine eindeutig häretische Christologie, eine falsche Rechtfertigungs- und Sakramentenlehre, und er ist der Stammvater der Altkatholiken, um nur einige Vorwürfe zu nennen.

In einem vierten, Epilog genannten Teil versucht Schaezler, alle möglichen kirchenpolitischen Einwände gegen ein römisches Urteil zu entkräften und insbesondere die kritische Frage nach der Inopportunität einer Verdammung Sailers zurückzuweisen. Schaezler zielte in seinem Gutachten in erster Linie darauf ab, Papst und Inquisition zu einer eindeutigen Parteinahme für die Neuscholastik zu gewinnen, insbesondere vor dem Hintergrund, dass die deutsche Theologie spätestens seit Sailer weitgehend vom Liberalismus infiziert ist und diese Sailersche Tradition verhindert, dass in Deutschland wahre, rechtgläubige Theologie, also Neuscholastik, gelehrt wird. Wolle Rom die gegenwärtigen, modernen katholischen Theologen an den Staatsfakultäten treffen, so müsse man die Autoritäten, auf die sie sich stützten, zerstören. Da Sailer zu den bedeutendsten, liberalen Theologen gehört habe, würde seine Verurteilung der darniederliegenden deutschen Theologie aufhelfen und wäre deshalb äußerst opportun.

Und dann verrät Schaezler doch noch den eigentlichen Hintergrund der Anklage gegen Sailer, indem er, wenn auch nur in einer Randbemerkung, fallen lässt, angesehene Zeitgenossen wie Clemens Maria Hofbauer hätten damals Sailer bereits negativ beurteilt und als Kryptolutheraner und pietistischen Sektierer gebrandmarkt. Während sich ein anständiger Katholik eines allzu engen Umgangs mit Protestanten und anderen Häretikern selbstredend enthalte, habe Sailer einen verdächtig unkomplizierten Umgang mit Evangelischen gepflegt, was eine Infizierung mit ihrem verkehrten Gedankengut bewirkt habe, wie schon Hofbauer richtig festgestellt habe. Würde Sailer also von Rom verurteilt werden, hätte Hofbauer, «cuius quidem causa ad effectum beatificationis in praesenti agitur coram Sacra Congregatione Rituum», recht gehabt und würden seine Äußerungen von der Suprema Congregatio im Nachhinein bestätigt werden. Hofbauers Seligsprechung stünde nichts mehr im Wege.

Das Votum des Gutachters fiel also eindeutig aus: Sowohl aus theologischen als auch aus kirchenpolitischen Gründen bestand eine absolute Notwendigkeit, Sailers Werke zu verurteilen. Das Urteil schien klar zu sein. Es konnte nur auf «Damnatur» lauten. Doch es sollte ganz anders kommen.

Das Geheimnis des dreizehnten Konsultors

Am 17. November 1873 befasste sich die Konsultorenversammlung auf der Basis des gedruckten Gutachtens Schaezlers mit der Anklage gegen Sailer. Von den 23 Mitgliedern des Konsults waren nach Ausweis des Protokolls 13 anwesend, die allerdings namentlich nicht genannt werden. Nach ausgiebiger Diskussion kamen drei Voten zustande, von denen überraschenderweise keines für «Prohibeatur» plädierte.

Zehn Konsultoren stimmten für eine Vertagung des Falls und verlangten vor einem endgültigen Urteil drei Maßnahmen: Alle Werke Sailers müssen erstens von einem in Rom ansässigen Konsultor erneut begutachtet werden. Über Sailer und seine Theologie soll zweitens die Ansicht deutscher Bischöfe eingeholt werden. Und drittens und vorsichtshalber sollen Sailers Schriften aus den Bibliotheken der Priesterseminare und katholisch-theologischen Fakultäten in Deutschland entfernt werden, damit sie insbesondere unter den jungen und daher besonders anfälligen Alumnen keinen Schaden mehr anrichten können.

Zwei weitere Konsultoren schlossen sich dem Votum ihrer zehn Kollegen auf Vertagung an. Sie lehnten allerdings den Vorschlag, deutsche Bischöfe um Gutachten über Sailers Theologie zu bitten, ab. Stattdessen sollten Sailers Werke nicht nur von einem kompetenten römischen Gutachter, sondern von mehreren Konsultoren überprüft werden, was der Verfahrensordnung des Heiligen Offiziums, wonach kein katholischer Autor aufgrund der Zensur eines einzigen Relators auf den «Index der verbotenen Bücher» gesetzt werden sollte, entsprach.

Aufschlussreich für die eigentliche Motivation der zwölf Konsultoren dürfte jedoch die Forderung sein, einen kundigen Zensor «qui in Roma» zur differenzierteren Begutachtung der Werke Sailers zu bestimmen. Das konnte nur gegen Schaezler gerichtet sein, der weder aus dem römischen Establishment stammte noch zum Kreis der altgedienten Konsultoren gehörte. In seiner Berufung zum Gutachter sahen die Konsultoren einen Affront gegen sich.

Am meisten Aufmerksamkeit verdient aber das Votum des dreizehnten Konsultors, der sich intensiv und kritisch mit der Person des Gutachters Schaezler und seiner Zensur auseinandersetzt und in aller Klarheit eine Verurteilung Sailers auf dieser Grundlage ablehnt. Der namentlich nicht genannte Konsultor argumentiert dabei erstens mit mangelnder Objektivität. Der Gutachter Schaezler, der eigentlich unabhängig sein müsste, sei befangen und parteiisch, denn die ganze Affäre ist überhaupt erst durch Schaezler, «einem sehr frommen, aber sehr kämpferischen Priester», ins Rollen gekommen. Er ist somit Ankläger und Richter in einer Person. Auch Senestrey habe zugegeben, von Schaezler instrumentalisiert worden zu sein. Er sei von Schaezler angestiftet worden, «wie mir ein frommer und gelehrter bayerischer Priester unserer Gesellschaft versichert hat».[10]

Schaezlers Zensur weist zweitens inhaltliche Mängel auf, das Gutachten erfüllt die von der Verfahrensordnung der Inquisition verlangten inhaltlichen Voraussetzungen nicht. «Seine Anklage ist viel leidenschaftlicher gegen die Person als gegen die Schriften Sailers gerichtet.»[11] In einem Indizierungsverfahren durfte es aber nur um die Bücher und nicht um die Verdammung einer Person gehen. Auch was die Schriften Sailers selbst angeht, die allein

Gegenstand eines Zensurierungsverfahrens vor der Inquisition sein konnten, vermochte Schaezlers Gutachten den Konsultor nicht zu überzeugen. Die Propositionen seien aus dem Zusammenhang gerissen, und «der Grund, warum sie zu verurteilen sein sollen, scheint mir in fast keinem einzigen Fall evident zu sein, zumal – wie ich aufrichtig bekenne – bei einem solchen Geschäft einem derartig unbeherrschten Mann, wie Dr. Schaezler einer ist, nicht allzu viel Glauben zu schenken sein dürfte».[12]

Für vollends lächerlich erklärt der Konsultor die von Schaezler in seinem Gutachten aufgestellte Behauptung, die Verdammung Sailers stelle eine eindeutige Verurteilung jener Neoprotestanten dar, die sich Altkatholiken nennen. Und noch ein Argument bringt der dreizehnte Konsultor vor: Eine Verurteilung Sailers angesichts der Probleme des Kulturkampfes sei völlig inopportun. Interessanterweise verzichtet dieses Einzelvotum auf die von allen übrigen Konsultoren erhobene Forderung, es müssten sich in Rom weitere Gutachter aus dem Heiligen Offizium mit dem Werk Sailers differenziert beschäftigen.

Die Kardinäle folgten in ihrer Sitzung am 26. November 1873 – und das ist erstaunlich – weitgehend dem Vorschlag des einzelnen Konsultors. Zusätzlich sollten die Bischöfe von Paderborn, Konrad Martin, und von Brixen, Vinzenz Gasser, unter dem strengsten Geheimnis des Heiligen Offiziums um folgende Informationen angegangen werden: Ob Sailers Werke nach wie vor im deutschsprachigen Raum verbreitet seien und rezipiert würden? Ob sie gefährlich seien? Ob es notwendig sei, das Opus Sailers seitens des Heiligen Stuhls einer Überprüfung zu unterziehen und ein Urteil in dieser Sache zu publizieren? Von einer erneuten Begutachtung der Werke Sailers durch einen römischen Zensor ist keine Rede mehr. Noch am Tag der Sitzung bestätigte der Papst den Beschluss der Kardinäle.

Papst und Kardinäle waren also nicht dem Mehrheitsvotum und nicht dem Gutachten gefolgt, sondern hatten sich weitgehend dem Votum eines einzelnen Konsultors angeschlossen. Obwohl die Akten der Inquisition seine Identität nicht preisgeben, lässt sie sich mit einem hohen Plausibilitätsgrad rekonstruieren. Bereits das Protokoll der Konsultorenversammlung gibt indirekte Hinweise auf seine Person: Der fragliche Konsultor kennt Sailers Werk sehr genau und war mit der kirchenpolitischen Situation in Deutschland nach dem Ersten Vatikanischen Konzil bestens vertraut. Er war exakt informiert über den ungezügelten Verfolgungswahn und die zelotische Haltung Schaezlers in diesen jahrzehntelangen Auseinandersetzungen. Die Anklage gegen Sailer enttarnt er geschickt als kirchenpolitische Intrige Schaezlers und Senestreys.

Der Konsultor verrät uns, was man leicht übersehen kann, seine Ordenszugehörigkeit. Denn er schreibt, die entscheidenden Informationen über die Hintergründe der Anklage habe er von einem «frommen und gelehrten bayerischen Priester unserer Gesellschaft» erhalten.[13] Damit enttarnt er sich selbst als Mitglied der Gesellschaft Jesu. Damals gab es aber im Heiligen Offizium nur zwei Jesuiten. Der eine, Camillo Tarquini, verstand wahrscheinlich kein Deutsch und hatte keine Ahnung von der deutschen Theologie des neunzehnten Jahrhunderts. So bleibt nur der zweite Jesuit, Johann Baptist Franzelin, der bereits sieben Jahre zuvor einen anderen renommierten deutschen Theologen vor dem Feuer der Inquisition gerettet hatte, den Tübinger Dogmatiker Johannes Evangelist von Kuhn.

Übrigens wussten auch die beiden Ankläger Senestrey und Schaezler sehr genau, wer ihr Tribunal für einen Toten in der Inquisition torpedierte. So schrieb Schaezler im Frühjahr des folgenden Jahres an den Regensburger Bischof:

Ich gestehe Ihnen offen, jetzt bin ich am Ende. Die Gleichgültigkeit, Geistesträgheit, Verblendung, welcher ich allenthalben begegne, nimmt mir jeden Mut und jede Freudigkeit, so dass ich mich oft frage, ob ich nicht meinen Beruf verfehlt habe, ob ich nicht etwas Unausführbares anstrebe. Für die Erneuerung der wahren Theologie, wofür ich meine beste Kraft einsetze, ist in Rom gar keine Empfänglichkeit. Was zu Genüge durch die Tatsache, dass hier die Franzelinsche Theologie das Monopol besitzt, bis zur Evidenz bewiesen wird. Diese Theologie ist aber grundfalsch.

Die «finsteren Mächte des Jesuitismus» trieben in Rom ihr dunkles Spiel, durch das sie «zum großen Nachteil der Wahrheit» bereits 1869 die «Kuhnsche Lehre» hätten «absolvieren lassen» wie jetzt Sailers Theologie.[14]

Die Reaktion der auf Beschluss der Kardinäle der Inquisition befragten Bischöfe fiel ganz im Sinne Franzelins aus. Sowohl Bischof Vinzenz Gasser aus Brixen als auch Konrad Martin aus Paderborn sprachen sich eindeutig gegen eine Verurteilung Sailers aus. Gasser sah in Sailer einen Mann, «der in allem aufrichtig katholisch dachte und fühlte».[15] In einer Zeit, in der allenthalben der vulgäre Rationalismus grassiere, sei Sailer eine Stütze der Wahrheit der katholischen Kirche in Deutschland gewesen und habe zahllose Theologiestudenten, die zum Rationalismus verführt worden waren, auf den Weg der Wahrheit zurückgebracht.

Auch Bischof Martin konnte nicht einsehen, «warum Sailers Werk erst heute denunziert worden ist, wo die genannten Schriften fast völlig in Vergessenheit geraten sind». Wer den Vorteil der Kirche im Auge habe, dem rate die Klugheit, die Akte Sailer zu schließen, «ut haec causa prorsus quiescat» – «damit diese Angelegenheit vollständig zur Ruhe kommt».[16]

Die Akten verschwinden im Archiv

Eigentlich hätte nach der Geschäftsordnung der Römischen Inquisition jetzt eine zweite Verfahrensrunde stattfinden müssen: mit einem neuen schriftlichen Votum, dessen Druck und Verteilung an die Konsultoren und Kardinäle, einer Konsultorenversammlung, einer Kardinalsplenaria und einer Bestätigung des Beschlusses durch den Papst. Ein derartig aufwendiger zweiter Durchgang der Causa Sailer kam jedoch nach Ausweis der Akten nie zustande. Weder die Konsultoren, noch die Kardinäle, noch der Papst beschäftigten sich nach November 1873 ein weiteres Mal mit der Sache. Die eindeutigen Stellungnahmen der deutschen Bischöfe wurden weder offiziell gewichtet noch in den zuständigen Gremien beraten, obwohl sie für den Beklagten sprachen und einen formellen Freispruch hätten nach sich ziehen müssen.

Aber genau darin lag das Problem, denn ein offizieller Vorschlag auf Freispruch durch die Inquisition hätte kaum die Zustimmung des Papstes gefunden, aber ohne diese konnte kein Urteil Rechtskraft erlangen. Ein Freispruch Sailers in Form einer feierlichen Zurückweisung der Denunziationen aus Regensburg – und nur darauf hätte eine weitere Verfahrensrunde des Heiligen Offiziums hinauslaufen können – wäre nämlich nicht nur ein Schlag ins Gesicht Senestreys gewesen, sondern hätte überdies den Papst brüskiert. Schließlich hatte Pius IX. die Anzeige persönlich entgegengenommen und weitergeleitet. Er war Senestrey zu besonderem Dank verpflichtet und hatte Schaezler selbst als Gutachter eingesetzt. Die Mitglieder der Inquisition, die eine Verurteilung Sailers verhindern wollten, konnten daher keine zweite Verfahrensrunde riskieren.

Und sie haben sie auch nicht riskiert. Stattdessen ließen sie die Akten im Archiv verschwinden. Noch heute liegen sie an einem Ort, an dem man sie nicht vermuten würde. Akten zu einem Inquisitionsprozess aus den Jahren 1873/74 müssten regulär unter der Signatur «Sanctum Officium Censurae Librorum 1873/74» zu finden sein. Die Sailer-Akten liegen allerdings in der Historischen Abteilung des Inquisitionsarchivs, der sogenannten «Stanza Storica». Dieser Archivraum stellt einen Mischbestand dar, der unter diesem Namen erst seit 1901 bekannt ist. Dort befinden sich vor allem historische Fälle aus dem sechzehnten und siebzehnten Jahrhundert, wozu der Sailer-Fall nachweislich nicht gehört. Wer also die Akten aus der regulären Serie herausnahm und sie irgendwo im Historischen Archiv zwischen anderen, wesentlich älteren Akten zu ganz anderen Themen versteckte, der entzog sie dem laufenden Betrieb und machte sie so gut wie unauffindbar.

Wer in der Inquisition hatte ein Interesse, dass das Feuer gegen Sailer ausblieb und es nicht zu einer römischen Verurteilung kam? Nach bisherigem Kenntnisstand am ehesten der Jesuit Johann Baptist Franzelin. Aber ohne die Hilfe des eigentlichen

Geschäftsführers der Inquisition, des Assessors Lorenzo Nina, hätte Franzelin keine Chance gehabt. Und tatsächlich: Im Frühjahr 1881, Nina war inzwischen zum Kardinal aufgestiegen, erinnerte er sich an den Fall Sailer. Er bat den Archivar des Heiligen Offiziums, ihm die Akten noch einmal vorzulegen. Eine Aktennotiz von der Hand Ninas belegt dies. Nach wenigen Tagen gab der Kardinal die Akten zurück und der Archivar reponierte sie wieder in der Stanza Storica, dort, wo sie eigentlich nichts zu suchen hatten. So banal der Vorgang ist, zeigt er doch, dass Nina noch 1881 wusste, wo er die Sailer-Akten ein knappes Jahrzehnt vorher versteckt hatte.

Franzelin und Nina haben ein Tribunal für einen Toten und eine römische Verurteilung des bereits seit über vierzig Jahren toten Bischofs Johann Michael Sailer erfolgreich verhindert. Dies wurde jedoch damit erkauft, dass das Heilige Offizium keine offizielle Einstellung des Indizierungsverfahrens gegen Sailer beschließen konnte, weil ein quasi-Freispruch Bischof Senestrey und Pius IX. brüskiert hätte und am Widerstand des Papstes hätte scheitern müssen. «L'affare rimase indeciso.» Die Causa Sailer blieb tatsächlich unentschieden, wie Nina ein knappes Jahrzehnt später zugab. Endgültig wurde sie nie entschieden.

Denunziationen als Mittel der Politik

Der «Index der verbotenen Bücher» war im sechzehnten Jahrhundert als Instrument der Totalkontrolle des Buchmarktes ins Leben gerufen worden. Insbesondere Häretiker, also Protestanten, und ihre Hauptquelle, die Heilige Schrift und ihre Übersetzungen, gerieten in den Fokus der römischen Glaubenshüter. Naturwissenschaft, juristische Literatur und Belletristik waren immer dann betroffen, wenn man dadurch den wahren katholischen Glauben, die *sana doctrina* in Gefahr sah. Zu einem kirchenpolitischen Instrumentarium der innerkirchlichen Disziplinierung wurde die Buchzensur seit dem neunzehnten Jahrhundert. Zahllose katholische Philosophen und Theologen wurden in Rom denunziert: Ignaz Heinrich von Wessenberg, Johann Sebastian Drey, Johann Baptist Hirscher, Georg Hermes, Antonio Rosmini, Anton Günther, Ignaz von Döllinger, Johannes Evangelist Kuhn, Jakob Frohschammer oder Ernest Renan und viele mehr.

Die Denunzianten saßen nicht selten in Deutschland. Ihnen ging es darum, eine theologische Richtung, die Neuscholastik, als alleinseligmachend durchzusetzen und alle anderen theologischen Ansätze als ketzerisch abzuqualifizieren. Leo XII., Gregor XVI., Pius IX. und Pius X. taten sich hier besonders hervor. In vielen Fällen ging die Strategie der Denunzianten auf und sie konnten sich mithilfe Roms durch eine Indizierung den einen oder anderen unliebsamen Konkurrenten vom Hals schaffen. Wenn man mit Argumenten gegen theologische Konzepte nicht ankam, griff man zum Mittel der Verketzerung. Das zeigt der Fall Sailer beispielhaft.

Der Fall Sailer zeigt aber auch, dass die Römische Inquisition und die Indexkongregation keine gleichgeschalteten Apparate waren, die geistlos Weisungen des Papstes umsetzten. Immer wieder gab es Beispiele, in denen die beiden Dikasterien ihre Eigenlogik und Autonomie behaupteten. So hat sich der Präfekt der Indexkongregation Kardinal Girolamo d'Andrea geweigert, den Befehl des Papstes auszuführen, den Löwener Theologen Johan Casimir Ubaghs auf den «Index der verbotenen Bücher» zu setzen, weil das Verfahren eben keine häretischen Lehren zutage gebracht hatte. D'Andrea musste 1861 aus Rom fliehen, weil Pius IX. ihn wegen seiner Renitenz verhaften lassen wollte.

Im Fall Sailer ging man geschickter vor. Der angesehene Jesuitenkonsultor Johann Baptist Franzelin durchschaute die Intrige und konnte die Kongregation überzeugen. Assessor Lorenzo Nina legte Papst Pius IX. das peinliche Ergebnis der Befragung deutscher Bischöfe Pius IX. einfach nicht vor. Er läutete keine zweite Verfahrensrunde ein, sondern ließ die Akten in den Tiefen des Archivs der Inquisition verschwinden.

Unabhängig vom – de facto nicht vorhandenen, jedenfalls aber versandeten – Ausgang des Verfahrens drängt sich dem heutigen Betrachter die Frage nach den möglichen Auswirkungen einer Zensurierung Sailers auf, wenn sie denn erfolgt wäre. Illusorisch scheint die Annahme, dass aktive Wissenssteuerung in diesem Fall funktioniert hätte. Vermutlich wäre, wie die befragten Bischöfe gemutmaßt hatten, durch ein Verbot eher das Gegenteil der Intention einer Zensur eingetreten: Die vergessenen Werke des toten Theologen wären neu entdeckt worden, weil das Verbotene in der Regel eben auch das Spannende ist.

Im Fall Sailer ging es den Anklägern vielleicht aber auch gar nicht so sehr um faktische Medienpolitik und Zensur, sondern – über die individuellen Motive hinaus – um einen symbolischen Akt: Man wollte Sailers Namen auf den großformatigen Indizierungsplakaten der Inquisition lesen, die an den Hauptkirchen Roms und dem Campo de'Fiori angeschlagen wurden, um Gewissheit über die Richtigkeit der eigenen Ansichten zu erhalten. Denn gerade durch symbolische Kommunikation wird ein in sich schlüssiges Wertesystem demonstriert und affirmiert. Vielleicht war Schaezler besonders über das Ausbleiben dieser Selbstvergewisserung enttäuscht. Wie dem auch sei: Das Feuer brennender Bücher hatte sich im Fall Sailer nicht entzünden lassen – auch nicht auf Weisung der Armen Seelen aus dem Himmel.

DIE INSZENIERUNG DES GEHEIMEN

VON DEN TÜCKEN DER PAPSTWAHL

«Annuntio vobis gaudium magnum; habemus papam»: Diese Frohbotschaft verkündet der Erste der Kardinaldiakone nach der Wahl eines Papstes den auf dem Petersplatz versammelten gläubigen Massen von der äußeren Loggia von Sankt Peter.[1] Zu diesem Zeitpunkt ist das Entscheidende bereits geschehen. Die Sedisvakanz, die große Krise, in die der Tod des Papstes die katholische Kirche gestürzt hat, ist vorbei. Diese Krise resultiert aus der nur schwer aufhebbaren Spannung zwischen der Ewigkeit des Papsttums als Institution und der Sterblichkeit des einzelnen Papstes als Person.

Der Auflösung dieser Spannung dienen nicht nur die zahlreichen Rituale nach dem Tod des Papstes bis zur Inthronisation seines Nachfolgers. Vielmehr stellt die zeremonielle Gestaltung der Sedisvakanz insgesamt ein einziges großes Symbol dar, das die ewige Ordnung der katholischen Kirche abbilden und die gütig waltende Vorsehung des transzendenten Gottes sichtbar machen soll. In all den Riten der Sedisvakanz soll Gottes verborgenes Handeln erfahrbar werden, und es verwundert deshalb nicht, dass auch der entscheidende Akt, die Wahl des Papstes, im Verborgenen geschieht, abgeschirmt von der Öffentlichkeit, hinter verschlossenen Türen im Konklave in der Sixtinischen Kapelle. Die Papstwahlordnung Johannes Pauls II. *Universi Dominici Gregis* vom 22. Februar 1996 schärft nicht umsonst das *secretum absolutum* des Konklaves noch einmal ein, das jeder

Kardinal beim Einzug in die Sixtina in feierlichem Eid beschwören muss. Gemessen an den Einschaltquoten findet keine andere Inszenierung einer Amtsübernahme irgendeines weltlichen oder geistlichen Würdenträgers ein derartiges öffentliches und mediales Interesse wie die Wahl eines neuen Papstes. Alle Kameras sind auf das Kupferrohr gerichtet, aus dem schwarzer Rauch bei einem gescheiterten Wahlgang und weißer Rauch bei einer erfolgreichen Papstwahl aus dem Kanonenofen der Sixtina aufsteigt, und wahrscheinlich ist dieses schlichte Rohr einer der am häufigsten gefilmten und photographierten Gegenstände der Welt. Kommunikation mit Rauchzeichen ist die einzige Möglichkeit der Kontaktaufnahme der versammelten Kardinäle mit der Außenwelt. Die strikte Abschirmung soll jeden Einfluss von außen verhindern und absolute Verfahrensautonomie gewährleisten. Und nicht zuletzt sorgen die Mauern der Sixtina als Kommunikationsgrenze dafür, dass Dissens und Streit unter den Wählern nicht nach außen dringen. Umgekehrt wäre eine einzige Nachricht auf X, die das Wahlergebnis schon vorab der Welt bekannt macht, ein PR-Desaster. Die Faszination dieser Inszenierung des Geheimen, der Ahnung der Transzendenz in der Immanenz ist ungebrochen, vielleicht ist sie sogar heute aktueller denn je.

Wenn der älteste Kardinaldiakon auf die Loggia des Petersdoms tritt, wird der (so munkelt man) nicht selten nach heftigen Konflikten hergestellte Konsens nicht nur als von allen Kardinälen getragenes Ergebnis präsentiert, sondern als ausdrücklicher Wille Gottes inszeniert. Denn der erste öffentliche Satz nach einer Papstwahl, wie ihn das Zeremoniale vorgibt, ist ein Zitat aus einem der wirkmächtigsten und bekanntesten Texte des Neuen Testamentes. «Annuntio vobis gaudium magnum» – «Ich verkünde Euch eine große Freude», spricht der Engel des Herrn zu den Hirten auf dem freien Feld bei Bethlehem, und er fährt fort: «Heute ist Euch in der Stadt Davids der Retter geboren; welcher ist der Messias, der Herr.»[2] Mithilfe dieses Zitats aus dem Weihnachtsevangelium nach Lukas und den Assoziationen, die dieser Text bei den Hörern auslöst, wird die «frohe Botschaft» sofort klar, die in der Rede von der erfolgreichen Papstwahl steckt, das «Evangelium», das der Protokardinaldiakon in der Rolle des Engels der Heiligen Nacht verkündet. Zumindest zwischen den Zeilen wird hier ein ungeheurer Anspruch formuliert. Schon durch die Übergabe der Schlüssel des Himmelreiches an Petrus verstehen sich alle Päpste in einer besonderen Beziehung zu Jesus Christus stehend. Durch das «Annuntio vobis» vor dem «Habemus Papam» wird dieser Anspruch noch einmal gesteigert. Der Kardinaldiakon verkündet nichts weniger als die Geburt des *alter Christus*, des neuen Christus in dieser Welt.

Wie wird man Bischof von Rom?

Die Inszenierungen legen mitunter Deutungen über das Wesen des Papsttums nahe, die die offizielle Theologie in dieser Zuspitzung niemals ausdrücklich vertreten würde. Aber in dieser Mehrdeutigkeit liegt gerade der besondere Charme symbolischer Kommunikation. Der neue Papst nimmt demnach nicht nur eine neue Rolle ein, sondern durch die Inszenierung der Inauguration wird zugleich eine neue Wirklichkeit geschaffen. Der zum Papst gewählte Kardinal ist ein anderer geworden. Bei der Inauguration eines neuen Papstes geht es nach dem *Annuario Pontificio*, dem offiziellen päpstlichen Jahrbuch, natürlich auch um die Amtseinführung des Bischofs von Rom, dann aber und vor allem um den Vicarius Jesu Christi, den Nachfolger des Apostelfürsten, der Christus in dieser Welt repräsentiert, um den Summus Pontifex der universalen Kirche, Primas von Italien, Erzbischof und Metropolit der Römischen Kirchenprovinz, Souverän des Staates der Vatikanstadt und Diener der Diener Gottes. Seit dem *Annuario* von 2020 nennt sich Papst Franziskus nur noch «Bischof von Rom». Die übrigen Titel werden zwar aufgeführt, aber nur noch als «Titoli storici» bezeichnet.[3] Das kann zweierlei bedeuten. Erstens: Die Titel sind dem Papst historisch zugewachsen und gelten weiter. Zweitens: Sie sind historisch im Sinne von vergangen.

Das hätte massive dogmatische und rechtliche Konsequenzen. Oder handelt es sich um eine typisch «franziskanische» Kommunikationsstrategie?

Auch wenn der Eindruck entstehen soll, dem Zeremoniale komme als quasi heiligem Text kanonischer Charakter zu, war und ist die Amtseinsetzung des Papstes einem starken historischen Wandel unterworfen. Dabei kommt den Bühnen, auf denen die Amtseinführung inszeniert wird, entscheidende Bedeutung zu. Es geht näherhin um die Rollen, die der Lateranpalast als weltliches Herrschaftszentrum und die Lateranbasilika als Bischofskirche des Bischofs von Rom einerseits und die Peterskirche mit dem Grab des Apostelfürsten Petrus und Legitimationsort des päpstlichen Primats andererseits spielen. Etwas zugespitzt formuliert lautet die entscheidende Frage: Ist der Papst als Papst Bischof von Rom oder ist der Papst als Bischof von Rom Papst? Und wie inszeniert man die theologische, kanonistische und politische Antwort auf diese Frage sachgerecht?

Seit den Zeiten der Alten Kirche wurde man Bischof durch Weihe und die Handauflegung anderer Bischöfe. Es folgte die Inthronisation auf der bischöflichen Cathedra der Bischofskirche. Ursprünglich dürfte auch die Wahl des Bischofs von Rom wie die der anderen Bischöfe durch Klerus und Volk erfolgt sein, nach dem Grundsatz: «Wer allen vorstehen soll, der soll auch von allen gewählt sein.»[4] Im Laufe der Zeit kam es jedoch zu einer immer stärkeren Einschränkung des Wahlrechts auf den Klerus und nur mehr wenige einflussreiche Laien. Seit der «Konstantinischen Wende» nahm außerdem der Einfluss des Kaisers immer mehr zu. Ein zum Bischof von Rom Gewählter durfte erst nach der Bestätigung durch den byzantinischen Kaiser zum Bischof geweiht und inthronisiert werden. Diese Bestätigung konnte mehrere Monate dauern. Auch die Karolinger sollten später dieses Recht ausüben.

Die römische Bischofskirche war die Lateranbasilika. Durch die «Konstantinische Schenkung», eine römische Urkundenfälschung des achten Jahrhunderts, wurden die weltlichen und geistlichen Herrschaftsansprüche der römischen Bischöfe überdies mit dem Lateran und der dortigen kaiserlichen Residenz verbunden, die Kaiser Konstantin Papst Silvester als Dank für die Heilung vom Aussatz durch die Taufe geschenkt haben soll. Damit kam der Besitzergreifung von Lateranpalast und -basilika zentrale Bedeutung zu.

Für die Amtsübernahme des Bischofs von Rom musste kein eigenes Zeremoniell erfunden werden. Man konnte auf den Ritus der Bischofsweihe zurückgreifen. Denn nach der katholischen Amtstheologie wird jedes kirchliche Amt durch eine Weihe übertragen. Die drei Weihestufen sind Diakonats-, Priester- und Bischofsweihe. So wurde der neu gewählte Papst Martin V. auf dem Konzil von Konstanz 1417 zunächst zum Priester und dann zum Bischof geweiht und erst danach in einem separaten Akt mit der Tiara gekrönt. In der Weiheliturgie für Bischöfe sind die Handauflegung mit Ordinationsgebet, die Stuhlsetzung und die Übergabe von Mitra, Ring und Hirtenstab die entscheidenden liturgischen Akte. Dabei spielt der Geweihte nicht nur auf bestimmte Zeit eine bestimmte Rolle beziehungsweise übernimmt eine Funktion. Nach katholischem Amtsverständnis ist der Geweihte vielmehr durch die Weihe ontologisch ein anderer geworden. Er hat einen Character indelebilis, ein unauslöschliches Merkmal, erhalten. Er handelt künftig in persona Christi.

Nun galt der Bischof bis weit ins Mittelalter hinein als mit seiner Diözese durch die Weihe unlösbar verbunden. Er war der *sposo*, der Bräutigam seines Bistums. Ein Wechsel von einem Bischofssitz zu einem anderen war seit dem Konzil von Nizäa 325 ausdrücklich verboten und hätte als Ehebruch gegolten. In der Konsequenz dieses Verbots konnte bis zum zehnten Jahrhundert nur ein Nicht-Bischof, also ein Priester, ein Diakon oder ein Laie, zum Bischof von Rom gewählt werden und war die Bischofsweihe der entscheidende Akt der Amtseinsetzung des Papstes. Erst die Weihe zum Bischof von Rom mit der Thronsetzung in der römischen Bischofskirche machte den Papst zum Papst, erst danach konnte er seine *Potestas* ausüben. Die Päpste datierten daher den Beginn ihres Pontifikats nicht vom Tag ihrer Wahl an, sondern ab dem Tag ihrer Weihe. Der gewählte Papst Stephan taucht genau aus diesem Grund nicht in der Papstliste auf: Er starb 752 noch *vor* seiner Weihe. Im ersten Jahrtausend wurde man also Papst durch die Weihe zum Bischof von Rom, während allen anderen symbolischen Akten nur sekundäre Bedeutung zukam. Noch im saeculum obscurum galt der Wechsel des Bischofssitzes als *contra statutum canonum*, und es brauchte schon ein gewisses Maß an Unverfrorenheit, um diese Regel zu umgehen. Die berühmt-berüchtigte Leichensynode gegen Papst Formosus vom Januar 897 ist ein sehr anschauliches Beispiel. Damals hatte Stephan VI., der von Formosus zum Bischof von Anagni geweiht worden war, dessen Leiche ausgraben und ihr den Prozess machen lassen. Formosus' eigene Wahl wurde schließlich für ungültig erklärt und damit war wiederum auch dessen Weihe Stephans zum Bischof von Anagni ungültig. Als Nicht-Bischof konnte Stephan rechtmäßig zum Bischof von Rom gewählt und geweiht werden.

Zu einer solchen Verlegenheitslösung musste man bald darauf jedoch nicht mehr greifen, denn die Situation änderte sich grundlegend. Die Translation eines Bischofs von einem Bischofssitz auf einen anderen wurde zusehends üblich. Insbesondere der prächtige Bischofsstuhl in der Lateranbasilika wurde dadurch für andere Bischöfe immer attraktiver. Die Zeit des fortgesetzten Ehebruchs begann.

Inthronisation und Krönung im Lateran

Wenn der zum Papst Gewählte aber bereits Bischof war, schied die Bischofsweihe als entscheidender liturgischer Akt der Amtsübernahme aus. Es mussten neue zeremonielle Formen gefunden werden. Zwar blieb ein Segensgebet, *benedictio* genannt, erhalten; eine sakramentale Weihe, eine *ordinatio*, war dies allerdings nicht mehr. Damit stand das Papstzeremoniell vor einem ganz entscheidenden Problem: Während alle anderen Ämter in der Kirche durch die Weihe und den dadurch erfolgten ontologischen Statuswechsel übertragen wurden, war dies ausgerechnet beim obersten Amt in der katholischen Kirche nicht mehr der Fall. Denn das Sakrament der Papstweihe existiert nicht. Aber es gab Riten und Orte, die bisher im Hintergrund gestanden hatten und die nun ihren großen Auftritt bekamen.

Zwei Entwicklungen sind festzustellen. Zum einen erhielten Riten, die sich im Laufe der Jahrhunderte sekundär um den Akt der Weihe des römischen Bischofs entwickelt hatten, nun konstitutiven Charakter, zum anderen trat eine ursprünglich sekundäre Bühne jetzt immer stärker in den Mittelpunkt. War zunächst der Lateran als Bischofskirche des Bischofs von Rom der entscheidende rituelle Ort gewesen, spielten jetzt die Petrusbasilika und vor allem das Petrusgrab eine immer wichtigere Rolle. Im Kontext einer zunehmenden Ausfaltung der papalen Idee und eines immer weitergehenden Primatsanspruches des Bischofs von Rom als Papst der Gesamtkirche mussten der Apostelfürst und die Formulierung *Tu es Petrus*, auf die der Erlöser seine Kirche bauen wollte, theologisch und zeremoniell neu definiert werden. Die genaue Datierung der einzelnen Schritte dieser Prozesse sind in der Forschung allerdings umstritten, zumal ein großer Unterschied zwischen den in normativen papalen Texten und «Zeremonialen» formulierten Ansprüchen und der Realität bestanden haben dürfte.

Entscheidende Bedeutung kam jetzt der Inthronisation des neuen Papstes zu. Ursprünglich war damit nur die im Ritus der Bischofsweihe enthaltene Stuhlsetzung des neugeweihten Bischofs im Lateran gemeint. Nach und nach wurde daraus ein eigenständiger, feierlicher Akt, der an die Stelle der Bischofsweihe trat, und dabei trat die Cathedra Petri in den Vordergrund, wie etwa bei Pius XII. im Jahr 1939. Die Inthronisation war somit das eigentlich rechtsbegründende Element. Im Laufe der Zeit wurden zur Ausgestaltung der Inthronisation immer stärker Riten aus dem byzantinischen Kaiserzeremoniell übernommen. Die Päpste bedienten sich also einer Imitatio Imperii, um einerseits ihre geistliche Vorrangstellung anderen Bischöfen gegenüber, andererseits aber auch ihre weltlichen Herrschaftsansprüche in Szene zu setzen. Aus dem byzantinischen Hofzeremoniell stammt zum Beispiel das Pallium, das seinen Trägern eine imperiale Würde verleiht. Ursprünglich war das Pallium im kirchlichen Bereich ausschließlich dem Papst vorbehalten – es war sein liturgisches Unterscheidungsmerkmal schlechthin. Seit dem neunten Jahrhundert erhielten jedoch auch alle Erzbischöfe als Metropoliten einer Kirchenprovinz das Pallium als Zeichen ihrer Präzedenz vor ihren Suffraganbischöfen.

Noch enger an das byzantinische Kaiserzeremoniell angelehnt war die Papstkrönung, die immer wichtiger wurde. Das sogenannte Phrygium taucht zum ersten Mal im achten Jahrhundert auf und wurde von den Päpsten im Sinne der «Konstantinischen Schenkung» als kaiserliches Diadem interpretiert. Diese «Mütze», auch *Regnum* genannt, erhielt im Laufe der Jahrhunderte drei Kronen: Nikolaus II. im elften Jahrhundert verzierte das Phrygium mit einer Krone, Gregor IX. wurde 1227 mit einem *Diadema duplex* gekrönt und seit Mitte des vierzehnten Jahrhunderts lässt sich definitiv eine dreifache Krone nachweisen, *Triregnum* oder Tiara genannt. Die Tiara symbolisiert die dreifache Vollmacht des Papstes, wie das entsprechende Gebet bei der Krönung mit ihr deutlich zum Ausdruck bringt:

> Empfange die mit drei Kronen geschmückte Tiara und wisse, dass du der Vater der Fürsten und Könige, der Lenker der Welt, der Vicarius unseres Erlösers Jesu Christi auf Erden bist, dem Würde und Ehre ist in aller Ewigkeit.[5]

Die Krönung als Höhepunkt der Inauguration eines neuen Papstes fand nicht im Lateran statt, sondern stets bei Sankt Peter, allerdings außerhalb der Basilika, auf den Stufen der Kirche. Die dreifache Würde, die der Papst durch die Tiara erhielt, konnte aber theologisch letztlich nur über das Petrusgrab legitimiert werden. Nur als Nachfolger des Apostelfürsten Petrus und nicht als Bischof von San Giovanni in Laterano konnte der Papst seinen umfassenden Anspruch als *Vicarius Christi* legitimieren. Allerdings musste der Papst zur Inszenierung seiner *Imitatio Christi* im Zeremoniell auf entscheidende Elemente der *Imitatio Imperii* zurückgreifen. Ohne Anleihen beim Kaiserzeremoniell hätte er seine einmalige kirchliche Stellung, die eben gerade nicht durch eine Weihe begründet war, kaum darstellen können. Zwar spielten der Lateran und die reale Inthronisation auf den dortigen Bischofsstuhl immer noch eine Rolle, aber die symbolische Besitzergreifung der Petersbasilika, auch wenn es dort in früheren Zeiten einen realen Bischofsthron wohl gar nicht gab, war fortan der konstitutive Akt der Inszenierung der Inauguration eines neuen Papstes.

Diese Entwicklung, die sich bereits gegen Ende des zehnten Jahrhunderts angedeutet hatte, setzte sich in den folgenden drei Jahrhunderten durch. Anders als heute gab es zunächst allerdings weder ein Regiebuch mit einer eindeutig festgelegten Szenenfolge noch eine einheitliche Praxis. So wurde – wie der *Liber Pontificalis*, eine Sammlung von Papstbiographien, beschreibt – 1099 Paschalis II. «vom heiligen Petrus selbst» zum Papst gewählt.[6] Man trug ihn dann in den Lateran und setzte ihn auf den dortigen Bischofsstuhl. Am folgenden Tag wurde er in der Peterskirche geweiht und auf ihrem Vorplatz mit dem Regnum gekrönt. Bei anderen Papstwahlen dieser Zeit wurde der Gewählte zuerst nach Sankt Peter gebracht, erhielt dort das Pallium, wurde dann gekrönt und ritt unmittelbar anschließend zum Lateran, um diesen in Besitz zu nehmen.

Kardinäle und Wahlrecht

Zu diesen beiden Linien – Imitatio Imperii und Verlagerung der Hauptbühne vom Lateran zu Sankt Peter – kamen im elften Jahrhundert zwei weitere, nicht minder bedeutungsvolle Entwicklungen hinzu: die Einschränkung des Wahlrechts auf die Kardinäle und die Betonung der Wahl allein als konstitutiven Akt der Papstwerdung im berühmten Papstwahldekret Nikolaus' II. von 1059.

Nach dem Tod Stephans IX. erhoben in Rom Klerus und Volk
Benedikt X. zum Papst. Die Kardinäle um Hildebrand – den
späteren Gregor VII. – waren mit dieser Wahl nicht einverstanden.
Sie flohen nach Siena und wählten dort den Bischof von Florenz
zum Papst, der sich Nikolaus II. nannte – eine Missachtung des
althergebrachten Wahlrechts von römischem Klerus und Volk.
Diese Wahl hatte außerhalb Roms stattgefunden und war erstmals auf eine bestimmte Gruppe römischer Kleriker, die Kardinäle, eingeschränkt worden. Und vor allem: Nikolaus II. konnte
zunächst weder von seiner Bischofskirche, dem Lateran, Besitz
nehmen, noch vor Sankt Peter gekrönt werden. Erst nachdem es
gelungen war, Benedikt X. aus Rom zu vertreiben, konnten diese
Akte inszeniert werden. Um seine unkanonische und somit un-
gültige Wahl im Nachhinein zu sanktionieren und zu legitimieren, erließ Nikolaus II. das Papstwahldekret, das das Wahlrecht
auf die Kardinalbischöfe einschränkte und bestimmte:

> Der zum Papst Erwählte hat sofort nach der Wahl, auch wenn Kriegs-
> zeit oder ein bösartiger Anschlag von Menschenhand verhindern, ihn
> auf den apostolischen Sitz der Regel nach zu inthronisieren, alle Auto-
> rität, als Papst die heilige römische Kirche zu regieren und über alle ihre
> Mittel zu verfügen.[7]

Eine Inthronisation in Sankt Peter oder gar eine Besitzergreifung des Lateran, bisher als grundlegend angesehen, waren für
den Amtsantritt des Papstes nicht mehr notwendig. Der Papst
wurde mit der Wahl Papst. Diese Bestimmung war zwar nicht
unumstritten, setzte sich aber im Lauf der nächsten Jahrhunderte als kirchenrechtlich verbindlich durch. Dem Wahlzeremo-
niell kam damit immer mehr die zentrale Bedeutung zu, alle
übrigen Riten wurden vornehmlich zum ausdeutenden und
schmückenden Beiwerk dessen, was im Akt der Wahl bereits geschehen war.

Konklave und Stimmzettel

Die Papstwahl wurde in den folgenden Jahrhunderten immer geheimer und immer exklusiver. Das Recht der Papstwahl war den Kardinälen vorbehalten, die Mitwirkungsrechte von römischem Klerus und Volk existierten faktisch nicht mehr. 1179 führte Alexander III. die Zweidrittelmehrheit ein, und er gilt auch als Erfinder des Konklaves. So sollten Doppelwahlen und daraus resultierende Schismen verhindert werden. Gregor X. schrieb 1274 das Konklave verbindlich vor, nachdem seine eigene Wahl in Viterbo zähe 1006 Tage gedauert hatte. Ursprünglich war das Konklave also nichts anderes als eine Beugehaft für unbotmäßige Kardinäle, denen während der Dauer der Papstwahl zunächst die Einkünfte, dann die Nahrung und schließlich das Wasser entzogen wurden. Das hatte wenig mit der heute üblichen Inszenierung des Konklaves als spirituellem Akt der besonderen Art zu tun.

Durch die Einführung des Konklaves wurde eine undurchdringliche Mauer zwischen den Kardinälen als Akteuren der Papstwahl und dem übrigen Klerus und Volk errichtet. Auf der inneren Bühne – innerhalb des Konklaves – konnte jedoch von Geheimhaltung keine Rede sein: Die Papstwahlen des späten Mittelalters und der Frühen Neuzeit waren konklaveöffentlich. Alles andere hätte die römische Mikropolitik auch konterkariert, das heißt die klienteläre Verflechtung der Kardinalsfamilien, deren Oberhaupt Kardinalnepoten, zumeist Neffen des jeweils amtierenden Papstes und damit die eigentlich starken Männer der päpstlichen Regierung waren. Nur wenn die Anführer der Parteien im Konklave die Kontrolle über die Stimmabgabe ihrer «Parteimitglieder» behielten, die den Aufstieg zum Kardinalat dem jeweiligen Papstonkel verdankten, konnten sie sicher sein, dass diese Kardinäle die altrömische Tugend der Pietas, der Frömmigkeit, auch richtig, also in ihrem Sinne zum Ausdruck brachten.

Deshalb wurden die Papstwahlen in dieser Zeit in der Regel als Adorationswahlen inszeniert. Man muss sich das so vorstellen:

Die Kandidaten der verschiedenen Familien versammelten sich mit den jeweiligen Kardinalnepoten in den zahlreichen Kapellen des Apostolischen Palastes. Oft wurde monatelang informell verhandelt und taktiert. Gewählt war derjenige, dem zuerst zwei Drittel der Kardinäle huldigten, indem sie sich vor seinem Thron niederwarfen. Hier kam es nicht selten zu tumultartigen Szenen, weil mitunter mitten in der Nacht versucht wurde, einen solchen Zweidrittel-Zulauf zu inszenieren. Vor allem ältere Kardinäle, die – aus dem Schlaf gerissen – nicht zu spät kommen wollten, um es sich mit dem neuen Papst nicht gleich zu verscherzen, schlossen sich des Öfteren einem Huldigungszug an, ohne genau zu wissen, welchem der Kandidaten er überhaupt galt.

Wenn der Wahl die entscheidende Bedeutung zukam und nicht mehr der Weihe, der Inthronisation oder der Krönung, musste im Interesse einer Spiritualisierung der Papstwahl die Frage nach der Qualität oder genauer: «Sakramentalität» dieses Vorgangs neu gestellt werden, und sie wurde beantwortet mit der großen Konklavereform Gregors XV. im Jahr 1621/22. Die rituelle Adorationswahl im Konklave wurde durch ein geheimes schriftliches Skrutinalverfahren (also eine Wahl durch Stimmzettel) abgelöst. Der Papst wurde jetzt in der Sixtinischen Kapelle unter dem *Jüngsten Gericht* Michelangelos gewählt. Jeder einzelne Kardinal hatte einen Namen auf seinen Stimmzettel zu schreiben und diesen zu falten, jeder wurde einzeln aufgerufen, mit dem Stimmzettel in der Hand auf das *Jüngste Gericht* zuzuschreiten und den Stimmzettel in den auf einem Altar aufgestellten Kelch, der als Wahlurne diente, zu werfen. Auf dem Weg zum *Jüngsten Gericht* musste jeder Kardinal einen Eid sprechen, der den Anspruch auf eine unmittelbare Beziehung zwischen Gott als Weltenrichter und dem Kardinal betonte: «Christus den Herrn, der mein Richter sein wird, nehme ich zum Zeugen, dass ich denjenigen wähle, den ich nach Gottes Willen («secundum·Deum iudico») wählen muss.»[8]

Einige weitergehende Vorschläge wurden in das Konklavezeremoniale zwar nicht aufgenommen, unterstreichen aber deutlich die Absicht der Reform: die Wahl des neuen Papstes als reine

Gewissensentscheidung des Einzelnen, die jeder Kardinal ohne Rücksicht auf soziale Loyalitäten, Gefälligkeiten oder «Fraktionszwang» für sich und vor Gott treffen können sollte. In drastischer Weise sah einer der verworfenen Vorschläge sogar vor, die gesamte Wahl in Anwesenheit des verwesenden Leichnams des Papstes durchzuführen. Die Kardinäle hätten die ganze Zeit knien und sich nur zur Stimmabgabe erheben dürfen. Der Anblick des verfallenden Papstes und der Leichengeruch sollten den Wählern ihre irdische Vergänglichkeit vergegenwärtigen und die Schrecken des angedrohten Gerichts unmittelbar präsent halten.

Die Wandlung des Kardinals zum Stellvertreter Christi

Die vielfältigen Überlegungen im Umfeld des Jahres 1621 hatten also alle die Tendenz, der Papstwahl einen zumindest quasi-sakramentalen Charakter zu verleihen und damit auch das höchste Amt in der katholischen Kirche so zu begründen. Im Grunde steckt hinter den Absichten der radikalen Reformer ein Konzept, das nie in die offizielle Theologie oder die lehramtlichen Selbstdefinitionen der Päpste einging, aber als mitzuhörender Subtext bis heute präsent ist, wie eine Äußerung von Joachim Kardinal Meisner im Kontext der Wahl Benedikts XVI. belegt. «Diese Stunde … wird mir unvergesslich bleiben, da hier ein Mensch von jetzt auf jetzt ein ganz anderer wurde. … Aus dem Kardinal Joseph Ratzinger ist der Felsenmann geworden.»[9] Demnach findet im geheimen Skrutinium unter dem *Jüngsten Gericht* eine Art «Transsubstantiation», ähnlich der Wandlung in der Heiligen Messe, statt. Aus dem Kardinal wird der Vicarius Christi.

Diese Auffassung hatte schon 1870 ein Bischof auf dem Ersten Vatikanischen Konzil zum Ausdruck gebracht, indem er von einer dreifachen Inkarnation Jesu Christi sprach: einmal im Kind im Stall von Bethlehem, dann im Brot der Heiligen Kommunion und schließlich im Papst. Nur wenn man diese «Wandlung», die unsichtbar im Geheimen substantiell stattgefunden hat, als nie offiziell bestätigten Subtext im Hinterkopf hat, wird die Veröffentlichung der Papstwahl auf der äußeren Loggia der Petersbasilika mit den Worten des Protokardinaldiakons «Ich verkünde euch eine große Freude …» letztlich verständlich. Dann kann der Papst Papst sein – *sola electio*, durch die Wahl im Konklave und deren Annahme allein, ohne jeden weiteren äußeren Akt der Inauguration, ohne Weihe oder Inthronisation. Diese sind dann wirklich nur sekundäre Inszenierungen nach außen des im Inneren bereits Geschehenen. Auch das entspricht den Vorgaben der klassischen katholischen Sakramententheologie, wonach die innere Gnade nach einem äußeren Zeichen verlangt, das realsymbolisch das darstellt, was ontologisch geschehen ist.

In diesem Zusammenhang erhielt auch die Tradition, dass sich die Päpste nach der Annahme der Wahl einen neuen Namen zulegen, eine Neuinterpretation. Ursprünglich war dies meist aus ganz profanen Gründen erfolgt, wenn ein neuer römischer Bischof einen heidnischen (Mercurius = Johannes II.), politisch belasteten (Octavianus = Johannes XII.) oder vulgären Spitznamen (Osporci, Schweinebacke = Sergius IV.) gehabt hatte. Im Zuge des sogenannten Reformpapsttums des elften und zwölften Jahrhunderts wurde mit dem Namenswechsel dann vor allem ein kirchenpolitisches Programm in Anknüpfung an einen großen Vorgänger verbunden. In der gegenreformatorischen Theologie wurde er in mehr oder weniger direkte Verbindung mit dem Sakrament der Taufe gebracht, das als Wiedergeburt des Menschen interpretiert wird. So wie der Täufling mit seinem Namen eine unverlierbare Würde erhält und mit dem weißen Taufkleid «Christus als Gewand» anlegt, so ist der Papst durch seine Wahl ein anderer geworden, der *alter Christus*.

Rituale und Symbole der Amtseinsetzung

Die Riten und Zeremonien der Papsteinsetzung waren im Laufe der Geschichte immer wieder einem starken Wandel unterworfen. Das *Caeremoniale Romanum* setzte 1488 einen vorläufigen Schlusspunkt. Mit einigen frühneuzeitlichen und neuzeitlichen Ergänzungen blieb dieses Skript bis weit ins zwanzigste Jahrhundert hinein, bis zur Amtseinsetzung Johannes' XXIII. beziehungsweise Pauls VI., in Geltung. Der große Bruch in der Inszenierung der Papstinauguration kam mit der Liturgiereform des Zweiten Vatikanischen Konzils. Für die Einsetzung Johannes Pauls I. und Johannes Pauls II. im Jahr 1978 stand noch kein neues Zeremoniale zur Verfügung, hier musste improvisiert werden.

Erst Johannes Paul II. beziehungsweise Benedikt XVI. haben 2000 und 2005 für Exequien, Konklave und Amtseinsetzung neue Ordines erlassen. Die Riten wurden im Geiste der Liturgiereform des Konzils bearbeitet und dabei von manchem zeremoniellen Ballast befreit. Der ganze Vorgang von Papsttod bis Amtseinführung wird so zu einer einzigen Liturgie, einer geistlichen Handlung. Alle weltlichen Rituale und Symbole sollten entfallen, weil sie dem geistlichen Amt des Vicarius Christi nicht entsprechen. Insbesondere alle Elemente, die das Papsttum einst zeremoniell durch die Imitatio Imperii groß gemacht hatten, werden getilgt. An deren Stelle tritt jetzt ausschließlich die Imitatio Christi. Deshalb sind die drei neuen Ordines auch gottesdienstliche Rituale und keine Zeremonienbücher mehr.

Auch nach dem Zweiten Vatikanischen Konzil bleibt also die Inszenierung des Geheimen nach außen und innen erhalten. Die Konzelebration der Heiliggeistmesse vor Einzug in das Konklave durch alle Wähler im Geist der erneuerten Liturgie, der Verzicht auf Baldachine über den Sitzen der Kardinäle sowie die Verpflichtung auf die geheime Wahl mit Stimmzetteln und das Verbot anderer Wahlformen, etwa durch einhellige, plötzliche Eingebung des Heiligen Geistes oder Delegation der Entscheidung an ein kleineres Gremium, verdienen besondere Hervorhebung. Der

Wahlvorgang wird allerdings deutlich spiritualisiert. So beten die Kardinäle zu den Horen gemeinsam das Stundengebet. Das Konklave nach diesem *Ordo Rituum Conclavis* wirkt eher wie die Abhaltung geistlicher Exerzitien. So sollen die Wahlgänge, falls sie keinen Erfolg haben, nach drei Tagen für einen Tag des Gebets und der geistlichen Beratung unterbrochen werden.

Die Konstitution Johannes Pauls II. *Universi Dominici Gregis* von 1996 gibt den Kardinälen im Widerspruch zur seit 1179 geltenden Vorschrift die Möglichkeit, nach 34 erfolglosen Wahlgängen mit absoluter Mehrheit die Zweidrittelmehrheit aufzuheben und ab Wahlgang 35 eine absolute Mehrheit als ausreichendes Quorum zu definieren. Der polnische Papst befürchtete offenbar, bei einem stark internationalisierten Kardinalskollegium könnten sich sonst die Wähler möglicherweise nicht einigen. Das zeigt nicht nur wenig Vertrauen in das Wirken des Heiligen Geistes, der sonst auf jeder Seite der Konstitution beschworen wird, im Gegenteil: Mit einem Federstrich wurde eine bewährte 800 Jahre alte Tradition eliminiert. Benedikt XVI. hat diese Regelung revidiert und dafür die Möglichkeit einer Stichwahl nach dem 34. Wahlgang eingeführt.

Wichtig ist auch, dass der Konklavebereich über die Sixtina und den Apostolischen Palast hinaus ausgedehnt wurde. Das vatikanische Gästehaus Santa Marta hinter dem Campo Santo Teutonico stellt die Unterkünfte für die 120 wahlberechtigten Kardinäle. Über achtzigjährige Kardinäle haben seit Paul VI. kein Wahlrecht mehr. Am deutlichsten fallen jedoch die Unterschiede bei den öffentlichen Zeremonien zur Amtseinführung eines neuen Papstes ins Auge. Der weiße Rauch, die Ankündigung der großen Freude und der erste Segen «Urbi et Orbi» bleiben bestehen. Dann geht es hinüber zu Sankt Peter beziehungsweise auf den Petersplatz, wo die besondere Nähe des neuen Papstes zu Petrus und seine Rolle als Vicarius Christi in geistlicher Hinsicht inszeniert werden. Deshalb entfallen alle herrscherlichen Symbole und Gesten aus dem Kaiserzeremoniell: So wird die *Sedia gestatoria*, der prächtig geschmückte tragbare Thronsessel der Päpste, nicht mehr genutzt. Und es wird kein Werg mehr verbrannt, Büschel aus groben Fasern, die als Zeichen der Vergänglichkeit auch der Herrlichkeit des Papsttums galten. Die Huldigung der Kardinäle des Kapitels von Sankt Peter und von zwölf Gläubigen, die das Volk Gottes symbolisieren, findet nicht mehr durch Fuß- und Ringkuss statt. Dafür kommt es bei der Huldigung der Kardinäle regelmäßig zu einer brüderlichen Umarmung mit dem Papst, die an den Friedensgruß in der Heiligen Messe erinnert und die kollegiale Einbindung des Petrusdienstes in die Kirche symbolisieren soll. Allerdings kann man fragen, ob hier nicht durch das Zeremoniell eine Kollegialitätsfassade aufgebaut wird, die die Akzentuierung von Jurisdiktionsprimat und Unfehlbarkeit durch das Zweite Vatikanische Konzil und die extensive Ausübung dieses Primats (insbesondere im Pontifikat Johannes Pauls II.) verschleiern soll.

Zu den entscheidenden symbolischen Akten gehört der Einzug des neuen Papstes in die Peterskirche, wo er sich unmittelbar zur Confessio Petri begibt und zum Petrusgrab unter dem Papstaltar Berninis hinuntersteigt. Zwei Diakone nehmen das dort bereitliegende päpstliche Pallium und den Fischerring, die dadurch quasi zu Berührungsreliquien geworden sind, auf und tragen sie in feierlicher Prozession zum Zelebrationsaltar auf den Petersplatz. Dort zelebriert der Papst mit den Kardinälen die Einführungsmesse. Nach der Verkündigung des Evangeliums und vor der Predigt erfolgt die Übergabe von Pallium und Fischerring. Der Fischerring zeigt den heiligen Petrus auf einem Boot die Netze auswerfend oder Petrus mit den Schlüsseln und trägt den Namen des jeweiligen Papstes. Er steht für die Aufgabe des Menschenfischers und symbolisiert die Verbindung mit Christus.

Der Blick in die Geschichte hat also gezeigt, dass die Verfahren der Papstwahl sowie die Rituale und Symbole der Amtseinsetzung sich in bald zwei Jahrtausenden ständig gewandelt haben und dass ausgerechnet die Reformen von Johannes Paul II. mehrfach mit Traditionen brechen. Offenbar ganz spontan hat beispielsweise Papst Franziskus neue Akzente gesetzt, indem er in einem schlichten weißen Gewand die Gläubigen mit «Guten Abend» begrüßte und um ihr Gebet bat. Der Wandel wird weitergehen.

Die nicht ganz geheime Wahl

Aber wenn das Konklave wirklich die geheimste aller Wahlen ist, warum weiß man dann trotz der Androhung schlimmster Strafen von fast jeder Papstwahl sehr genau, wie sie abgelaufen ist? Man weiß, welcher Kandidat in welchem Wahlgang welche Stimmen erhalten hat und welche Streitigkeiten und Absprachen es zwischen den einzelnen Parteien gab. Manchmal kennt man auch den Preis, den ein künftiger Papst für jede einzelne Stimme zahlen musste – in klingender Münze oder durch die Verleihung mächtiger Ämter und einträglicher Pfründen.

Man reibt sich verwundert die Augen und denkt sogleich: eine naheliegende Erklärung, weil allzu menschlich, wäre Geheimnisverrat. Die Eminentissimi sind allem Purpur zum Trotz auch nur Menschen, nicht selten eitel und besonders geltungs- und mitteilungsbedürftig. Deshalb tauchen immer wieder geheime Aufzeichnungen von Papstwählern auf, die während des Konklaves mehr oder weniger genau mitgeschrieben haben, was dort im Einzelnen passiert ist. Darüber hinaus sind generell unterschiedliche zeitliche Ebenen der Geheimhaltungspflicht bei Papstwahlen zu unterscheiden.

Die erste Ebene bezieht sich auf die Phase während der Papstwahl selbst. Dass man seit über einem Jahrtausend mit mehr oder weniger großem Erfolg versucht hat, die Papstwähler von äußeren Einflüssen abzuschotten, um zu verhindern, dass diese während der Wahl Informationen nach außen durchsickern lassen oder Einflüsterungen von außen ausgesetzt sind, ist verständlich.

Ist der Pontifex maximus aber erst einmal mit Zweidrittelmehrheit gewählt und inthronisiert, fällt dieser Grund für die Geheimhaltung weg. Die Päpste des zwanzigsten Jahrhunderts haben zwar versucht, durch Vorschriften zu verhindern, dass Informationen auch unmittelbar nach der Papstwahl an die Öffentlichkeit dringen – und das ist die zweite Ebene. Es ist ihnen aber nur sehr begrenzt gelungen, wie ein Blick in die vierbändige *Papstgeschichte der neuesten Zeit* von Josef Schmidlin zeigt. Im vierten Band, der sich mit dem Pontifikat von Pius XI. von 1922 bis 1939 beschäftigt und den Schmidlin im Jahr 1937/38, also noch zu Lebzeiten Pius' XI. verfasste, gibt er über die einzelnen Wahlgänge und die Abstimmungsergebnisse detailliert Auskunft. Er stützte sich auf Tagebücher und Konklaveaufzeichnungen verschiedener Kardinäle.

Eine dritte Ebene der Information über Papstwahlen bezieht sich auf die historische Forschung, die über die Auswertung von einzelnen Konklavetagebüchern hinausgehen muss. Bis zur Papstwahlordnung Johannes Pauls II. von 1996 und seinem Archivgesetz von 2005 konnte man die Unterlagen der Konklaven mit den Ergebnislisten der einzelnen Wahlgänge und allen anderen einschlägigen Informationen, die sich im Apostolischen Vatikanischen Archiv oder der Vatikanischen Bibliothek befinden, ohne jede Einschränkung konsultieren. Sobald die Akten eines Pontifikats freigegeben werden, sind auch die betreffenden Konklaveunterlagen offen. Die Bestände zum Pontifikat Benedikts XV. wurden 1985 geöffnet, im Jahr 2006 folgten alle Unterlagen der Regierungszeit Pius' XI., 2020 diejenigen Pius' XII.

Die Bestimmungen Johannes Pauls II. brachten die wissenschaftliche Aufarbeitung von Papstwahlen praktisch zum Erliegen. In seinem Archivgesetz von 2005 schließt er grundsätzlich alle Konklaveakten von der Benutzung durch die historische Forschung aus. Man fragt sich, was Johannes Paul II. bewogen hat, alle Unterlagen, die sich in irgendeiner Weise auf eine päpstliche Personalentscheidung wie die Ernennung von Bischöfen, Apostolischen Nuntien oder Mitarbeitern der Römischen Kurie beziehen und natürlich auch auf seine eigene Wahl, für alle Zeiten unter Verschluss zu halten und damit der Geheimniskrämerei und wilden Spekulationen Tür und Tor zu öffnen.

Generell drängen sich zahlreiche weitere Fragen nach einem genauen Blick in die Geschichte auf: Ist das Verbot, das geistige Band zwischen einem Bischof und seinem Bistum durch eine «Versetzung» in ein anderes Bistum zu zerschneiden, nicht vielleicht doch eine über Jahrhunderte bewährte und vom Konzil von Nizäa verbindlich definierte Vorschrift? Sollte die Bühne der

Lateranbasilika nicht doch wieder intensiver genutzt werden, um deutlich zu machen, dass der Papst als Bischof von Rom Papst ist und umgekehrt? Könnten nicht auch Laienvertreter – und -vertreterinnen! – in die Wahl eingebunden werden und das Kardinalskollegium ergänzen? Müssen wirklich alle Kardinäle die Bischofsweihe empfangen, oder steht die Kardinalswürde vielleicht sogar Frauen offen? Verhindert die Möglichkeit einer Wahl mit einfacher Mehrheit nicht die Findung allgemein akzeptierter Kompromisskandidaten? Sollte man sich nicht auch mit der Frage beschäftigen, was passieren soll, wenn ein Papst offensichtlich amtsunfähig ist, etwa bei unheilbarer Demenz?

Und, zu guter Letzt: Ist es nicht notwendig, auch einen festen normativen und zeremoniellen Rahmen für einen Papstrücktritt vorzugeben? Dass der emeritierte Papst mit dem Hubschrauber nach Castel Gandolfo entschwebt ist, sich aber weiter Papst nennen und in Weiß kleiden durfte, hat schließlich für deutliche Kritik gesorgt. Falls der Papstrücktritt, wie von Franziskus angedeutet, tatsächlich zum Normalfall werden könnte, gibt es hier spannende Möglichkeiten für neue Inszenierungen und Symbole rund um das uralte und doch immer wieder neu erfundene Papstamt.

7.

ES WAR IMMER SCHON SO!

ERKENNTNISSE AUS DEN ARCHIVEN

FÜR EINE KIRCHENREFORM

Wir wissen, dass es an diesem Heiligen Stuhl schon seit einigen Jahren viele gräuliche Missbräuche in geistlichen Dingen und Exzesse gegen die göttlichen Gebote gegeben hat, ja, dass eigentlich alles pervertiert worden ist. So ist es kein Wunder, wenn sich die Krankheit vom Haupt auf die Glieder, das heißt von den Päpsten auf die unteren Kirchenführer ausgebreitet hat. Wir alle ... sind abgewichen; ein jeder sah auf seinen eigenen Weg, und da ist schon lange keiner mehr, der Gutes tut, auch nicht einer.[1]

Diese Formulierungen stammen nicht von einem zeitgenössischen kritischen Theologen oder gar einem Journalisten, sondern von Papst Hadrian VI., der sehr rasch, nach einer nur kurzen Amtszeit von 1522 bis 1523, unter bis heute nicht völlig geklärten Umständen starb. Seine Gebeine ruhen in Santa Maria del'Anima, der deutschen Nationalkirche in der Nähe der Piazza Navona in Rom. Bis heute darf sein Leichnam – wie bei Päpsten üblich – nicht obduziert werden. Warum dies so ist? Darüber kann man trefflich spekulieren.

Das Zitat stammt aus dem berühmten *Schuldbekenntnis* Hadrians VI., das er den versammelten Reichsständen durch seinen Nuntius Francesco Chieregati auf dem Reichstag zu Nürnberg im Januar 1523 vortragen ließ. Hadrian machte deutlich, dass er die Valenz der Forderungen Martin Luthers erkannt habe und alles

daransetzen wolle, die Missstände in der Kirche gründlich abzu-
stellen. Der Nuntius sollte deshalb in Nürnberg den Willen des
Papstes unterstreichen, «dass wir jede Anstrengung unterneh-
men werden, dass als Erstes diese Kurie, von der wohl das Ganze
Übel ausgegangen ist, reformiert wird … Dazu fühlen wir uns
umso mehr verpflichtet, als wir sehen, dass die ganze Welt eine
solche Reform sehnlichst begehrt.»[2]

Hadrians Schuldbekenntnis von 1523 scheint heute, fünf-
hundert Jahre später, aktueller denn je. Ist die Krise, sind die
«gräuliche[n] Missbräuche», die er beschreibt, nicht unmittelbar
vergleichbar mit dem, was aktuell in der katholischen Kirche passiert? Wobei der sexuelle Missbrauch von Kindern und Jugendlichen durch Geistliche nur die Spitze eines Eisbergs struktureller
Probleme der katholischen Kirche darstellt. Eine Reform an
Haupt und Gliedern wäre das Gebot der Stunde und Reform-
rhetorik gehört bei Verantwortlichen der katholischen Kirche fast
schon zum gängigen Repertoire. Eine Reform, die den Namen
verdient, kommt für die meisten Vertreter der kirchlichen Hierarchie nicht infrage: Eine ewige Institution wie die katholische Kirche könne man nicht wirklich verändern und schon gar nicht
dem Zeitgeist anpassen.

Das Argument schlechthin für die Unmöglichkeit einer grund-
legenden Kirchenreform lautet meistens, dass die Kirche von Jesus Christus genau so gestiftet worden ist, wie sie heute existiert,
mit all ihren Lehren, Ämtern und Gebräuchen. Sie alle sind «ihrer
Natur nach unveränderlich» und müssen «genau so bleiben», wie
Christus «sie von Anfang an eingesetzt hat».[3] Diese Behauptung
einer ungebrochenen Kontinuität ist in neuscholastischen Hand-
büchern der Dogmatik und der Kirchengeschichte verbreitet. Ihr
zufolge hat sich die Kirche bis heute nicht verändert und kann
dies auch gar nicht, weil sie eine Institution von Ewigkeit ist. Der
Versuch Hadrians VI., die Kirche zu erneuern, ist für die Vertreter
dieser «Ewigkeitsthese» genauso verfehlt wie jede heutige Debatte um eine Reform der Kirche.

Reform als Wesenselement der Kirche

Unter Johannes Paul II. war der Begriff ein Unwort. Reform, das klang irgendwie nicht katholisch, sondern evangelisch oder gar reformiert. Dabei gehört die Reform nach der klassischen katholischen Ekklesiologie zu den unverzichtbaren Wesensmerkmalen der katholischen Kirche. Diese versteht sich selbst als *ecclesia semper reformanda*, als Kirche, die stets der Reform bedarf. Das Zweite Vatikanische Konzil hat diese Tatsache in seinem Ökumenismus-Dekret in Erinnerung gerufen, in dem ausdrücklich von einer «perennis reformatio», einer ununterbrochenen Reform der katholischen Kirche, die Rede ist.[4] Und Julius Kardinal Döpfner, der langjährige Vorsitzende der Deutschen Bischofskonferenz und einer der vier Moderatoren des Zweiten Vatikanischen Konzils, bezeichnete Reform sogar als grundlegendes «Wesenselement» der Kirche, was er nicht zuletzt auf ihre Geschichtlichkeit zurückführte.[5]

Papst Franziskus machte den Begriff der Reform in seiner Ansprache für den Weihnachtsempfang der Mitarbeiter der Römischen Kurie am 22. Dezember 2016 nach Jahrzehnten kirchlich wieder salonfähig. Er führte aus: «deformata reformare – was entstellt ist, reformieren, reformata conformare – was reformiert ist, anpassen, conformata confirmare – was angepasst ist, festigen, und confirmata transformare – und was gefestigt ist, neu gestalten».[6] Ein Jahr später, beim Weihnachtsempfang 2017, klang das schon etwas verhaltener, denn der Papst formulierte resigniert: «In Rom Reformen durchzuführen heißt gleichsam die Sphinx von Ägypten mit einer Zahnbürste zu putzen.»[7]

Tatsächlich bringt der Begriff Reform aus katholischer Perspektive eine gewisse konfessionelle Schwierigkeit mit sich, weil das lateinische Wort «reformatio» sowohl Reform als auch Reformation bedeutet. Wer von *reformatio* spricht, kann sich rasch dem Vorwurf des heimlichen Protestantismus ausgesetzt sehen.

Zurück zur Urform, vorwärts zur neuen Form

In der Debatte über den richtigen Weg zur Überwindung der derzeitigen Kirchenkrise haben sich zwei Lager gebildet, die sich unversöhnlich gegenüberzustehen scheinen: Auf der einen Seite positioniert sich die Gruppe der Reformer, die kirchliche Strukturen und notfalls auch Lehren ändern wollen, um die Glaubwürdigkeit der Kirche wiederherzustellen, die eine unverzichtbare Aufgabe für die Verkündigung des christlichen Glaubens und die ethische Verantwortung für Staat und Gesellschaft darstellt. Auf der anderen Seite steht die Gruppe, die in einer geistlichen Erneuerung die Lösung der Probleme sieht und daher Metanoia, also eine spirituelle Umkehr, propagiert. Dazu müsse man keine Strukturreformen durchführen, sondern sich lediglich innerlich neu auf Christus und die heilige Kirche einlassen. Manche, die für eine geistliche Erneuerung eintreten, werfen den Reformern vor, diesen spirituellen Aspekt zu vernachlässigen, Reformen um der Reform willen und eine falsche Anpassung an den Zeitgeist zu propagieren.

Doch richtig verstanden sind beide Ansätze zwei Seiten derselben Medaille: Strukturreformen sind kein Selbstzweck, sondern zielen darauf ab, die eigentliche Kompetenz der Kirche – die Verkündigung von Tod und Auferstehung Jesu Christi und die Zuwendung Gottes zu jedem Menschen – wieder deutlich zu machen und alles wegzuräumen, was den freien Blick auf Christus und seine Botschaft behindert. Eine geistliche Erneuerung, die strukturelle Sünden der Kirche von vornherein ausblendet, verdient zudem nicht, Metanoia – geistliche Umkehr – genannt zu werden.

Der Begriff der Reform geht auf das lateinische *reformare* zurück, der wörtlich «zurück-formen» bedeutet, eine ursprüngliche Form wieder annehmen. In diesem Sinne ist Reform prinzipiell zunächst als *reformatio in pristinum* zu verstehen: «in den früheren Zustand zurückformen». Die Norm für die Reform liegt somit in der Geschichte. Dieses ursprüngliche Verständnis von Reform ist um ein zweites Modell im Sinne einer *reformatio in melius*, einer «Reform zum Besseren», zu ergänzen. Hier geht es darum, neue Formen zu finden, um kreativ auf neue Situationen antworten zu können. Die kirchenhistorische Aufgabe für eine *reformatio in pristinum* leuchtet unmittelbar ein. Es geht darum, in der Geschichte der Kirche alternative Modelle und Formen zu finden, die über einen längeren oder kürzeren Zeitraum legitimerweise praktiziert worden, inzwischen aber in Vergessenheit geraten oder unterdrückt worden sind. Hierbei kann der Blick in die Archive helfen und zu erstaunlichen Entdeckungen führen. Komplizierter wird es, wenn es für aktuelle Fragen keine Modelle in der Geschichte gibt, die man als direkte Referenz für eine Reform angeben kann. Dann muss man als Kirchenhistoriker viel grundsätzlicher zeigen, wie die Kirche mit Kulturwandel und den daraus resultierenden Fragen umgegangen ist und ob sie tragfähige neue Lösungen gefunden hat.

Bei dieser Arbeit ist die Kirchengeschichte bei aller historischen Methodik ein theologisches Fach, denn sie muss sich als Teil der Theologie begründen, um im innerkirchlichen Diskurs und insbesondere in den Debatten mit dem kirchlichen Lehramt überhaupt Gehör finden zu können. Eine Kirchengeschichte, die sich als historisches Fach theologisch versteht und in Reformdebatten mitreden will, muss ihre theologischen Grundannahmen transparent machen.

Der erste und entscheidende Grundgedanke ist der der Inkarnation. Gott hat sich nach christlichem Verständnis in Jesus Christus auf die Geschichte eingelassen. Deshalb kann man sich dem Ursprung des christlichen Glaubens als Phänomen der Geschichte auch mit historischen Methoden adäquat annähern und anerkennen, dass sich die Kirche – wie alles andere in der Geschichte – historisch entwickelt hat.

Aus der Geschichtlichkeit und dem Entwicklungsgedanken ergibt sich als zweite Prämisse, dass die Behauptung, Jesus Christus habe die Kirche genau so gestiftet, wie sie sich heute darstellt, entschieden zurückzuweisen ist.

Eine dritte theologische Voraussetzung vor allem im Hinblick auf eine *reformatio in melius* wird mit den Begriffen «Inkulturation» und «Transformation» zum Ausdruck gebracht: Immer dann, wenn die Kirche – historisch betrachtet – in einen neuen kulturellen Kontext eingetreten ist, hat sie versucht, den christlichen Glauben möglichst erfolgreich in diese neue Situation hinein zu verkündigen. Dieser Umstand hat – um ein Beispiel zu nennen – sowohl zu einer Christianisierung der Griechen geführt, als auch als komplementäre Bewegung zu einer gleichzeitigen Hellenisierung des Christentums. Die Inkulturation der elaborierten Hoch- und Buchreligion Christentum in eine «archaische», weitgehend schriftlose «germanische» Gesellschaft führte erneut zu massiven Umdeutungen der christlichen Botschaft.

Die vierte theologisch-historische Grundannahme lautet: Einen Einheitskatholizismus hat es in der Geschichte der Kirche nie gegeben und kann es auch prinzipiell nicht geben. Denn Katholizität impliziert schon rein etymologisch betrachtet Pluriformität oder «Einheit in versöhnter Verschiedenheit», wie Karl Rahner es einmal treffend formuliert hat.[8] *Kat-holon* bedeutet: «gemäß dem Ganzen» beziehungsweise «alles umfassend». Jedoch wird das Argument eines gottgegebenen unveränderlichen Einheitskatholizismus immer wieder als prinzipieller Einwand gegen Reformen ins Feld geführt. Aber das, was man heute als die ewige römisch-katholische Kirche kennt, ist im Grunde eine «Erfindung» des neunzehnten Jahrhunderts, bei der eine Form beziehungsweise Partei des Katholizismus – der ultramontane Katholizismus – mit der Kirche selbst gleichgesetzt wurde. Dabei gab es gerade im neunzehnten Jahrhundert alternative Verwirklichungen des Katholischen, die in dem vom Tridentinum definierten Rahmen blieben – die katholische Aufklärung oder der liberale Katholizismus zum Beispiel.

Menschenrechte und die Theologie des Judentums

Wer in die Archive blickt, erkennt schnell, dass es auch im Bereich der Lehre immer wieder Änderungen gegeben hat. Oft hat allerdings der alternative «liberale» Katholizismus diese Transformationen im Zuge von Inkulturationsprozessen wesentlich früher vollzogen als die römische Zentrale, die dessen *reformatio in melius* zunächst nicht selten als Häresie verurteilte.

Ein erstes Beispiel ist die vatikanische Reaktion auf die Erklärung der Menschenrechte in der Französischen Revolution. Pius VI. konstatierte umgehend, Menschenrechte und katholischer Glauben seien prinzipiell unvereinbar. Und Gregor XVI. sorgte im Jahr 1831 für eine eindrucksvolle Verdammung der Moderne und der sie repräsentierenden Werte in der Enzyklika *Mirari vos*. Der Papst bezeichnete die Gewissensfreiheit als einen «pestilentissimus error» – einen pesthaften Irrtum.[9] Die liberalen Katholiken dagegen haben Katholizismus und Moderne, Glauben und Vernunft, Frömmigkeit und Freiheit generell für vereinbar erklärt und so aus ihrer Sicht eine legitime *reformatio in melius* vollzogen.

Das Lehramt der Kirche erkannte diese Reform erst auf dem Zweiten Vatikanischen Konzil im Jahr 1965 an. In der Erklärung *Dignitatis humanae* stellte es fest, dass die Menschenrechte, insbesondere die Religions- und Gewissensfreiheit, mit der Gottesebenbildlichkeit des Menschen selbst gegeben sei und es deshalb die natürliche Aufgabe und Pflicht der Kirche sei, sich stets für Gewissensfreiheit und Religionsfreiheit nicht nur im Hinblick auf den einzelnen Menschen, sondern auch auf Gruppen religiöser Menschen einzusetzen. Hier hat sich die katholische Hierarchie wirklich bewegt, hat nach fast zweihundert Jahren eine Reform im Sinne einer Neuerung bejaht und einen Bruch mit der eigenen Tradition in Kauf genommen.

Ein zweites Beispiel für eine solche Reform im Sinne einer Neubestimmung stellt die Karfreitagsfürbitte für die Juden dar. Im Römischen Messbuch, das bis 1970 in Gebrauch war, lautete diese Bitte noch:

Oremus et pro perfidis Judaeis … – Lasst uns beten für die treulosen Juden, dass Gott, der Herr, den Schleier der Verblendung von ihrem Herzen wegnehme, auf dass auch sie erkennen Christus, unseren Herrn.[10]

Dagegen lautet die Formulierung im gültigen Messbuch, das aus der Liturgiereform des Konzils hervorgegangen ist:

Lasst uns auch beten für die Juden, zu denen Gott, unser Herr zuerst gesprochen hat. Er bewahre sie in der Treue zu seinem Bund und in der Liebe zu seinem Namen, damit sie das Ziel erreichen, zu dem sein Ratschluss sie führen will. Beuget die Knie! Erhebt euch! Allmächtiger Gott, du hast Abraham und seinen Kindern deine Verheißung gegeben. Erhöre das Gebet deiner Kirche für das Volk, das du dir als erstes zu deinem Eigentum erwählt hast. Gib, dass es zur Fülle der Erlösung gelangt. Darum bitten wir durch Christus, unseren Herrn. Amen.[11]

Bis zum Zweiten Vatikanischen Konzil war klar: Die «treulosen Juden» müssen, wenn sie erlöst werden wollen, ihrem Irrglauben abschwören und Katholiken werden. Das Judentum stellte keinen eigenständigen Heilsweg dar. Nun werden die Juden zur Treue zu ihrem eigenen Glauben aufgefordert, und es wird Gott in der Fürbitte gebeten, sie zu dem Ziel zu führen, zu dem er selbst sie führen will.

Die Lehre der Kirche und ihre Liturgie wurden also an ganz zentralen Punkten reformiert.

Subsidiarität als Grundprinzip

Nicht nur diese beiden Beispiele zeigen, dass Reformen häufig von unten angestoßen worden sind, dann von oben blockiert wurden und sich am Ende erst durch den zu großen Druck der Umstände durchgesetzt haben. Dieses Gegeneinander von oben und unten wäre nach der Soziallehre der Kirche eigentlich nicht notwendig, denn zur Ausbalancierung von oben und unten, von Gemeinschaft und Individuum hat die Kirche das sogenannte

Subsidiaritätsprinzip erfunden. Pius XI. hat dieses Prinzip 1931 in seiner Enzyklika *Quadragesimo anno* zum ersten Mal umschrieben. Es wurde aber immer wieder behauptet, dieses Prinzip gelte zwar in Staat und Gesellschaft, nicht aber in der hierarchisch verfassten Kirche. Oswald von Nell-Breuning, der Nestor der katholischen Soziallehre und Ghostwriter Pius' XI., hat diese Einschränkung aber, gestützt auf einschlägige Äußerungen Pius' XII., ausdrücklich zurückgewiesen.

Auf die Kirche angewendet meint Subsidiarität, dass bei einem auftauchenden Problem zuerst der Einzelne in seiner Mündigkeit und Freiheit gefragt ist. Erst wenn er es nicht schafft, das Problem zu lösen, ist die Gemeinde gefragt. Wenn es die Gemeinde nicht lösen kann, dann wird das Bistum eingeschaltet. Und erst wenn es auch das Bistum nicht lösen kann, soll die Weltkirche eingreifen.

Am Beginn seines Pontifikats hat Papst Franziskus die Subsidiarität zum Schlüssel von Kirchenreformen erklärt und die Ortskirchen zu mutigen Schritten aufgefordert. Inzwischen scheint er, wie seine teils heftige Kritik am sogenannten Synodalen Weg in Deutschland zeigt, den Geistern, die er selbst rief, nicht mehr vertrauen und doch auf zentrale römische Lösungen setzen zu wollen.

Die Anwendung des Subsidiaritätsprinzips kann zu pluriformen Lösungen führen, die gleichwohl die Einheit der Kirche nicht stören. Die Frage des kirchlichen Umgangs mit homosexuellen Beziehungen zum Beispiel kann, wenn man die Prinzipien der Inkulturation und Subsidiarität ernst nimmt, zu kulturell bedingten unterschiedlichen Lösungen in unterschiedlichen Ländern führen.

Gerade die Geschichte der Liturgiereform zeigt solche Ungleichzeitigkeiten in besonderer Weise. Bereits im neunzehnten Jahrhundert gab es an der Basis, in einzelnen Ortskirchen, Gemeinden oder kirchlichen Gruppen zahlreiche Versuche, die lateinische tridentinische Liturgie zu reformieren und dem «gemeinen» Volk verständlicher zu machen. Deutsche Messen wurden eingeführt und vor allem in Gottesdiensten im Kontext der

Jugendbewegung auch die Zelebrationsrichtung geändert: Der Priester wendete sich der Gemeinde zu und stand nicht mehr mit dem Rücken zu ihr.

Diese Reformen wurden nicht nur regelmäßig verurteilt, die Initiatoren wurden vielfach auch suspendiert und exkommuniziert, obwohl sie für ihre Praxis auf Modelle aus der Geschichte der Kirche zurückgreifen konnten. Kapläne haben mit ihren Jugendgruppen während der Zeit der Jugendbewegung und in der Liturgischen Bewegung dennoch weiter für diese Reformen gekämpft. Im Zweiten Vatikanischen Konzil wurde mit der Liturgiereform schließlich das, was hundertfünfzig Jahre vom römischen Lehramt immer wieder als falsch und verboten dargestellt wurde, zur regulären und ordentlichen Form katholischer Liturgie erklärt. Was subsidiär praktiziert worden war, setzte sich schließlich auch im Zentrum durch.

Ein weiteres Beispiel sind Ministrantinnen. Lange Zeit war es unvorstellbar, dass Mädchen den Altarraum betreten. In Deutschland änderte sich das seit den sechziger Jahren. Johannes Paul II. hat Ministrantinnen Anfang der 1980er Jahre zwar noch einmal ausdrücklich verboten, musste sie schließlich aber doch als legitime Reform, die subsidiär in einzelnen Teilkirchen vorgedacht worden war, akzeptieren.

Die katholische Kirche hat in der Geschichte immer wieder unter Beweis gestellt, dass sie zu praktischen Reformen in der Lage war, um unter den veränderten Umständen die Verkündigung des Evangeliums sicherzustellen. Aus der Geschichte der Kirche lassen sich also Anstöße für aktuelle Debatten und Reformfragen ableiten.

Priesterinnen, Diakoninnen und Äbtissinnen

Was kann die Kirchengeschichte zum Thema der Weihe von Frauen in der katholischen Kirche sagen? Die Antwort mag für manche ernüchternd klingen: Sakramental geweihte Priesterinnen konnte die Forschung in der Geschichte der katholischen Kirche bis heute nicht nachweisen. Wäre genau das gelungen, wäre es nach dem Modell der *reformatio in pristinum* vergleichsweise einfach gewesen, für eine Zulassung von Frauen zur Priesterweihe zu plädieren, denn was einmal legitime und gute Praxis der Kirche war, kann heute nicht grundsätzlich falsch sein. Andersherum argumentiert: Für das kirchliche Lehramt kommt dem Kontinuitätsargument zentrale Bedeutung zu. Demnach muss es von Christus bis heute ununterbrochen sakramental geweihte männliche Priester gegeben haben. Doch genau diese sucht man über viele Jahrhunderte in der Geschichte der Kirche vergeblich. Die «Brotbrecher» der frühen Kirchen waren keine Priester im heutigen Sinne. Und über viele Jahrhunderte hat man ein eigenes Amt des Priesters überhaupt nicht gebraucht. Das ergibt sich vor allem daraus, dass man es in der römischen Antike mit einer Stadtkultur zu tun hatte. Da es in jeder Stadt einen Bischof gab – in Italien ist das zum Teil auch heute noch so – und kaum Dörfer existierten, brauchte man auch keine Priester, um auf dem Land die Eucharistie zu feiern. Erst als das Christentum den Sprung über die Alpen weg von der Stadtkultur in pagane Strukturen mit verstreuten Dörfern vollzog, reichten die wenigen Bischöfe nicht mehr aus. Jetzt wurde vor allem auf Wunsch der Merowinger ein neues Amt erfunden, und zwar das des Priesters, während die antiken Quellen nur Bischöfe und Diakone kannten.

Wenn es aber für das männliche Priesteramt keine Kontinuität gibt, sondern es erst als Reaktion auf einen Inkulturationsprozess im heutigen Sinne entstanden ist, was sollte dann dagegensprechen, im Sinne einer *reformatio in melius* angesichts der heute fundamental veränderten sozio-ökonomischen Bedingungen und veränderter Rollen von Frauen und Männern über die Möglichkeit einer Priesterweihe von Frauen nachzudenken?

Dazu ermutigen auch neue Erkenntnisse aus den Vatikanischen Archiven zu der Apostolischen Konstitution *Sacramentum ordinis* Pius' XII. Im Jahr 1947 hat der Papst eines der drei dogmatisch maßgeblichen Elemente eines Sakraments – also zum Ersten äußeres Zeichen, zum Zweiten innere Gnade, zum Dritten von Jesus Christus eingesetzt – bei der Weihe einfach geändert. Bis dahin galt als Materie des Weihesakraments die Übergabe der Instrumente. In dem Moment, in dem der Weihekandidat den Kelch berührte, war er geweiht. Das hatte das Konzil von Florenz im fünfzehnten Jahrhundert in Anschluss an Thomas von Aquin als eine *veritas fides catholica*, eine Wahrheit des katholischen Glaubens, definiert.

Diese Wahrheit des katholischen Glaubens, was nichts anderes als ein Synonym für ein Dogma darstellt, änderte Pius XII. 1947. Er definierte als äußeres Zeichen – die Materie – des Sakraments nicht mehr die Übergabe der Instrumente, sondern die Handauflegung. Der Papst schrieb dazu in seiner Apostolischen Konstitution: Jedermann weiß, «dass die Kirche Bestimmungen, die sie getroffen hat, auch abändern oder aufheben kann».[12] Wenn man aber bei einem Sakrament ein Element, das äußere Zeichen, also eine Wahrheit des katholischen Glaubens, hat ändern können, kann man dann nicht auch ändern, wer Empfänger dieses Sakramentes sein kann? Könnten dann nicht auch Frauen zur Priesterweihe zugelassen werden?

Ganz anders stellt sich der historische Befund bei den Diakoninnen oder besser: weiblichen Diakonen dar. Hier ist die Sachlage klar: Über tausend Jahre lang gab es in der katholischen Kirche ganz selbstverständlich geweihte weibliche Diakone. Es gibt sogar Weiheformulare, zum Beispiel den *Codex Egberti* aus dem achten Jahrhundert, demzufolge Männer und Frauen nach demselben Ritus zu Diakonen geweiht worden sind. Weibliche Diakone brauchte man vor allem, solange es die Erwachsenentaufe gab, weil es mit der katholischen Sexualmoral nicht vereinbar war, dass ein Bischof oder Diakon als Mann eine Frau ganz auszog, anfasste und dreimal im Taufbecken untertauchte. Dazu waren weibliche Diakone mit denselben Rechten und Pflichten wie ihre männlichen Kollegen für die Taufe von Männern nötig.

2022 sprach sich Kardinal Reinhard Marx in einer Predigt im Münchener Liebfrauendom unter Beifall der Gemeinde für die Weihe von Diakoninnen aus. Seinen Worten könnte der Erzbischof von München und Freising etwa durch die Anwendung des alten kirchlichen Instruments des Indultes Taten folgen lassen. Ein Indult bedeutet: Ein Bischof möchte in seiner Diözese nicht nur eine einzelne Frau zur Diakonin weihen, sondern generell Diakoninnen weihen. Deshalb bittet er den Papst nicht nur um einen Dispens für den Einzelfall, sondern um ein generelles Indult, eine Erlaubnis für seine ganze Diözese. Ein Bischof kann in Wahrnehmung seiner pastoralen Verantwortung sogar zu diesem Schritt gezwungen sein. Und könnte der Papst diese Bitte wirklich ablehnen, wenn er sie von fünfzig Bischöfen aus zehn verschiedenen Ländern vorgelegt bekäme? Soweit bekannt, hat bislang keiner der deutschen Bischöfe diesen Schritt getan, obwohl viele von ihnen sich immer wieder klar für die Weihe von Diakoninnen ausgesprochen haben. Man könnte den Eindruck gewinnen, dass hier die Verantwortung auf den Synodalen Weg abgeschoben wird, obwohl aus historischer Perspektive nichts gegen eine Weihe von Frauen zu Diakonen spricht.

Ein verdrängtes Beispiel für eine historisch verbürgte Reformoption sind die Äbtissinnen. Hier geht es nicht um das Thema der Weihe, sondern um faktisch ausgeübte Vollmacht. Für mindestens fünfundzwanzig Abteien in Europa lässt sich nachweisen, dass Frauen als Äbtissinnen in rechtlicher Hinsicht als Bischöfinnen amtiert haben. Als äußeres Zeichen ihrer quasibischöflichen Vollmacht besaßen sie einen Ring, einen Hirtenstab und manche auch eine Mitra. Sie setzten Pfarrer ein und ab und herrschten über Diözesen mit bis zu hundert Pfarreien. Kurz: Sie machten als Frauen all das, was ein Bischof in *rechtlicher* Hinsicht macht.

Für die männliche Seite ist diese rechtliche Funktionsübernahme bischöflicher Vollmachten durch einen Nichtgeweihten lange aus den Forschungen zur Geschichte der Reichskirche bekannt. Es gab eine ganze Reihe von hochadeligen Fürstbischöfen, die nie eine höhere Weihe empfangen haben, aber trotzdem selbstverständlich eine oder gar mehrere Diözesen leiteten. Für die sakramentalen Funktionen hielten sie sich in der Regel einen Weihbischof.

Dieses Vorgehen kennt man auch aus der Ordensgeschichte

mit dem Instrument der sogenannten *Abbatia nullius,* einer Abtei, die zu keiner Diözese gehört, sondern dem Papst unmittelbar unterstellt war. Hier amtiert der Abt, obwohl er keine Bischofsweihe empfangen hat, rechtlich als Bischof der seiner Abtei inkorporierten Pfarreien, es konnten bis zu hundert sein. Und obwohl man es in kirchlichen Kreisen nicht recht wahrhaben wollte, galt das Prinzip der *Abbatia nullius* ganz selbstverständlich nicht nur für Äbte, sondern auch für Äbtissinnen.

Lange Zeit galt die Bischofsweihe nicht als Sakrament. Im maßgeblichen Ordodekret des Konzils von Trient ist nur von zwei höheren Weihestufen die Rede: dem Diakonat und der Priesterweihe. Die Bischofsweihe hingegen wird nicht genannt. Und die Ausübung von *Potestas,* von Vollmacht in der Kirche, war nicht an eine Weihe gebunden. Jeder nichtgeweihte Mann oder jede nichtgeweihte Frau konnte die *Potestas iurisdictionis,* die rechtliche Vollmacht ausüben, die *Potestas ordinis,* eine Weihevollmacht, war dazu nicht notwendig. Diese ein Jahrtausend alte Tradition hat das Zweite Vatikanum in den 1960er Jahren auf den Kopf gestellt, indem es die Bischofsweihe zur höchsten Stufe des Weihesakraments erklärte und außerdem die *Potestas ordinis* zur notwendigen Bedingung für die Ausübung der *Potestas iurisdictionis* machte. Seitdem konnte nur noch, wer geweiht war – also ausschließlich Männer –, Vollmacht in der Kirche ausüben. Laien und insbesondere Frauen wurden ausgeschlossen. Doch gerade hier könnte das Modell der Äbtissin als Bischöfin mit allen rechtlichen Vollmachten als Vorbild für eine *reformatio in pristinum* dienen. Denn warum sollte eine Praxis, die sich tausend Jahre bewährt hat, heute grundsätzlich falsch sein?

Einmalige und mehrfache Sündenvergebung

Die Geschichte des Bußsakraments zeigt einerseits, wie es für einen Teil der Kirche zu einer *reformatio in melius* kam, weil ein völlig veränderter soziokultureller Kontext dies verlangte, und andererseits, dass sogar im Bereich eines Sakraments gleichzeitig unterschiedliche Modelle erlaubt waren, die die Einheit der Kirche nicht gestört haben.

Man weiß aus der Geschichte der alten Kirche, dass es nur eine einmalige Möglichkeit gab, das Sakrament der Buße zu nutzen. Nach einem öffentlichen Sündenbekenntnis mit Exkommunikation folgte ein stufenweiser mindestens einjähriger Wiederaufnahmeprozess und nach Ableistung aller notwendigen Bußwerke die Rekonziliation. Die Sündenvergebung in der Gemeinde erfolgte durch den Amtsträger, also den Bischof.

Im siebten Jahrhundert erfand die iroschottische Kirche eine ganz neue Form von Buße, indem sie auf die praktischen Bedürfnisse der Gläubigen reagierte, denen eine einmalige Chance zur Sündenvergebung nicht ausreichte. Sündenvergebung sollte so oft wie nötig gewährt werden. Das Bekenntnis geschah in einer Einzelbeichte, die Lossprechung erfolgte sofort, die Ableistung der Bußwerke erst danach. Die Sünden vergab dabei nicht ein geweihter Amtsträger, sondern es vergaben Mönche und Nonnen, die durch Fasten und Gebet in radikaler Christusnachfolge einen solchen Gnadenschatz angehäuft hatten, dass sie anderen davon abgeben konnten. Ihre Kompetenz zur Sündenvergebung beruhte also nicht auf einer Weihe, sondern auf einer Frömmigkeitsleistung.

Damit existierten zwei ganz unterschiedliche Modelle des Bußsakraments nebeneinander: eines im Mittelmeerraum, das andere, von Irland ausgehend, in Mittel- und Westeuropa. Die Kircheneinheit war dadurch in keinem Moment in Gefahr. Später verschmolzen beide Modelle zu dem bis heute gebräuchlichen Konzept.

Daraus ergibt sich als grundlegende Einsicht für heute anstehende Reformen: Nach historischem Vorbild könnten etwa bei der Weihe verheirateter Männer zu Priestern, bei der Weihe von Frauen zu Diakoninnen, bei der Bischofswahl durch Klerus und Volk andere Modelle als in Rom praktiziert werden, ohne dass dies die Einheit im Glauben, wie sie etwa im Apostolischen Glaubensbekenntnis formuliert ist, beeinträchtigen würde.

Die katholische Kirche geht von dem philosophischen Grundsatz aus, dass ein und derselbe Satz entweder wahr oder falsch ist. Er kann nicht heute wahr und morgen falsch sein, vor allem dann, wenn ewige Wahrheiten auf dem Spiel stehen. Das führt dazu, dass die Kirche in ihrer Tradition stets alle abweichenden Meinungen als Häresie, als Irrtum gebrandmarkt und so versucht hat, alternative Modelle zu unterdrücken und nicht mit zu überliefern. Man muss die vergessenen Optionen daher durch historische Forschung, vor allem in den Vatikanischen Archiven, mühsam wieder ans Tageslicht bringen.

Die jüdische Tradition macht das hingegen im Talmud anders, denn sie überliefert in der Mitte der Seite im Großdruck die Mehrheitsmeinung, die sogenannte Mischna. Ringsherum stellt sie alle Mindermeinungen zu diesem Punkt, die sogenannte Tosefta, in kleinerem Druck dar. Auf die Frage eines Schülers, warum man denn die unterlegenen Meinungen nicht einfach vernichtet und nur die Mehrheitsmeinung tradiert habe, antworteten einige Gelehrte, man habe das nur getan, um sie eben durch ihre bloße Erwähnung und Widerlegung außer Kraft zu setzen. Rabbi Jehuda aber widersprach und sagte: «Sie sind aufbewahrt worden, damit man sich auf sie wird stützen können, wenn vielleicht ihre Stunde kommt.»[13] Vielleicht ist heute die Stunde gekommen für die Reformideen, die unterdrückt wurden, und die die Kirchengeschichte als Tosefta wieder neben die Mehrheitsmeinung stellen muss, um den ganzen Tisch der Tradition zu decken.

8.

EHELOSIGKEIT ALS DOGMA
DIE ERFINDUNG DES ZÖLIBATS

Wenn man jedoch die Schönheit des zölibatären Priestertums hervorhebt, soll man nicht die parallele und gleichfalls apostolische Tradition eines Priestertums zerstören oder missachten, das die Bande der heiligen Ehe auf sich genommen hat.

So formulierte der Patriarch der melkitischen griechisch-katholischen Kirche, Maximos IV. Saigh, bei den Beratungen um *Presbyterorum ordinis* auf dem Zweiten Vatikanischen Konzil, als eine Reihe westlicher Konzilsväter die Erhabenheit des Zölibats hervorhob. Und im Hinblick auf die schon damals, in den 1960er Jahren geführten heftigen Auseinandersetzungen um die Aufhebung des Zölibatsgesetzes in der lateinischen Kirche bemerkte er lapidar:

Das Priestertum ist eher eine Funktion als ein Lebensstand. Es ist nicht an die persönliche Vervollkommnung gebunden, wie der Zölibat für Gott, sondern an den Nutzen der Kirche. Der Zölibat kann daher verschwinden, wenn es der Nutzen des kirchlichen Amtes erfordert. ... Im Bedarfsfall muss nicht das Priestertum dem Zölibat, sondern der Zölibat dem Priestertum geopfert werden.[1]

Der Patriarch führte damit eine entscheidende moraltheologische Kategorie in die Diskussion um das Junktim von Zölibat und priesterlichem Amt ein: die Güterabwägung. Der Blick in die

Kirchengeschichte zeigt, dass die Entscheidung für oder gegen den Zölibat nie absolut, sondern stets das Resultat von Güterabwägungen war, weshalb sie auch ganz unterschiedlich ausfallen konnte. Wenn also die katholische Kirche in Deutschland oder Brasilien nach einer gründlichen Güterabwägung die Weihe verheirateter Männer zu Priestern vorschlägt, dann steht sie und Papst Franziskus, der diese Entscheidung bestätigen müsste, sicher auf dem Boden der kirchlichen Tradition. Niemand könnte ihnen einen grundsätzlichen Paradigmenwechsel oder gar Traditionsbruch vorwerfen. Das Zweite Vatikanische Konzil hat daher zu Recht lehramtlich festgestellt, dass «die vollkommene und ständige Enthaltsamkeit um des Himmelreiches willen ... nicht vom Wesen des Priestertums selbst gefordert» ist, «wie die Praxis der frühesten Kirche und die Tradition der Ostkirchen zeigen, wo es neben solchen, die aus gnadenhafter Berufung zusammen mit allen Bischöfen das ehelose Leben erwählen, auch hochverdiente Priester im Ehestand gibt». Diese Feststellung konnte das Konzil nur treffen, weil die Verbindung von Zölibat und priesterlichem Amt weder eine Vorschrift göttlichen Rechts noch ein Gebot Christi noch eine apostolische Anordnung ist. Die zölibatäre Lebensform wurde daher lediglich als dem Priestertum «angemessen» bezeichnet und ist kein Dogma.[2]

Verheiratete Priester in Geschichte und Gegenwart

Es gab und gibt in der Geschichte der Kirche gleichzeitig unterschiedliche Entscheidungen zur Verknüpfung von Zölibat und priesterlichem Amt, die die Einheit der Kirche nicht infrage gestellt haben. Verheiratete und nicht verheiratete katholische Priester konnten und können zur gleichen Zeit in der einen Kirche ohne Einschränkungen tätig sein. Dies zeigt sich schon bei den ersten Bestrebungen im Laufe des vierten Jahrhunderts, von höheren Klerikern eine Enthaltsamkeit in der Ehe zu verlangen, etwa auf der spanischen Provinzialsynode von Elvira. Elvira war nur eine Kirchenversammlung mit lokaler Zuständigkeit, deren Datierung zudem höchst umstritten ist. In anderen Kirchenprovinzen war dies zunächst kein Thema, und selbst als die römische Kirche seit dem frühen Mittelalter verstärkt in diese Richtung tendierte, konnte sie sich in der Mehrzahl der westlichen Kirchenprovinzen mit ihrer Position zunächst nicht durchsetzen. Hier fand das Prinzip der Subsidiarität – ohne dass es den Begriff damals schon gegeben hätte – Anwendung, das sich gerade heute als hilfreich erweisen könnte.

Die östliche katholische Kirche hat sich auf dem Konzil von Konstantinopel 691, das unter dem Namen «Trullanum II» in die Geschichte eingegangen ist, sogar ausdrücklich gegen zölibatäre Anmutungen der westlichen Kirche gestellt. In Kanon 13 des Trullanums heißt es:

> Obwohl wir wissen, dass in der römischen Kirche der Kanon gilt, dass die angehenden Diakone und Presbyter, um der Kirche würdig zu sein, das Versprechen ablegen, sich ihrer Frauen zu enthalten, so wollen wir doch, dem alten Kanon, der apostolischen Ordnung und Vollkommenheit folgend, die Ehe der Geistlichen als fortbestehend anerkennen, indem wir weder die Verbindung mit ihren Frauen auflösen noch ihnen in den entsprechenden Zeiten den ehelichen Verkehr untersagen.

Deshalb dürfe niemand von ihnen das Versprechen verlangen, dass sie sich ihrer «rechtmäßigen Frau entziehen» sollten, «damit wir nicht in die Lage kommen, die von Gott eingesetzte und durch seine Gegenwart geheiligte Ehe herabzumindern». Wer einen in gültiger Ehe lebenden Kleriker zur Trennung von seiner Ehefrau zwingen will, soll abgesetzt werden. Aber auch der Priester, der seine Frau «unter dem Vorwand der Frömmigkeit» verstoßen will, soll sein Amt verlieren.[3]

Die neuere Forschung ist sich weitgehend einig, dass die östliche Tradition die Kontinuität mit den altkirchlichen Vorstellungen eher gewahrt hat als die westliche. Und die Pfarrer der katholischen Ostkirchen dürfen bis heute selbstverständlich heiraten. Die Frage der Kirchengemeinschaft dieser «unierten» Teilkirchen erübrigt sich. Überdies gibt es seit 1951 vereinzelt – Zahlen sind leider nicht bekannt – zum Katholizismus konvertierte evangelische und anglikanische verheiratete Pfarrer, die vor ihrer Priesterweihe vom Papst von der Zölibatsvorschrift dispensiert werden, so dass man auch in den westlichen Teilkirchen ganz selbstverständlich beide priesterlichen Lebensformen hat, ohne dass die Einheit der Kirche dadurch in irgendeiner Weise gefährdet würde. Der erste Fall war übrigens der des evangelischen Mainzer Pfarrers Rudolf Goethe, der am 22. Dezember 1951 in der Augustinerkirche von Bischof Albert Stohr mit Dispens vom Zölibat zum katholischen Priester geweiht wurde. Man fragt sich lediglich, warum dieser Dispens bislang nur konvertierten «Häretikern» gewährt wird.

Im heutigen Verständnis meint Zölibat einfach Ehelosigkeit der Priester. Die Geschichte der Kirche zeigt aber, dass darunter ganz Unterschiedliches verstanden wurde, weil man bei Güterabwägungen zu unterschiedlichen Ergebnissen kam. Deshalb muss man, wenn man sich historisch dem Phänomen Zölibat annähern will, so etwas wie eine diachrone Begriffsgeschichte schreiben.

In der Forschung wird immer wieder behauptet, dass das Zölibatsgesetz im eigentlichen Sinne auf dem Zweiten Laterankonzil «erfunden» worden sei und deshalb das Jahr 1139 die große Zäsur in der Geschichte der rechtlichen Normierung der sexuellen Enthaltsamkeit der Priester darstelle. Es gibt berechtigte Zweifel an dieser eindeutigen Periodisierung. Es scheint plausibler zu sein, mit Richard Price von einer Geschichte zunehmender «Einschränkungen der Ehe von Geistlichen» zu sprechen.[4] Hierbei handelt es sich allerdings nicht um einen geradlinigen und zielgerichteten Prozess. Im Wesentlichen lassen sich sechs Phasen der kirchlichen Zölibatsgesetzgebung feststellen:

Erstens gibt es selbstverständlich verheiratete Amtsträger im Neuen Testament und der alten Kirche. Die Schwiegermutter des Petrus ist dafür sprichwörtlich geworden. Das biblische Anforderungsprofil für einen Bischof findet sich im dritten Kapitel des ersten Briefs an Timotheus:

Wenn einer das Amt eines Bischofs anstrebt, begehrt er eine schöne Aufgabe. Der Bischof muss ein Mann ohne Tadel sein, nur einmal verheiratet, nüchtern, besonnen, ordentlich, gastfreundlich, erfahren in der Lehre, kein Trunkenbold und Schläger, sondern milde, nicht streitsüchtig und nicht geldgierig. Er soll ein guter Familienvater sein und seine Kinder zu Gehorsam und allem Anstand erziehen. Denn wer seinem eigenen Haus nicht vorstehen kann, wie soll der sich um die Kirche Gottes kümmern können?[5]

Und über die Presbyter heißt es im Titusbrief ganz ähnlich, sie müssten «unbescholten» sein, «einer Frau Mann, mit gläubigen Kindern, die nicht im Ruf der Liederlichkeit stehen und nicht unbotmäßig sind».[6]

Zweitens kommt seit dem vierten Jahrhundert die Forderung nach begrenzter sexueller Enthaltsamkeit in der Ehe zumindest im unmittelbaren Umfeld des Altardienstes auf. Da sich für diese Zeit eine tägliche Feier der Eucharistie nicht nachweisen lässt, blieben die enthaltsamen Tage für Bischöfe und Priester jedoch überschaubar und auf den Sonntag begrenzt.

Drittens findet sich seit dem sechsten und siebten Jahrhundert die Vorschrift genereller Enthaltsamkeit der Priester *in* der Ehe im Westen, während für die Priester im Osten ein normaler Vollzug der Ehe erlaubt bleibt. Hier leben nur die Bischöfe zölibatär.

Viertens lässt sich seit dem zehnten Jahrhundert im Zuge der sogenannten Gregorianischen Reform der Versuch feststellen, verheirateten Priestern die Trennung von ihren Frauen vorzuschreiben, weil Enthaltsamkeit in der Ehe offenbar nur bedingt funktionierte. Es blieb aber weitgehend beim Anspruch.

Fünftens wird seit dem Laterankonzil 1139 die Weihe definitiv zum Ehehindernis, nicht aber die Ehe zum Weihehindernis. Kanon 6 bestimmt, dass alle Geistlichen, «die vom Subdiakonat an und aufwärts heiraten oder im Konkubinat leben», ihr «Amt und kirchliches Benefizium» verlieren. «Da sie nämlich Tempel Gottes, Gefäß des Herrn und Heiligtum des Heiligen Geistes sein und heißen müssen, ist es unwürdig, dass sie sich der ‹geschlechtlichen Ausschweifung und Unreinheit› hingeben.» Und Kanon 7 schreibt vor: «Niemand darf die Messe derer hören, von denen er weiß, dass sie Ehefrauen oder Konkubinen haben.» Wegen der notwendigen Enthaltsamkeit und Reinheit sollen sich alle höheren Kleriker, «die es wagen, mit Frauen zusammenzuleben, von ihnen trennen». Denn eine «solche Verbindung, die offenkundig gegen die kirchliche Regel eingegangen wurde, ist nach unserem Urteil keine Ehe».[7]

Sechstens schreibt der Codex Iuris Canonici von 1917 erstmals die Ehe als Weihehindernis und die Weihe als Ehehindernis fest. Wenn man die Akten der Codex-Kommission im Apostolischen Archiv des Vatikans aus den Jahren 1914 bis 1917 genau studiert, ergibt sich der überraschende Befund, dass es bis dahin das «Weihehindernis des vir uxoratus», des verheirateten Mannes, nicht gegeben hat. Vielmehr ging das Corpus Iuris Canonici, also das bis 1917 gültige Kirchenrecht, das nicht kodifiziert war, sondern ein Caselaw darstellte, davon aus, dass nur «Bigamisten, die die Ehe mit zwei oder mehr Frauen vollzogen haben», weiheunfähig sind. Diese Formulierung stand so auch noch im ersten Entwurf für den Codex. Der Sekretär der Reformkommission, Kardinal Pietro Gasparri, wies in diesem Zusammenhang darauf hin, dass «die geltende Gesetzgebung zur Weihe verheirateter Männer sehr kompliziert» sei. Es wurde daher, «das geltende Recht ändernd» – und auf diesen Halbsatz kommt es an –, beschlossen, künftig all diejenigen von der Weihe auszuschließen, die «eine gültige Ehe abgeschlossen haben».[8] Damit würde die Ehe erstmals definitiv zu einem Weihehindernis. Vorher war nur die bereits empfangene Weihe ein Ehehindernis für Priester gewesen. Die eigentliche Zäsur in der Zölibatsgesetzgebung dürfte daher nicht im Jahr 1139, wie stets behauptet wird, sondern im Jahr 1917 liegen.

Die Wurzeln des Zölibats

In der Kirchengeschichte wurden diverse Argumente pro Zölibat mit einer allerdings nur begrenzten Halbwertszeit in die Waagschale geworfen, die zu sechs Thesen herausfordern.

Erstens. Vorchristliche Ursprünge: Die Vorstellung von der kultischen Reinheit des Priesters stammt ursprünglich nicht aus der christlichen Botschaft, sondern aus der jüdischen und heidnischen Antike und ist heute nicht mehr zeitgemäß.

Lange Zeit war die kultische Reinheit des Priesters das entscheidende Argument für den Zölibat: Wer das heilige Opfer würdig darbringen wolle, müsse dies mit «reinen» Händen tun. Jede Form von Sexualität – auch in der Ehe – führe zu einer kultischen Verunreinigung. Die kirchenhistorische Forschung hat aber nachgewiesen, dass das frühe Christentum ein kultisches Opfer überhaupt nicht kannte, die Eucharistie als Mahl feierte und schlicht keinen kultisch reinen Opferpriester brauchte. Diese Vorstellung ist offenkundig archaisch und stammt einerseits aus den Reinheitsvorschriften der jüdischen Thora und andererseits aus der heidnischen Antike, die von einer «Ineinssetzung von körperlichgeschlechtlicher Verunreinigung mit kultischer Befleckung» ausging.[9]

Nach der Kritik von Reformation und Aufklärung kam es seit dem neunzehnten Jahrhundert zu einer erneuten, bislang unbekannten Stilisierung des jungfräulichen Priestertums. So behauptete etwa der Münchener Kirchenrechtler George Phillips, die «Virginität» gehöre «zur Natur des christlichen Priesterthums» und verstehe sich von selbst, «da dieses täglich, vom Aufgang bis zum Niedergang, Christum als unblutiges Opfer darbringt».[10] Nach dem Zweiten Vatikanischen Konzil wurde diese viele Jahrhunderte ausschlaggebende Begründung für den Zölibat vom römischen Lehramt schlicht und ergreifend abgeräumt. So formulierte die Kongregation für das katholische Bildungswesen in ihren «Leitgedanken für die Erziehung zum priesterlichen Zölibat» vom 11. April 1974: «Nicht zu ihren Gründen gehören die Idee der ‹rituellen Reinheit› oder der Gedanke, man könne nur auf dem Wege des Zölibats zur Selbstheiligung gelangen.»[11] Die Vorschriften für die kultische Reinheit der Empfänger der Eucharistie sind seit dem Konzil ebenfalls «für jedermann ersichtlich außer Kraft gesetzt».[12] Statt der Mund- gibt es auch die Handkommunion, Frauen und Männer sind als Kommunionhelferinnen und Kommunionhelfer tätig, das Nüchternheitsgebot wurde zumindest abgemildert, und nicht zuletzt dienen verheiratete Diakone in der Liturgie. Zur würdigen Spendung der Eucharistie sind sexuell enthaltsame Priester jedenfalls nicht nötig.

Zweitens. Jesus war kein Stoiker: Das Ideal des asketischen Priesters geht auf antike Vorstellungen von einem idealen philosophischen Leben zurück und kann sich nicht auf das Vorbild Jesu berufen.

Die Vorstellung von der asketischen Enthaltsamkeit als ethischer Leistung drang erst über die spätantike Philosophie in das Christentum ein und hat mit der sogenannten Hellenisierung der biblischen Botschaft zu tun. Sie hatte ursprünglich ihren Platz nicht in den Gemeinden, sondern bei den Mönchen und Nonnen, die aus den Gemeinden auszogen, um durch die Radikalität ihrer Askese der heidnischen Umwelt zu beweisen, dass das Christentum über die wahre Philosophie und den wahren Glauben verfügte. Die ethische Leistung der Beherrschung des Sexualtriebs, die in der Stoa nur ein Teil eines größeren Komplexes asketischer Bemühungen war, wurde mehr und mehr isoliert und einem eindeutigen kultischen Zweck unterworfen. Die asketischen Nonnen und Mönche waren aber allesamt Laien und keine Priester. In der iroschottischen und gallischen Tradition galten Askese und kirchliches Amt für inkompatibel. So berichtet etwa Sulpicius Severus in seiner Vita des heiligen Martin von Tours, dass der Mönch Martin wegen der Radikalität seiner Nachfolge Jesu Sünden vergeben und sogar Tote auferwecken konnte. Nach seiner Bischofsweihe war es mit seiner Wunderkraft jedoch vorbei. Überhaupt kann diese Begründung des Zölibats nur so lange überzeugen, wie die «zeitbedingten antiken Denkvoraussetzungen» einer Philosophie der Askese gelten. «Sobald sie nicht mehr vom Allgemeinbewusstsein der Gläubigen getragen und unter völlig veränderten Lebensbedingungen vielleicht nicht einmal mehr verstanden wird, muss sie erneut durchdacht und erhellt werden.» Gelingt dies nicht, so August Franzen, wird das Zölibatsgesetz, das eine asketische Leistung verlangt, «zu einer drückenden Last für die Kirche».[13]

Drittens. Ökonomische Wurzeln: Die Ehelosigkeit sollte im Mittelalter und in der Frühen Neuzeit sicherstellen, dass Geistliche die ihnen anvertrauten Kirchengüter nicht an ihre Kinder vererben konnten.

Seit der Gregorianischen Reform wurde die Sicherung kirchlichen Besitzes zum entscheidenden Argument für den priesterlichen Zölibat. Das hängt mit der damals üblichen Finanzierung von Pfarreien zusammen. Es gab keine Kirchensteuer. Wenn in einem Ort eine Pfarrei errichtet werden sollte, musste ein sogenanntes Widemgut gestiftet werden, das im Grunde ein Bauernhof war, den der Pfarrer mit seiner Familie bewirtschaftete. Es kam nicht selten vor, dass Priesterkinder als legitime Erben diese Pfarrgüter an sich brachten. Das war nicht weiter tragisch, wenn ein Priestersohn selbst Pfarrer wurde, weil damit das Widemgut weiter seinem Stiftungszweck diente. Doch die entscheidende Frage lautete: Wie kann man legitime Priesterkinder und damit die Existenz erbberechtigter Nachkommen im Klerikerstand am wirkungsvollsten verhindern?

Die Antwort war klar und einleuchtend: Indem man der Zeugung solcher Kinder die Voraussetzung entzieht und Ehe und Priesteramt für unvereinbar erklärt. Uneheliche Kinder waren in dieser Perspektive kein Problem. Ironie der Geschichte: Ausgerechnet die ökonomische Begründung des Zölibats, die letztlich dazu beitrug, dass er eine gesetzliche Verpflichtung wurde, trug dazu bei, dass die einfachen Landpfarrer ihn nicht einhalten konnten. Jeder Pfarrer war gezwungen, einerseits für priesterliche

Dienstleistungen Geld zu nehmen (Stolgebühren) und andererseits den Hof zu bewirtschaften, um überleben zu können. Das war aber nur mithilfe von Frau und Kindern möglich. Die Bischöfe ließen sich Dispense mit schöner Regelmäßigkeit teuer bezahlen.

Viertens. Flagge zeigen im Glaubensstreit: Der Zölibat diente im konfessionellen Zeitalter als Zeichen der Abgrenzung von den Protestanten.

Im Zuge der Konfessionalisierung wurden Laienkelch und Priesterehe mehr und mehr zu den entscheidenden konfessionellen Markern. Den Gläubigen wurde neben dem Brot auch der Abendmahlskelch gereicht und der Pfarrer hatte Frau und Kinder? – Da war man evangelisch. Die Gläubigen bekamen nur das eucharistische Brot und der Priester lebte zölibatär? – Eindeutig katholisch. Es dauerte aber mindestens zwei Jahrhunderte, bis dieses konfessionelle Ideal umgesetzt wurde. Im sechzehnten und siebzehnten Jahrhundert waren ganz unterschiedliche Zwischenlösungen möglich. Die Visitationsprotokolle dieser Zeit belegen eindeutig, dass der Zölibat letztlich erst im neunzehnten Jahrhundert, dem zweiten konfessionellen Zeitalter, zum Unterscheidungsmerkmal wurde. Im Zuge der ökumenischen Annäherungen und der Gewährung des Laienkelchs im Kontext der liturgischen Reformen vermag das Argument der notwendigen konfessionellen Abgrenzung heute nicht mehr zu überzeugen.

Fünftens. Neues zur Sexualität: Seit dem Zweiten Vatikanischen Konzil gilt die Ehe als Abbild des Bundes zwischen Christus und seiner Kirche und kann kein Hindernisgrund für den priesterlichen Dienst mehr sein.

Im Anschluss an das pessimistische Menschenbild des heiligen Augustinus hat die kirchliche Lehre über viele Jahrhunderte ein äußerst negatives Bild menschlicher Sexualität gezeichnet und diese grundsätzlich als sündhaft angesehen. Sogar die Ehe wurde als etwas Verwerfliches betrachtet, die nur als Konzession an die verderbte Menschennatur überhaupt erlaubt war, und auch nur dann, wenn jeder eheliche Akt der Zeugung und Erziehung von

Nachkommen diente. Seit dem Zweiten Vatikanum gilt die Ehe dagegen als Realsymbol und Abbild des Bundes Christi mit seiner Kirche. Für Johannes Paul II. stellen die Eheleute als Paar sogar das «Geheimnis der Menschwerdung Christi» selbst dar.[14] Dann kann aber das Sakrament der Ehe nicht mehr gegen das Sakrament der Priesterweihe ausgespielt werden. Im Gegenteil: Ehe und Priestertum können sich in dieser neuen Sicht sogar auf wunderbare Weise ergänzen. Ehe macht nicht mehr a priori unfähig zum priesterlichen Dienst, sondern sie befähigt als Realsymbol der Liebe Christi zu seiner Kirche den Priester vielleicht sogar in besonderer Weise dazu, in der Person Christi für die Kirche zu handeln.

Sechstens. Sprung in andere Sphären: Weil andere Begründungen nicht mehr zogen, überhöhten Paul VI. und seine Nachfolger den Zölibat spirituell.

Im zwanzigsten Jahrhundert wurde der priesterliche Zölibat immer mehr zum ganz besonderen Charisma verklärt und spiritualisiert. Er erhielt eine spezielle christologische, ekklesiologische und eschatologische Würde, die den zölibatären über den normalen Christenmenschen erhebt. Wenn aber der Zölibat eine derartig überreiche göttliche Gnadengabe ist, wie die Päpste immer wieder behaupteten, dann wundert man sich, warum die Zahl der priesterlichen Berufungen so drastisch zurückging. In einem *Memorandum* vom 6. Februar 1970 zeigten sich 84 Theologieprofessoren aus Deutschland, Österreich und der Schweiz, unter ihnen Walter Kasper, Karl Rahner und Joseph Ratzinger, verwundert darüber, dass Papst und Bischöfe den Zölibat immer wieder einschärfen zu müssen glauben, obwohl dieser doch, wie ebenjene nicht müde werden zu betonen, eine so großartige Gnadengabe Gottes, geradezu ein Zeichen des Himmels sei. Wer das wie Paul VI. in *Sacerdotalis caelibatus* tue, scheine «wenig Glauben an die Kraft dieser Empfehlung des Evangeliums und die Gnade Gottes zu haben, von der er dann an anderer Stelle wieder behauptet, *sie* – also nicht das bloße ‹Gesetz› – wirke diese Gnadengabe Christi».[15]

Als Papst wollte Joseph Ratzinger von seiner Kritik an Paul VI.
nichts mehr wissen. In einem Schreiben zu Beginn des «Jahres
des Priesters» 2009 hielt er fest:

> Oh, wie groß ist der Priester! ... Wenn er sich selbst verstünde, würde er
> sterben. Gott gehorcht ihm: Er spricht zwei Sätze aus, und auf sein
> Wort hin steigt der Herr vom Himmel herab und schließt sich in eine
> kleine Hostie ein ... Ohne das Sakrament der Weihe hätten wir den
> Herrn nicht. Wer hat ihn da in den Tabernakel gesetzt? Der Priester.
> Wer hat Eure Seele beim ersten Eintritt in das Leben aufgenommen?
> Der Priester. Wer nährt sie, um ihr die Kraft zu geben, ihre Pilgerschaft
> zu vollenden? Der Priester. Wer wird sie darauf vorbereiten, vor Gott zu
> erscheinen, indem er sie zum letzten Mal im Blut Jesu Christi wäscht?
> Der Priester, immer der Priester. Und wenn diese Seele stirbt, wer wird
> sie auferwecken, wer wird ihr die Ruhe und den Frieden geben? Wieder
> der Priester ... Nach Gott ist der Priester alles! ... Erst im Himmel wird
> er sich selbst recht verstehen.[16]

Benedikt XVI. zitiert hier Jean-Baptiste-Marie Vianney, geboren
1786 in der Nähe von Lyon. Es hätte nicht viel gefehlt, und
Vianney hätte gar nicht Priester werden können. Denn wegen
«mangelhafter Vorbildung und schwachen Talents» schaffte der
Bauernknecht die notwendigen theologischen Examina nur mit
allergrößter Mühe.[17] Deshalb wurde er von seinem Bischof nach
der Priesterweihe auch «nur» in eine Zweihundertseelen-
gemeinde geschickt, nach Ars bei Lyon, wo er nicht viel falsch
machen konnte. Dort sollte er wider alle Erwartung als heiliger
Pfarrer von Ars zum Ziel einer neuen Wallfahrtsbewegung werden. Tatsächlich erhob Papst Pius XI. Vianney 1925 zur Ehre der
Altäre.

Eine derart pathetische Selbststilisierung ist selbst für das
Priesterbild des neunzehnten Jahrhunderts, das sich in Auseinandersetzung mit den Angriffen der Aufklärung, der Moderne
und des Kulturkampfes behaupten musste, ungewöhnlich. Aber
es dürfte für sich sprechen, dass Benedikt XVI. ausgerechnet dieses Zitat den rund 415 000 Priestern der katholischen Weltkirche
in Erinnerung rief, als er aus Anlass des 150. Todesjahres des Pfar-

rers von Ars 2009 ein «Jahr des Priesters» ausrief. Der Papst fügte immerhin hinzu: «Diese Aussage, die aus dem priesterlichen Herzen eines heiligen Priesters hervorgegangen sind, mögen übertrieben erscheinen. Doch in ihnen offenbart sich die außerordentliche Achtung, die er dem Sakrament des Priestertums entgegenbrachte.»[18]

Diese extreme spirituelle Überhöhung und Quasi-Vergottung des Priesters ist typisch für die Verteidiger des Zölibatsgesetzes in der katholischen Kirche seit der zweiten Hälfte des neunzehnten Jahrhunderts und erreichte ausgerechnet nach dem Zweiten Vatikanischen Konzil einen neuen Höhepunkt. Weil es für den Pflichtzölibat weder eine eindeutige biblische Anordnung noch einen klaren Befund in der Tradition der Kirche gibt, war man gezwungen, immer neue Begründungen zu finden. Aber auch dieses argumentative Gerüst brach seit dem Ende der Pianischen Epoche – damit ist das Jahrhundert vom Amtsantritt Pius' IX. 1846 bis zum Tod Pius' XII. im Jahr 1958 gemeint – endgültig in sich zusammen, und diese Begründungen sind auch weiterhin nicht mehr plausibel. Sie erweisen sich als zeitbedingte Argumente, die heute keine Durchschlagskraft mehr haben.

Zölibat, Priesteramt und Missbrauch

Nach Thomas von Aquin ist ein Handeln, das einem guten Ziel dienen soll, nur dann gerechtfertigt, wenn die als Nebenfolge eintretenden Übel geringer sind als die Übel, die aus einem Handlungsverzicht erwachsen würden. Wenn der Papst und der weltweite synodale Prozess nicht handeln und die Möglichkeit verheirateter Priester nicht eröffnen, dann könnten die Übel, die aus einem Handlungsverzicht erwachsen, bedeutend größer sein. Denn es liegen zwei entscheidende Argumente gegen das Zölibatsgesetz auf der Waagschale:

Erstens das Gebot Jesu, so oft wie möglich zu seinem Gedächtnis Eucharistie zu feiern. Nicht umsonst hat das Zweite

Vatikanum die Feier der Eucharistie als «Quelle und ... Höhepunkt» des kirchlichen Lebens bezeichnet.[19] Folgerichtig spricht
die 2004 publizierte römische Instruktion *Redemptionis sacramentum* von dem Recht jeder einzelnen Kirchengemeinde auf eine
sonntägliche Eucharistiefeier: «Tatsächlich wird ‹die christliche
Gemeinde ... nur auferbaut, wenn sie Wurzel und Angelpunkt in
der Feier der heiligsten Eucharistie hat›. Das christliche Volk hat
darum das Recht, dass am Sonntag ... die Eucharistie gefeiert
wird.»[20] Dieses Recht hat aber auch eine Kehrseite: Die Kirche
erlegt den Gläubigen die Pflicht auf, jeden Sonntag an einer Heiligen Messe teilzunehmen – möglichst in ihrer eigenen Kirchengemeinde.

Daraus ergibt sich eine unabweisbare Pflicht der Bischöfe und
des Papstes, den Gläubigen zu ihrem Recht zu verhelfen und die
Voraussetzungen dafür zu schaffen, dass sie ihre Sonntagspflicht
erfüllen können. Deshalb müssen sie in erster Linie dafür Sorge
tragen, dass in jeder Gemeinde genügend Priester für die Feier
der Eucharistie zur Verfügung stehen. Und sie müssen zur Kenntnis nehmen, dass der Pflichtzölibat heute in vielen Teilen der
Weltkirche eines der ausschlaggebenden Gründe gegen die Entscheidung zum Priesteramt ist. Vor die Wahl gestellt, dem Pries-
termangel abzuhelfen oder den Zölibat beizubehalten, muss sich
die Kirche im Interesse der heilsnotwendigen Eucharistie gegen
den nicht heilsnotwendigen Zölibat entscheiden.

Und zweitens gibt es kaum ein Gut, das höher zu bewerten ist
als der Schutz von Kindern und Jugendlichen. Die Arbeits-
gemeinschaft deutscher Moraltheologen hat bereits im April
2010 in einer «Erklärung zur aktuellen Missbrauchsdiskussion»
eine sehr abgewogene Stellungnahme abgegeben:

> Als die zuständigen Fachleute für die theologische Ethik sehen sich
> die Moraltheologen besonders von der Behauptung beziehungsweise
> Vermutung eines Zusammenhanges zwischen den Missbrauchsfällen
> und der traditionellen kirchlichen Lehre über die Sexualität sowie der
> Lebensform des Zölibats herausgefordert. Auch wenn die Herstellung
> einer direkten Kausalität leicht zurückgewiesen werden kann, darf

nicht übersehen werden, dass indirekte systemische Zusammenhänge sehr wohl bestehen. Insbesondere gilt es, dem Zusammenhang zwischen dem psychisch unreifen Bedürfnis nach Nähe, Bestätigung und sexueller Erfüllung einzelner Personen gegenüber Kindern und Jugendlichen und ermöglichenden, begünstigenden und das Schweigen sichernden Strukturen (Abhängigkeitsverhältnisse, Machtgefälle, Sakralisierung von Personen und Funktionen, Straf- und Belohnungsmonopole, etablierte Denk- und Sprachtopoi über das andere Geschlecht und anderes mehr) selbstkritisch nachzugehen.[21]

Der *Codex Iuris Canonici*, das kirchliche Gesetzbuch von 1983, stellt interessanterweise einen ausdrücklichen Zusammenhang zwischen Zölibat und Missbrauch her. Denn für den kirchlichen Gesetzgeber ist sexuelle Gewalt nicht in erster Linie ein Verbrechen, das an Kindern und Jugendlichen begangen wird, sondern ein Vergehen gegen den Zölibat. Daher findet sich diese Straftat nicht unter dem Titel 6 «Straftaten gegen Leben und Freiheit des Menschen», sondern unter dem Titel 5 «Straftaten gegen besondere Verpflichtungen» der Kleriker. In Kanon 1395 geht es um den Zölibatsbruch. Paragraph 1 bestraft Geistliche, die in einem eheähnlichen Verhältnis leben, mit der Suspendierung. Und in Paragraph 2 heißt es dann:

> Ein Kleriker, der sich auf andere Weise gegen das sechste Gebot des Dekalogs verfehlt hat, soll, jedenfalls wenn er die Straftat mit Gewalt, durch Drohungen, öffentlich oder an einem Minderjährigen unter sechzehn Jahren begangen hat, mit gerechten Strafen belegt werden, gegebenenfalls die Entlassung aus dem Klerikerstand nicht ausgenommen.[22]

Ein direkter kausaler Zusammenhang zwischen Zölibatsverpflichtung und sexuellem Missbrauch ist statistisch schwer nachzuweisen, weil es an ausreichend großen Vergleichsgruppen fehlt, die im Zölibat leben, ohne katholische Priester zu sein. Dennoch taucht das Thema in den einschlägigen Studien zum Missbrauch prominent auf. Die australische «Royal Commission into Institutional Responses to Child Sexual Abuse» kam 2017 zu dem Er-

gebnis, dass der Pflichtzölibat (für Kleriker) und das Keusch-
heitsgelübde (für Ordensangehörige) den sexuellen Missbrauch
von Kindern begünstigen, vor allem, wenn weitere Risikofakto-
ren dazukommen. Zwar habe nur eine Minderheit katholischer
Kleriker Kinder sexuell missbraucht, doch es bestehe, so das Resultat der Studie, ein erhöhtes Risiko für sexuellen Missbrauch
von Kindern, wenn im Zwangszölibat lebende Männer einen
exklusiven Zugang zu Kindern in katholischen Einrichtungen
hätten. Denn der Zölibat sei für viele Geistliche mit «emotionaler
Isolation, Einsamkeit, Depression und psychischen Erkrankun-
gen» verbunden. Das Zölibatsgesetz könne zu «verschiedenen
Formen psychosexueller Dysfunktion» beitragen, die ein anhal-
tendes Risiko für die Sicherheit von Kindern darstellten.[23] Für
viele Kleriker und Ordensleute sei der Zölibat ein unerreichbares
Ideal, das bei ihnen nicht selten zu einem Doppelleben führe und
zu einer Kultur der Geheimhaltung und Heuchelei beitrage. Dieser Hang zur Vertuschung habe auch dazu beigetragen, dass
kirchliche Vorgesetzte die Schwere der Verbrechen nicht wahrnehmen wollten. Für sie handelte es sich um die Taten von Kollegen, die man schützen müsse. Die im staatlichen Auftrag arbei-
tende Kommission kam daher zu der eindeutigen Empfehlung,
die Australische Bischofskonferenz solle vom Heiligen Stuhl die
Abschaffung des Zwangszölibats für Weltgeistliche verlangen.

Was den Zölibat als Risikofaktor für Missbrauch angeht, zeigt
sich die im Auftrag der deutschen Bischofskonferenz erarbeitete
«MHG-Studie» zurückhaltender als ihr australisches Pendant.
Sie weist aber darauf hin, dass der «relative Anteil beschuldigter
Diakone», die in der Regel verheiratet sind, «deutlich niedriger
als der von beschuldigten Diözesanpriestern» ist.

Auch wenn die Verpflichtung zum Zölibat sicherlich keine alleinige Erklärung für sexuelle Missbrauchshandlungen an Minderjährigen sein
kann, legt der … Befund nahe, sich mit der Frage zu befassen, in welcher Weise der Zölibat für bestimmte Personengruppen in spezifischen
Konstellationen ein möglicher Risikofaktor für sexuelle Missbrauchshandlungen sein kann.[24]

Neuere Missbrauchsgutachten, auch die 2022 für Münster und 2023 für Mainz und Freiburg vorgestellten, zeigen übereinstimmend, dass der Zölibat zwar nicht die Ursache für Missbrauch, aber ein entscheidender Risikofaktor ist. Allein der Respekt vor den vielen Opfern verlangt, alles zu tun, um dieses Risiko für alle Zukunft zu minimieren.

Die Kirchengeschichte steht einer Aufhebung des Junktims von Priestertum und Zölibat nicht nur nicht im Weg, sie liefert sogar entscheidende Argumente dafür. Der Papst und die Bischöfe vollzögen keinen Paradigmenwechsel und keinen Bruch mit der kirchlichen Tradition, wenn sie sich für die Weihe verheirateter Männer zu Priestern aussprechen, sondern ihr Handeln wäre von der Geschichte der Kirche gedeckt.

9.

DIE UNFEHLBARKEIT DER PÄPSTE
EIN BLICK HINTER DIE KULISSEN

Am Nachmittag des 18. Juni 1870 kam es im Vatikan zu einer denkwürdigen Szene. Kardinal Filippo Maria Guidi wurde zu einer Privataudienz bei Pius IX. in den Vatikanischen Palast einbestellt, weil er es wenige Stunden zuvor gewagt hatte, in einer Sitzung auf dem Ersten Vatikanischen Konzil darauf hinzuweisen, dass der Papst niemals allein letztverbindliche Glaubenssätze definieren könne. Die heilige Tradition der Kirche verlange vielmehr eine strikte Rückbindung des Pontifex an das Zeugnis der Gesamtkirche. Daher müsse der Papst, bevor er ein Dogma verkündet, unbedingt vorher den Rat aller Bischöfe einholen, damit er von ihnen erfährt, ob die infrage stehende Wahrheit, wie es Vinzenz von Lérins formulierte, wirklich «immer, überall und von allen geglaubt» worden ist.[1]

Pius IX. war über diese Äußerungen des Dominikaners, den er bislang für seinen treuen Anhänger gehalten hatte, völlig außer sich und herrschte ihn gleich zu Beginn der Audienz an:

Niemals hätte ich geglaubt, dass Eure Eminenz eine Rede zum Wohlgefallen der Opposition halten würde. Wer hat Sie gelehrt, der Sie von mir zum Kardinalat befördert und dabei aus dem Nichts herausgezogen worden sind, von der päpstlichen Unfehlbarkeit in der Weise zu sprechen, wie Sie es getan haben? Also, Ihrer Ansicht nach hängt der Papst von den Bischöfen ab, wenn er ein Dogma formulieren will?

Darauf Kardinal Guidi: «Heiliger Vater, ich bin bereit, zu verteidi-
gen, was ich gesagt habe, denn ich habe nichts gesagt, was nicht
mit der Lehre des heiligen Thomas und Bellarmins überein-
stimmt.»

Der Bezug auf Thomas von Aquin war ein starkes Argument,
galten doch dessen Aussagen gerade in den Augen der von
Pius IX. geförderten neuscholastischen Theologie als wahre und
damit nicht hinterfragbare Lehre der katholischen Kirche selbst.
Wer Thomas widersprach, der war nicht mehr katholisch. Ein
Wort gab das andere. «Nein, das ist nicht wahr», ereiferte sich
Pius IX. «Sie haben gesagt, … dass der Papst verpflichtet ist, für
die unfehlbaren Dekrete die Traditionen der Kirchen zu befragen.
Nun, das ist ein Irrtum.» Kardinal Guidi: «Es ist wahr, dass ich es
gesagt habe, aber es ist kein Irrtum.» Darauf der Papst «erregt»:
«Doch, es ist ein Irrtum, denn ich, ich bin die Tradition, ich, ich
bin die Kirche!!» – «Io, io sono la tradizione, io, io sono la
Chiesa!!»

Kardinal Guidi fühlte sich von Pius IX. nicht nur persönlich
beleidigt, sondern auch theologisch zum Ketzer abgestempelt.
Dabei hatte er sich ausschließlich auf die Tradition der Kirche
berufen. Das war dem Papst indes völlig gleichgültig. Wenn die
Tradition der Kirche gegen seine Ansicht stand, wurde sie einfach
ignoriert. Der Papst setzte sich vielmehr selbst an die Stelle der
Tradition, ja sogar an die Stelle der Kirche und kanzelte Guidi
harsch ab: «Sie sind meine Kreatur, ohne mich wären Sie noch
der obskure Mönch, der Sie gewesen sind, … Sie haben eine
Rede gehalten, die verdient, dass Ihre Mitbrüder vom Heiligen
Offizium Sie zum Feuer verurteilen.»

Nachdem der Dominikaner den Audienzsaal verlassen hatte,
ließ Pius IX. umgehend seinen Leibarzt rufen. Er hatte sich derartig echauffiert, dass er einen Schlaganfall befürchtete. «Dieser
Klosterbruder hat mir die Galle hochkommen lassen», rief er aus.
Der Doktor fühlte den Puls des Papstes und verordnete zur Be-
ruhigung ein «Abführmittel».[2]

Diese in verschiedenen Quellen bezeugte Episode führt uns
mitten hinein in die heftigen Debatten um die Unfehlbarkeit der

Päpste, wenn sie in Ausübung ihres feierlichen Lehramts Dogmen verkünden wollen. Aber die Konzentration auf das Erste Vatikanum und die Verabschiedung des Unfehlbarkeitsdogmas 1870 greift zu kurz, wenn es um die ungeheuren Ansprüche des päpstlichen Lehramts seit dem neunzehnten Jahrhundert geht: Dogmen werden schließlich nicht jeden Tag erlassen – von 1870 bis heute nur ein einziges –, aber fast jeden Tag äußert sich der Papst zu irgendeinem Thema, schreibt Apostolische Briefe oder Enzykliken. Wie ist es mit deren Verbindlichkeit? Darf man darüber diskutieren? Oder muss man als Katholik alles glauben, was Päpste äußern?

Tatsächlich wurde nicht nur die päpstliche Unfehlbarkeit ohne Rückbindung an die Tradition der Kirche 1870 erstmals dogmatisch definiert. 1863, wenige Jahre zuvor, war etwas geschehen, das heute oft vergessen wird, aber eine wesentlich größere Wirkungsgeschichte als das Unfehlbarkeitsdogma gehabt hat: die «Erfindung» des ordentlichen Lehramts der Päpste. Damit wurde allen Äußerungen der Päpste wie Enzykliken und Allokutionen ein letztverbindlicher Wahrheitsanspruch zugeschrieben, und das wirkte sich unmittelbar auf das Alltagsleben der Gläubigen aus. Die Debatten um die Pillen-Enzyklika Pauls VI. *Humanae vitae* von 1968 haben das eindrücklich gezeigt.

1863: Pius IX. erfindet das ordentliche Lehramt

Nach dem 21. Dezember 1863 ist in der katholischen Kirche tatsächlich alles ganz anders geworden. Der Apostolische Brief *Tuas libenter* Pius' IX. an den Münchener Erzbischof Gregor Scherr von diesem Tag stellt eine Zäsur in der Kirchen- und Theologiegeschichte dar, die an Bedeutung die Dogmatisierung der Unfehlbarkeit 1870 übertrifft. Denn bis *Tuas libenter* waren die Theologen in ihren Forschungen nur durch Dogmen gebunden, die ökumenische Konzilien feierlich verkündet hatten. Jetzt wurden sie zum absoluten Gehorsam gegenüber allen und jedweden

Äußerungen des Papstes und sogar allen Dekreten der römischen Kongregationen verpflichtet. *Tuas libenter* führte dazu eine neue Kategorie von kirchlichem Lehramt ein: das *magisterium ordinarium.*

Um sein Vorhaben, die wissenschaftliche Freiheit in Theologie und Philosophie einzuschränken, irgendwie plausibel zu begründen, suggeriert Pius IX. in *Tuas libenter*, er stehe in einer ununterbrochenen Lehrtradition, während seine Gegner eine Position verträten, die «omnino nova, ac prorsus inusitata in Ecclesia», also ganz neu und völlig ungewöhnlich in der Kirche sei und somit einen Bruch mit der Tradition darstelle.[3] Faktisch verhält es sich allerdings genau andersherum.

Zu den Gegnern, die der Papst treffen wollte, zählte vor allem der Kirchenhistoriker Ignaz von Döllinger. Er hatte in seiner Eröffnungsrede der Münchener Gelehrtenversammlung am 28. September 1863 die traditionelle Verhältnisbestimmung von Theologie und kirchlichem Lehramt beschrieben, als er für eine prinzipielle Freiheit von Forschung und Lehre und gegen die grassierende Verketzerungssucht der Ultramontanen und die Indizierung missliebiger Kollegen eintrat. Eine Grenze fand die Freiheit der Theologie nur in den feierlichen dogmatischen Definitionen des außerordentlichen Lehramts der Konzilien – also etwa den Artikeln des Glaubensbekenntnisses. Für alle anderen Fragen könne es keinerlei lehramtliche Restriktionen geben. Hier gelten laut Döllinger nur die Mittel der Theologie als Wissenschaft: Vernunft und Argument.

Während Döllinger und die überwiegende Mehrheit der in München versammelten Gelehrten mit dieser Verhältnisbestimmung von Theologie und Lehramt die Tradition der Kirche auf ihrer Seite hatten, vollzog Pius IX. mit der Einführung des «ordentlichen Lehramts» einen Bruch mit der bis dahin gültigen kirchlichen Überlieferung. Vom «ordentlichen Lehramt» ist nämlich vor *Tuas libenter* in römischen Dokumenten nirgendwo die Rede. Da aber jede «Diskontinuität» oder gar das «Erfinden» einer neuen Lehre nach den Grundprinzipien der katholischen Glaubenslehre nicht statthaft war, musste der Papst für seine

Position eine Kontinuitätsfiktion kreieren, indem er seine Gegner als «Neuerer» diffamierte, die er, in der «ewigen» Tradition stehend, zurückzuweisen hatte.

Dieses neue Konzept eines doppelten päpstlichen Lehramts, des feierlichen beziehungsweise außerordentlichen und des ordentlichen, ist keinesfalls identisch mit der traditionellen Vorstellung eines doppelten Lehramts, wie sie Thomas von Aquin umschrieben hat: «Die Heilige Schrift zu lehren geschieht auf zweifache Weise.»[4] Der Aquinate spricht vom Lehramt der Hirten, dem *magisterium cathedrae pastoralis,* und dem Lehramt der Theologen an der Universität, dem *magisterium cathedrae magistralis.* Beim Lehramt der Hirten geht es in erster Linie darum, das überkommene Glaubensgut, das Depositum Fidei, im Sinne der *traditio constitutiva* zu bezeugen und zu bewahren. Dies geschieht im Sprechakt der Verkündigung. Wahr wird ein Glaubenssatz nicht dadurch, dass die Hirten ihn bezeugen, sie können ihn vielmehr nur deshalb bezeugen, weil er in der Tradition als wahr und von allen geglaubt vorliegt. Die intellektuelle Durchdringung des Glaubens und die aktive Fortentwicklung der kirchlichen Lehre, die *traditio activa,* gehört für Thomas indes eindeutig in die Kompetenz des Lehramts der Theologen.

Das Lehramt der Hirten zog jedoch immer mehr Kompetenzen an sich, die ursprünglich bei den Magistern der Theologie lagen. Das Lehramt von Papst und Bischöfen wurde zunehmend mit dem *magisterium vivum* gleichgesetzt. Aus dem zweifachen thomistischen Lehramt von Hirten und Magistern war ein einfaches Lehramt geworden. Verbindliche Äußerungen zum Bestand des Depositum Fidei konnte das pastorale Lehramt aber nur in der Form feierlicher Definitionen erlassen, in der Regel auf Konzilien.

Was hat den Papst dazu gebracht, in *Tuas libenter* eine derart massive Uminterpretation des Lehramts vorzunehmen? Eines ist sicher: Es geht um eine Antwort auf Döllinger. Aber wer *Tuas libenter* genau liest, dem fällt auf, dass es um weit mehr geht als um eine Knebelung der Theologie. Vielmehr sollen alle Wissenschaften der Aufsicht des römischen Lehramts unterstellt werden.

Für diese Freiheit der Philosophie und anderer Profanwissen-
schaften war vor allem der Münchener Philosoph Jakob Frohschammer mit Nachdruck eingetreten, dessen Position in *Tuas
libenter* zumindest implizit immer wieder angesprochen wird.
Frohschammer aber war bereits ein Jahr zuvor von Pius IX. feierlich verurteilt worden.

Es muss sich also jemand in Rom wirklich zum «Nachtreten»
bemüßigt gefühlt haben. Dies führt zur Frage nach dem eigentlichen Autor von *Tuas libenter*, als dessen Verfasser gemeinhin der
deutsche Kurienkardinal August Graf von Reisach gilt, ein er-
klärter Feind aller modernen deutschen Theologie. Der Kardinal
behauptete auch selbst, *Tuas libenter* geschrieben zu haben. Es ist
aber davon auszugehen, dass ein vielbeschäftigter Kurienkardinal nicht allein zur Feder gegriffen hat. Im Übrigen dürfte es Reisach an der notwendigen theologischen Kompetenz gemangelt
haben. Die Suche nach einem Ghostwriter beginnt.

Die Anspielungen auf Jakob Frohschammer führen uns auf
eine heiße Spur, denn der Münchener Philosoph hatte einen geradezu fanatischen Gegner: Joseph Kleutgen, jesuitischer Spit-
zentheologe und «Vater der Neuscholastik». Kleutgen spricht
bezeichnenderweise bereits im ersten Band seiner *Theologie der
Vorzeit*, der 1853 erschien, ausdrücklich vom «doppelten Lehramt» der Kirche, dem feierlichen außerordentlichen und dem ordentlichen, alltäglich ausgeübten *magisterium*. Zum ordentlichen
Lehramt gehören für den Jesuiten aber nicht nur päpstliche
Äußerungen aller Art, sondern auch das, «was die angesehensten
Theologen einstimmig für eine unzweifelhafte Glaubenslehre»
erklären – womit Kleutgen in aller Bescheidenheit sich selbst und
seine neuscholastischen Mitstreiter meinte.

Der Jesuit brachte das von ihm 1853 «erfundene» Konzept des
ordentlichen Lehramts auch ganz praktisch in Anwendung, und
zwar ausgerechnet bei der Indizierung Frohschammers und gegen den heftigen Widerstand des Zweitgutachters Angelo Trullet.
Dieser warf Kleutgen zu Recht vor, mit dem bislang unbekannten
Konzept des ordentlichen Lehramts ganz neue Bewertungsmaß-
stäbe in der römischen Buchzensur einführen zu wollen. Bisher

sei nur ein dezidierter Widerspruch gegen definierte Dogmen ein Grund für einen römischen Bannstrahl gewesen. Trotz des absolut überzeugenden Arguments Trullets setzte sich der Jesuit in der Indexkongregation durch.

Schon aufgrund der inhaltlichen Entsprechungen scheint es plausibel, dass Kardinal Reisach bei der Abfassung von *Tuas libenter* von Gedanken, theologischen Konzepten, vielleicht sogar einschlägigen Texten Kleutgens zumindest nachhaltig inspiriert war. Aber die Beteiligung des Jesuiten ging noch viel weiter. Er dürfte die Vorlage für das Breve selbst geliefert haben, wie ein anonymes Gutachten im Vatikanischen Archiv nahelegt, das nach einem Schriftvergleich Kleutgen zugeschrieben werden konnte.

Mit der Etablierung des *magisterium ordinarium* wurde Theologiegeschichte mit schlimmsten Folgen geschrieben, von Joseph Kleutgen alias Giuseppe Peters, einer zentralen Figur im Skandal um das Nonnenkloster Sant'Ambrogio, 1862 wegen formaler Häresie, Verführung im Beichtstuhl und Bruch des Beichtgeheimnisses von der Inquisition verurteilt und von Pius IX. umgehend begnadigt. Dazu später mehr.

1870: Der Papst wird «unfehlbar»

«Ist es möglich, bis zum 18. Juli [1870] etwas für unwahr und von da an für wahr zu halten?»[5] Mit dieser Rhetorischen Frage brachte der Theologe Johannes von Kuhn die Stimmung vieler Katholiken angesichts der Verabschiedung des Dogmas von der Unfehlbarkeit des Papstes auf dem Ersten Vatikanischen Konzil an eben jenem 18. Juli 1870 treffend auf den Punkt. Mit ihrer Ablehnung stand die Mehrheit der Theologen – wenigstens in Deutschland – nicht allein; von den 24 deutschen Bischöfen hatten lediglich 5 für das neue Dogma votiert. Alle übrigen waren auf dem Konzil bis zuletzt entschieden gegen die Definierung der Infallibilität eingetreten.

Die Diskussion um das Erste Vatikanum ist bis heute nicht

verstummt, wobei häufig übersehen wird, dass damals zwei Dogmen formuliert wurden: neben der päpstlichen Unfehlbarkeit auch der universale Jurisdiktionsprimat des Papstes, wonach der römische Bischof die oberste und absolute Gewalt in der ganzen Kirche hat und beispielsweise in jede Diözese unter Umgehung des zuständigen Ortsbischofs direkt hineinregieren kann, wenn er das will. Diese zweite Definition hat wesentlich mehr Wirkung gehabt als die erste, sie findet praktisch täglich Anwendung. Das unfehlbare Lehramt haben die Päpste seit 1870 dagegen nur einmal ausgeübt: bei der Dogmatisierung der Lehre von der leiblichen Aufnahme Mariens in den Himmel durch Pius XII. im Jahre 1950.

Die Konfusion ist groß, selbst bei praktizierenden Katholiken. Nicht wenige sind überrascht, wenn sie hören, dass das Unfehlbarkeitsdogma erst 1870 beschlossen worden ist, und fragen, ob die Kirche denn einfach Dogmen «erfinden» könne. Viele glauben überdies, alle päpstlichen Äußerungen seien seitdem unfehlbar, aber das Zweite Vatikanische Konzil habe die Unfehlbarkeit des Papstes irgendwie relativiert. Doch das Gegenteil ist richtig: Das Zweite Vatikanum hat in *Lumen gentium* die Lehre des Ersten Vatikanums ausdrücklich bestätigt und sogar noch eine neue Form von Unfehlbarkeit hinzugefügt. Wie genau kam es zur Dogmatisierung der Infallibilität? Und was genau steht nun in der Konstitution *Pastor aeternus* von 1870?

Die ersten Vorüberlegungen, ein Konzil einzuberufen, fallen ins Jahr 1864. Der Papst ließ 36 Bischöfe – darunter übrigens kein deutscher – im Geheimen zu geeigneten Themen anfragen. Es fällt auf, dass keiner der Konsultierten das Thema der päpstlichen Unfehlbarkeit vorschlug, weshalb es auch bei der Ankündigung des Konzils am 26. Juni 1867 und in der Einberufungsbulle *Aeterni patris* vom 29. Juni 1868 nicht aufgeführt wurde.

Im Hintergrund wurden jedoch die Strippen gezogen, um das Thema Unfehlbarkeit doch noch auf die Tagesordnung zu bekommen. Die Vorbereitungskommissionen waren einseitig mit Ultramontanen und Infallibilisten besetzt. Und die Glaubenskommission kam zu dem Ergebnis: Die päpstliche Unfehlbarkeit sei zwar definierbar, es sei aber geschickter, wenn die Initiative dazu von unten, sprich von verschiedenen Bischöfen, ausginge, und nicht vom Papst selbst.

Um das Heft in der Hand zu behalten, erließ der Papst aus eigener Machtvollkommenheit eine Geschäftsordnung. Dadurch brach er mit einer alten konziliaren Tradition. Denn die Konzilien hatten sich bislang stets selbst eine Geschäftsordnung gegeben. Das Vorschlagsrecht der Konzilsväter wurde massiv eingeschränkt, die vom Papst ernannten Konzilspräsidenten bestimmten die Diskussion. Damit waren zwar die notwendigen prozeduralen Voraussetzungen geschaffen, aber das Thema Unfehlbarkeit stand immer noch nicht auf der Tagesordnung.

Der Papst wandte sich an die römische Jesuitenzeitung *Civiltà Cattolica* und lancierte einen angeblich aus Frankreich stammenden Artikel, der aber auf Pius IX. selbst zurückgeht. Darin hieß es:

> Besonders glücklich werden die katholischen Christen sein, wenn das Konzil die dogmatische Unfehlbarkeit des Papstes verkündet ... Man ist sich jedoch klar darüber, dass der Papst aus einer Anwandlung vornehmer Zurückhaltung vielleicht nicht selbst die Initiative für einen Antrage ergreifen wird, der scheinbar ihn persönlich betrifft. Aber man gibt sich der Hoffnung hin, dass ein einstimmiges Hervorbrechen des Heiligen Geistes durch den Mund der Väter des kommenden ökumenischen Konzils eine Definition [der päpstlichen Unfehlbarkeit] durch Akklamation bringen wird.[6]

Der Zeitungsartikel schlug ein wie eine Bombe. Das Unfehlbarkeitsdogma war in aller Munde. Der Hinweis, die Abstimmung werde per Akklamation erfolgen, ließ viele befürchten, eine Diskussion werde auf dem Konzil gar nicht möglich sein. Für die Gegner der Unfehlbarkeit wäre es jetzt am klügsten gewesen, die ganze Angelegenheit mit Schweigen zu übergehen und die private, inoffizielle Zuschrift aus Frankreich schlicht zu ignorieren. Aber eine ganze Reihe von ihnen meldete sich lautstark zu Wort – und *das* Thema auf dem Konzil war gesetzt.

Die Unfehlbarkeitsanhänger hatten ihr erstes Ziel erreicht. Und es gelang ihnen auch rasch, ihr zweites zu erreichen. Gleich

zu Beginn des Konzils, als die Konzilsväter gerade erst aus aller
Herren Länder eingetroffen waren und sich noch miteinander
bekannt machten (und als noch nicht erkennbar war, wer welcher Partei zugehörte), ging es um die Wahl der entscheidenden
Deputation für dogmatische Fragen. Die Infallibilisten stellten
eine internationale Liste auf, die keinen einzigen Gegner der Unfehlbarkeit enthielt. Viele Väter wählten diese Liste vertrauens-
voll – auch solche, die gegen eine Definierung der päpstlichen
Unfehlbarkeit waren. Damit hatten die Infallibilisten die Diskussion und den weiteren Verfahrensverlauf in der Hand. Die Regie
funktionierte hervorragend. Einen vorübergehenden Rückschlag
bedeutete die Schätzung, dass etwa ein Fünftel der Väter einer
Definition der päpstlichen Unfehlbarkeit wohl nicht zustimmen
würde. Die Geschäftsordnung sah entsprechend der bisherigen
Praxis auf Konzilien für Glaubensfragen jedoch eine moralische
Einstimmigkeit vor. Kurzerhand wurde die Geschäftsordnung
des Ersten Vatikanums geändert: Für alle Konzilsbeschlüsse sollte
die einfache Mehrheit ausreichen. Der Heilige Geist wirke bei
der Mehrheit und brauche keine Einstimmigkeit.

Um das Thema Unfehlbarkeit auf die Tagesordnung zu setzen,
brachte die Majorität eine Petition ein: 380 Väter wollten über
das Thema reden, 136 waren dagegen. Der Heilige Vater unter-
stützte selbstverständlich die 380 Väter. Und in das große Kirchen-
schema *De Ecclesia Christi,* dessen 11. Kapitel von der Rolle des
Papstes handelt, wurde flugs die Unfehlbarkeit als 12. Kapitel
eingefügt.

Die Debatte über die Kirchenkonstitution zog sich allerdings
endlos hin. Kapitel 11 und 12 wären erst im Frühjahr 1871 an die
Reihe gekommen. Inzwischen zeichnete sich ein deutsch-fran-
zösischer Krieg ab, der Abzug der französischen Schutztruppen
sowie eine Besetzung Roms durch italienische Truppen stand zu
erwarten und infolgedessen der Abbruch des Konzils. Kurz: Die
Anhänger der Unfehlbarkeit mussten alles tun, um ihren Tages-
ordnungspunkt vorzuziehen. Man wählte erneut den Weg über
eine Petition. 200 Konzilsväter baten den Heiligen Vater, und er
ordnete an, die Kapitel 11 und 12 aus der Kirchenkonstitution

herauszubrechen und eine eigene Konstitution über den Papst zu erarbeiten.

Damit wurde schon rein formal die Einbindung des Papstes in die Kirche und sein Verhältnis zu den Bischöfen aufgegeben. Anfang Mai 1870 wurde das neue Schema ausgeteilt und diskutiert. Da sich die Debatte jedoch erneut in die Länge zu ziehen drohte, stellte die Majorität mittels einer Petition kurzerhand den Antrag auf Beendigung der Debatte, den Pius IX. natürlich annahm. Die Argumente der Gegner, so stichhaltig sie auch sein mochten, bekamen keine Möglichkeit, sich zu entfalten. Sie lauteten: Erstens ist die Unfehlbarkeit des Papstes weder durch die Heilige Schrift noch durch die Tradition der Kirche belegt. Zweitens ist die Lehrautorität der Kirche keine «konstituierende», das heißt Papst und Konzil können keine neuen Dogmen erfinden, weil die Offenbarung mit Jesus Christus abgeschlossen ist. Wenn, drittens, historisch feststeht, dass ein Papst in der Geschichte in dogmatischen Fragen nachweislich geirrt hat, dann kann der Papst als solcher und an sich nicht unfehlbar sein. Bestes Beispiel ist Honorius I., der im Monotheletenstreit eine Irrlehre vertreten hat. Viertes Argument: Das Erste Vatikanum kann keine gültigen Beschlüsse fassen, weil ihm die nötige Freiheit fehlt. Und fünftens müssen Konzilsbeschlüsse, wenn nicht einstimmig, so doch wenigstens mit moralischer Einstimmigkeit gefasst werden. Ein bloßer Mehrheitsentscheid, wie vom Papst geplant, reicht hier nicht aus.

Nachdem die Diskussion abgewürgt worden war, versuchte die Minorität das Schlimmste zu verhindern. Es ging um die Frage, wie man den Papst doch noch irgendwie in die Kirche einbinden könne: Handelt er, wenn er dogmatisch definiert, «motu proprio et singularis» (aus eigenem Antrieb und als Einzelner), so soll er nicht unfehlbar sein. Definiert er aber «utens consilio et requirens adiutorem universalis ecclesiae» (indem er den Rat und die Hilfe der gesamten Kirche sucht), so soll er unfehlbar sein.[7]

Dieser Kompromissformel hätten fast alle Konzilsväter zustimmen können. Die Mehrheit lehnte diese Formel aber ab. Die Minderheit wollte den *consensus ecclesiae* im Text irgendwie abgebildet sehen. Daraufhin verschärfte Pius IX. die Formel noch weiter und formulierte au contraire: Der Papst ist unfehlbar «ex sese» (aus sich selbst) «non autem ex consensu ecclesiae» (nicht aber durch die Zustimmung der Kirche).

Bei der Probeabstimmung über diesen verschärften Text votierten von 601 Vätern 451 mit «Placet» (Zustimmung ohne Einschränkung), 88 mit «Non placet», 62 mit «Placet iuxta modum» (Zustimmung unter der Bedingung der Veränderung einzelner Passagen). 50 Konzilsväter waren erst gar nicht zur Sitzung erschienen. Nachdem der Papst den Antrag der Minderheit auf Verschiebung der Schlussabstimmung und Wiederaufnahme der Diskussion abgelehnt hatte, reisten die opponierenden Bischöfe frühzeitig aus Rom ab. Deshalb konnte die Konstitution *Pastor aeternus* am 18. Juli 1870 mit 535 zu 2 Stimmen verabschiedet werden.

Pastor aeternus gliedert sich in ein *Proömium* und vier Kapitel.[8] Dabei wird jeweils zunächst die Lehre der Kirche positiv entfaltet und abschließend werden alle, die diese Lehre nicht glauben, mit dem Bannstrahl belegt *(anathema sit)*.

In der Einleitung wird deutlich: Der Papst selbst definiert – mit Zustimmung des Konzils. Ferner wird eine Argumentationskette aufgebaut, die von der heutigen Kirche über die Apostel zu Petrus zurückführt, wobei die Kirche ihren Identitätsanker im Apostelfürsten findet. Kapitel 1 behandelt die Einsetzung des Primats in Petrus. Kapitel 2 stellt den Fortbestand des petrinischen Primats in den römischen Päpsten fest und bestreitet damit Einwände, die behaupten, die Verheißung Jesu gelte nur Petrus *persönlich*, nicht aber seinem *Amt*. Kapitel 3 beschreibt den Umfang und die Bedeutung des universalen Jurisdiktionsprimats des Papstes, dem alle Hirten und Gläubigen zu «hierarchischer Unterordnung und wahrem Gehorsam verpflichtet» sind. Die Bestimmungen gipfeln in dem Satz: «Der römische Papst besitzt also in dem kraft göttlichen Rechts bestehenden Apostolischen Primat die oberste Macht in der ganzen Kirche.» Jeder kann in strittigen Fragen und Entscheidungen unterer Organe an ihn appellieren. Hat er aber entschieden, so ist seine Entscheidung irreversibel. Kapitel 4 schließlich definiert die päpstliche Unfehlbarkeit als von «Gott geoffenbartes Dogma». Danach lehrt der Papst infallibel, wenn er *ex cathedra* spricht (in Ausübung seines Amtes, nicht als Privatperson), und wenn seine Aussagen sich auf Glaubens- und Sittenfragen beziehen, dies aber aus sich selbst, nicht erst aufgrund der Zustimmung der Kirche.

Blitz und Donner begleiteten die Verabschiedung des neuen Dogmas in der Petersbasilika. Am 18. Juli 1870 gegen halb zwölf begann Pius IX. mit der Verlesung des Textes. Inzwischen war aus dem Gewitter ein heftiges Unwetter geworden. Im Innern des Petersdoms herrschte «dichte Finsternis». Als der Papst zum eigentlichen Dogma kam, verschwammen ihm die Zeilen vor den Augen und er musste die Verlesung unterbrechen. Kerzen wurden herbeigebracht. Erst dann konnte Pius IX. mit der Verkündigung des Dogmas fortfahren, das mit dem Satz endete: «Wer sich aber vermessen sollte, was Gott verhüte, dieser unserer Glaubensentscheidung zu widersprechen: Der sei im Bann.»[9]

Das schwere Gewitter sorgte nicht nur in der Konzilsaula selbst, sondern auch in der Öffentlichkeit für heftige Kontroversen. Die Gegner der päpstlichen Unfehlbarkeit deuteten die Finsternis im Petersdom als «Zeichen des göttlichen Zorns gegen die Vergötzung eines Menschen». Der Himmel habe die Proklamation des neuen Dogmas und damit sein Inkrafttreten verhindern wollen. Die Anhänger Pius' IX. fühlten sich dagegen auf den Sinai versetzt. So wie Gott Mose die Gesetzestafeln mit den Zehn Geboten auf dem Berg unter Blitz und Donner übergeben und sie dadurch mit göttlicher Kraft bestätigt habe, so sei auch die päpstliche Unfehlbarkeit «wie *das Gesetz auf Sinai buchstäblich unter Blitz und Donner verkündet* worden».[10] Dadurch habe der Himmel die Wahrheit dieses Glaubenssatzes durch göttliche Zeichen bestätigt.

Die deutschen Bischöfe, die zu vier Fünftel das neue Dogma abgelehnt hatten, wurden unter massivem römischen Druck zur Unterwerfung und Verkündung der vatikanischen Dekrete in ihren Diözesen gezwungen. Die Geschichte dieser bischöflichen Unterwerfung ist eine Geschichte voller tiefer menschlicher

Tragik. Der Mainzer Bischof Wilhelm Emmanuel von Ketteler, der in Rom bis zuletzt gegen das Unfehlbarkeitsdogma gekämpft hatte, konnte es nach seiner Rückkehr nach Mainz relativ rasch akzeptieren. Der Rottenburger Bischof Carl Joseph von Hefele dagegen unterwarf sich als letzter der deutschen Bischöfe erst neun Monate nach Verkündigung des Unfehlbarkeitsdogmas. Aus seiner Haltung hat er nie einen Hehl gemacht: «Ich kann unrecht haben, aber ich will als ehrlicher Schwabe, wenn auch suspendiert, in die Grube fahren, lieber als dass ich aus Menschenfurcht falsches Zeugnis gebe.»[11] An Bischof Ketteler schrieb er: «Sie sind ein Rheinfranke, und ihr Rheinfranken seid gescheite Leute, Ihr mögt das glauben [mit dem neuen Dogma], ich bin nur ein dummer Schwabe, ich kann das nicht.»[12] Und Döllinger bekannte er: «Etwas, was an sich nicht wahr ist, als göttlich geoffenbart anzuerkennen, das tue wer kann, non possum.»[13] Als Hefele sich am Ende doch unterwarf, um ein Schisma in seiner Diözese zu verhindern, war er zermürbt und gebrochen: «Es ist aber der kirchliche Friede und die Einheit der Kirche ein so hohes Gut, dass dafür große und schwere persönliche Opfer gebracht werden dürfen.»[14] Im Klartext: Ich glaube es nicht, unterwerfe mich aber, um Schlimmeres zu verhindern.

Das Erste Vatikanum gegen das Konstanzer Konzil

Diese heilige Synode zu Konstanz erklärt, dass sie ihre Vollmacht unmittelbar von Christus hat. Ihr ist ein jeder, welchen Standes und welcher Würde auch immer, einschließlich der päpstlichen, … zu Gehorsam verpflichtet. … Desgleichen erklärt sie, dass ein jeder … einschließlich des Papstes den Geboten, Satzungen, Anordnungen oder Vorschriften dieser heiligen Synode und jedes anderen rechtmäßig versammelten Konzils … den Gehorsam verweigert … gehörig bestraft wird.[15]

Das stellt die dogmatische Definition *Haec sancta* des ökumenischen Konzils von Konstanz von 1415 fest. Außerdem kann jeder

Katholik jederzeit gegen Entscheidungen des Papstes bei einem Konzil Widerspruch einlegen. Im Dogma des Ersten Vatikanums heißt es dagegen:

> Vom rechten Weg irren diejenigen ab, die behaupten, es sei erlaubt, von den Entscheidungen der römischen Päpste an ein allgemeines Konzil zu appellieren, als wäre ein solches eine dem römischen Papst übergeordnete Behörde.[16]

Die Diskrepanz ist evident: Konzil über Papst versus Papst über Konzil; ausdrückliche Aufforderung zum Konzilsrekurs versus explizites Verbot desselben. Sieht Dogmenfortschritt so aus, dass eine einmal gefasste Entscheidung der Kirche, die eine ewige Wahrheit repräsentiert, in ihr Gegenteil verkehrt wird? Dieses Problem hat man auch in Rom gesehen. Deshalb wurde das Konstanzer Konzil kurzerhand zu einem nicht-ökumenischen und daher nicht-verbindlichen Konzil erklärt. Damit spräche gegen das Erste Vatikanum und sein Unfehlbarkeitsdogma kein historisches Gegenkonzil mehr. Doch man kann es sich nicht ganz so einfach machen, weil ebendieses Konstanzer Konzil das Große Abendländische Schisma (1378–1417), bei dem zunächst zwei, seit 1409 sogar drei Päpste miteinander konkurrierten, durch die Wahl Martins V. beendet hat. Auf diesen Papst führt sich bis heute die römische Papstreihe in ununterbrochener Sukzession zurück.

Daraus ergibt sich: Entweder das Konstanzer Konzil war gültig, dann hat es rechtmäßig einen Papst gewählt, dann sind auch seine Glaubensdekrete gültig, dann müssen aber die diesen widersprechenden Bestimmungen des Ersten Vatikanums ungültig sein. Oder aber das Konstanzer Konzil war ungültig, dann sind auch seine Dekrete ungültig, dann ist aber auch der dort gewählte Papst nicht gültig ins Amt gekommen, dann hätte auch Pius IX., der sich ebenfalls auf Martin V. zurückführt, kein gültiges Konzil einberufen können, weil er ein ungültiger Papst gewesen wäre, womit die Beschlüsse des Ersten Vatikanums ihre Verbindlichkeit verlieren würden. Wie immer man es dreht und wendet, die Beschlüsse des Ersten Vatikanischen Konzils bleiben aus historischer Sicht zumindest problematisch.

Die Neuerfindung des Katholizismus

Mehrfach ist von «Erfindung» die Rede gewesen, von der Erfindung des ordentlichen Lehramts oder der päpstlichen Unfehlbarkeit. Muss man deshalb für die katholische Kirche nach 1863 beziehungsweise 1870 von einer Neuerfindung im Sinne einer «invention of tradition» sprechen?[17] Darüber ist in der Forschung trefflich gestritten worden, aber auch die Zeitgenossen haben sich diese für sie existentielle Frage bereits intensiv gestellt.

Folgenreich war die Begegnung zwischen dem damaligen Erzbischof von München und Freising, Gregor von Scherr, und den Professoren der Münchener katholisch-theologischen Fakultät. Scherr gehörte zu den vier Fünfteln der deutschen Bischöfe, die sich gegen eine Definition der päpstlichen Unfehlbarkeit auf dem Ersten Vatikanischen Konzil positioniert hatten, und kämpfte bis zum Schluss gegen das neue Dogma. Vergebens. Er reiste vor der Schlussabstimmung nach München ab.

Die Münchener Theologieprofessoren waren voller Hoffnung, mit dem Erzbischof an ihrer Seite ihre Ablehnung des Unfehlbarkeitsdogmas gegenüber römischen Repressionen leichter durchhalten zu können. Doch bereits zwei Tage nach seiner Rückkehr aus Rom verbreitete sich das Gerücht, Bischof «Gregorius habe sich dem Papste hinsichtlich der Infallibilität unterworfen».[18]

Der Kirchenhistoriker Ignaz von Döllinger, der Kopf der Fakultät, und seine Kollegen wollten an dieses Umfallen Scherrs zunächst nicht so recht glauben, erhielten jedoch bald Klarheit. Am 21. Juli wurden sie zum Bischof bestellt. Es kam zum Showdown. Der Erzbischof erklärte ohne viel Federlesens: «Roma locuta est, die Folgen davon kennen die Herren selbst. Wir können nichts anderes tun, als uns darein ergeben.»[19] Döllinger kochte vor Wut, konnte sich aber zunächst noch beherrschen. Am Ende des Treffens wandte sich Scherr direkt an den Kirchenhistoriker und forderte ihn auf: «Wollen wir also auf's Neue für die heilige Kirche zu arbeiten anfangen.» Da brach es aus Döllinger heraus: «Ja für die *alte* Kirche.» Darauf der Erzbischof: «Es gibt nur *eine* Kirche, keine neue und keine alte.» Da fiel das Haupt der Münchener Fakultät Scherr ins Wort und rief: «Man hat [sc. in Rom] eine neue *gemacht*.»[20]

Von der Verabreichung von Abführmitteln ist nichts überliefert.

MORD AUF BEFEHL DER GOTTESMUTTER
SKANDAL IM NONNENKLOSTER
SANT'AMBROGIO

Rom 1858: Katharina von Hohenzollern, eine deutsche Fürstin, geboren 1817 als Prinzessin Hohenlohe-Waldenburg-Schillingsfürst, ist zweimal verheiratet und verwitwet. Sie entschließt sich, in ein Kloster einzutreten. Wie viele Menschen dieser Zeit sucht Katharina einen Ausgleich zwischen Rationalität und Emotionalität, zwischen Intellektualität und Spiritualität. Auf der einen Seite steht ein gewaltiger Fortschritt durch Technik, durch Industrialisierung, auf der anderen Seite die Sehnsucht nach einer anderen «übernatürlichen» Welt … Nach einem gescheiterten Versuch, ein geeignetes Kloster für sich zu finden, entscheidet sich Katharina von Hohenzollern schließlich für das römische Kloster Sant'Ambrogio. Das Kloster ist für seine Heiligkeit und Strenge bekannt. Sie folgt damit einer Empfehlung ihres Beichtvaters, Kardinal August Graf von Reisach.

Von den immer heftiger werdenden Auseinandersetzungen zwischen Liberalen und Ultramontanen um die künftige Ausrichtung der katholischen Kirche bekommt sie nichts mit. Sie ahnt nichts von den Machtkämpfen und Intrigen in der Römischen Kurie. Es ist außerhalb ihrer Vorstellungskraft, dass ein Papst, dass Papst Pius IX., immer stärker zu Mystik und Übernatur neigt (die Gottesmutter hat ihn schließlich als Kind vor dem Ertrinken in einem Fluss gerettet). Katharina sucht nur Ruhe und Abgeschiedenheit. Und in dem kleinen Kloster sind die Nonnen von der

Welt draußen abgeschottet, leben in vollkommener Klausur. Sie dürfen das Gebäude nicht verlassen. Nicht einmal Priester dürfen das Innere des Klosters betreten. Über die menschlichen, religiösen und kirchlichen Abgründe, die hinter den hohen Mauern von Sant'Ambrogio verborgen liegen, verrät der unscheinbare Bau am linken Ufer des Tiber nichts.

Bis heute wüsste man nichts über die Vorgänge im Kloster Sant'Ambrogio, wenn sich nicht 1998 die detaillierten Akten des umfangreichen Inquisitionsprozesses zu einem der größten Klosterskandale im Archiv der Kongregation für die Glaubenslehre gefunden hätten. In diesem geheimsten aller Kirchenarchive sollten sie für immer und ewig unter Verschluss bleiben. Niemand sollte sich je mit diesem Fall beschäftigen, niemand den Skandal öffentlich machen. Die Akten des Inquisitionsverfahrens mit minutiösen Zeugenvernehmungen, Protokollen und Zusammenfassungen erlauben einen einzigartigen Einblick in die abgründigen Vorgänge in einem römischen Nonnenkloster, das besonders eng mit dem Vatikan verbunden war, und die teils absurden kirchenpolitischen Zustände Mitte des neunzehnten Jahrhunderts in Rom.

Lebende Heilige

Kardinal Reisach gab Katharina beim Klostereintritt im März 1858 eine verklausulierte Warnung mit auf den Weg:

> Im südlichen Italien ist stets mit außergewöhnlichen und übersinnlichen Dingen zu rechnen. Fremdartiges und Auffälliges kann sich um Sie herum ereignen. Der lebhafte Charakter der Italiener wird Ihnen manches ganz anders erscheinen lassen, als Sie es aus dem eher kühlen und rationalistischen Deutschland gewohnt sind. Wo aber wie in Rom ein so lebendiger Glaube alles mit einer Frische und Festigkeit erfasst und festhält, von der wir Deutschen kaum einen Begriff haben, werden auch Kämpfe und Anfechtungen hervorgerufen, die unseren Erfahrungen und Vorstellungen ganz fremd sind. Lassen Sie sich aber von solchen Dingen weder beunruhigen noch stören.

Tatsächlich sollte Katharina in Sant'Ambrogio Fremdartiges, Auffälliges und vor allem Übersinnliches widerfahren. War Reisach ein Prophet, oder wusste er, was Katharina in dem Kloster erwartete?

Sant'Ambrogio war ein sehr strenges Klausurkloster. Die Nonnen waren «lebendig begraben», ein Austritt war nicht vorgesehen, sie waren ihren Vorgesetzten, der Äbtissin, der Vikarin und der Novizenmeisterin, zu strengem Gehorsam verpflichtet. Die Beichtväter in Sant'Ambrogio waren zwei Jesuitenpatres.

Katharina glaubt sich am Ziel ihrer Träume: Das Kloster ist für sie ein Paradiesgärtlein. Besonders fasziniert ist sie von einer Person, der Novizenmeisterin Schwester Maria Luisa. Katharina von Hohenzollern beschreibt das Kloster und Schwester Maria Luisa:

> Das Klosterleben … ließ nichts zu wünschen übrig und erschien musterhaft … Maria Luisa ist siebenundzwanzig Jahre alt und befindet sich seit ihrem dreizehnten Lebensjahr im Kloster. Sie hat eine sehr angenehme Physiognomie und eine fast unwiderstehliche Liebenswürdigkeit, die jedoch eher etwas von einer weltlichen Person als von einer Gott geweihten Jungfrau hat. Zu dieser Eigenschaft gesellt sich außerdem noch eine beständige Geschäftigkeit, ein Denken an alles, eine erhabene Anmut und Leichtigkeit in der Konversation, feinstes Taktgefühl im Umgang mit anderen, Scharfsinn und Schlauheit – freilich ohne jedes salbungsvolle Getue –, Straffheit und Sammlung.

Katharina ahnt nicht, was ihr persönlich in dem strengen Klausurkloster bevorsteht, ahnt nicht, dass sie in den folgenden Jahren in grundsätzliche Auseinandersetzungen um die Ausrichtung der Kirche und um Machtkämpfe in der Kurie hereingezogen werden wird. Sie weiß noch nicht, dass es um Leben und Tod gehen wird. Aber je länger, je mehr, kommen ihr Zweifel an der Klosteridylle von Sant'Ambrogio. Vor allem stellt Katharina bald die Integrität der Novizenmeisterin, der Madre Vicaria Maria Luisa, infrage:

> Fast den ganzen Tag hört man die Madre Vicaria im Konvent plappern, auf eine Weise, die gänzlich unfähig ist, die Ruhe zu halten und ein Geheimnis zu bewahren. Die Konsequenz dessen ist Geschwätzigkeit,

Unbeständigkeit, eine Neigung und Leichtigkeit zur Lüge, begleitet durch höchste Listigkeit, einen intriganten Geist, Eifersucht und Dreistigkeit. All dies scheint jedoch verdeckt zu sein durch einen mysteriösen Zauber, eine süße Liebenswürdigkeit und eine gewisse gekünstelte Ahnungslosigkeit und Munterkeit. … Sie erscheint selten im Chor, im Refektorium oder bei den gemeinsamen Andachtsübungen, kann überdies über alle Schlüssel verfügen, wie auch über alle Räume des Klosters während der Gebetszeiten und zu den Essenszeiten, an denen sie fast nie teilnimmt. Ihre Aufgaben machen ihr die wiederholten und langen Besuche im Parlatorium, die ausgedehnte und vertraute Kommunikation mit auswärtigen Personen, ihre bewundernswerte Kenntnis aller Ereignisse in der Politik und in der Stadt sehr leicht, ebenso ihre Unternehmungen, um ihre grenzenlose Leidenschaft zu befriedigen, alles zu beherrschen und zu befehlen. Dieser ambitiöse Stolz führt sie dazu, alles als Instrument für ihre Pläne zu benutzen.

Maria Luisa gerierte sich eher als Weltfrau, sie vernachlässigt das Stundengebet, pflegt gefährliche Kontakte mit Männern. Die Gespräche von Mitschwestern enden abrupt, wenn Katharina in ihre Nähe kommt, man verfällt in einen für die Fürstin unverständlichen römischen Dialekt, dunkle Andeutungen werden gemacht. Katharina fühlt, dass man etwas vor ihr verheimlicht: das «Geheimnis von Sant'Ambrogio».

Erst nachdem Katharina bereits ein halbes Jahr in dem Kloster verbracht und mit dem Ritual der Einkleidung Mitglied des Ordens geworden ist, sind ihr Seelenführer und ihre Beichtväter bereit, ihr das Geheimnis von Sant'Ambrogio zu eröffnen: die Verehrung der «Mutter Gründerin», der ersten Äbtissin des Klosters, Agnese Firrao, als Heilige – trotz eines eindeutigen Urteils der Inquisition von 1816, die Agnese Firrao als «falsche» Heilige feierlich verurteilt und jede Verehrung untersagt hat:

Die Römerin Schwester Maria Agnese Firrao …, Gründerin des sogenannten Reformklosters vom Dritten Orden des heiligen Franziskus von Assisi, hat sich durch lange hinterhältige Bemühungen den Anschein gegeben, eine Heilige zu sein; sie prahlte damit, die Wundmale Christi zu besitzen und Visionen, Offenbarungen, Ekstasen, Erscheinungen und andere Gaben und besondere Gnaden von Gott erhalten zu haben. Es steht aber nach der gerichtlichen Untersuchung fest, die dieses Heilige Offizium in der vorgenannten Angelegenheit durchgeführt hat ..., dass die behaupteten Wundmale, Offenbarungen, Visionen, Ekstasen, Erscheinungen und die anderen oben genannten für wunderbar gehaltenen Dinge und besonderen Gnaden Gottes nichts anderes waren als Betrügereien, Prahlereien, Fälschungen und Vortäuschung falscher Tatsachen.

Wahre Heilige sind tot – und im Himmel. Wenn lebende Menschen, vor allem Frauen, Heiligkeit für sich beanspruchen, dann kann das nichts anderes als angemaßte und falsche Heiligkeit sein und muss unterbunden werden. Trotz des klaren Urteils der Inquisition, trotz der damaligen Aufhebung des Klosters geht der Kult der Firrao weiter und besteht Sant'Ambrogio fort, denn Papst Leo XII. und die Jesuiten halten ihre schützende Hand über das Kloster.

Doch nicht nur die Verehrung der 1854 verstorbenen Agnese Firrao macht Katharina stutzig. Es gibt in Sant'Ambrogio noch ein weiteres Geheimnis, noch eine lebende Heilige, wie Katharina bald feststellen muss:

> Maria Luisa genießt besonders beim Pater Beichtvater den Ruf, außergewöhnliche und wunderbare Gnaden zu besitzen, die sich in einer himmlischen Weisheit zeigten, in einer übermenschlichen Kenntnis der geheimen Dinge, sowohl im Kloster als auch außerhalb desselben ..., durch Wunder, namentlich durch die Fähigkeit, Kranke heilen zu können.

Maria Luisa hat außerdem Visionen. Nicht zuletzt aufgrund der darin erteilten göttlichen Weisungen hat sie selbst, aber auch die Äbtissin, ihr Amt bekommen. Man könnte das auch als weibliche Karriereplanung durch Visionen bezeichnen.

Doch es geht noch einen Schritt weiter. Auch mächtige Männer an der Kurie glauben an die Echtheit ihrer Visionen und folgen blind den darin enthaltenen Anweisungen. Maria Luisa ist damit die eigentliche Machthaberin im Kloster und weit darüber hinaus. Sie weiß ihre Stellung zu inszenieren, übernimmt als Frau eine quasipriesterliche Rolle. Als sie an einem Karsamstag vor den Novizinnen über die Passion Christi spricht, nimmt sie ein großes Glas, das sie Kelch nennt. Nachdem sie selbst aus dem Kelch getrunken hat, reicht sie ihn den Novizinnen mit den Worten:

> Das ist der Kelch Christi. … Meine Töchter, Sie dürfen nie vergessen, dass Sie aus diesem Kelch getrunken haben, wie damals die Apostel mit dem Herrn. Behalten Sie den Mut.

Ihre Autorität legitimiert Maria Luisa mit ihren übernatürlichen Erfahrungen. So wird sie regelmäßig entrückt, fährt in den Himmel auf, begegnet Jesus Christus selbst, der sie in einer mystischen Hochzeit zu seiner Braut macht und ihr als Zeichen seiner Liebe himmlische Ringe schenkt. Die Äbtissin von Sant'Ambrogio Maria Veronica berichtet über diese Mysterien:

> Eines Tages bekam Maria Luisa Kopfschmerzen, die von den Nonnen und den Beichtvätern als etwas Außerordentliches und Überirdisches betrachtet wurden. Ich fand Maria Luisa auf dem Bett ihrer Zelle leblos liegend. Sie trug zwei Ringe an den Händen, einer wertvoller als der andere. Darauf ließ ich den Pater Beichtvater rufen und weihte ihn in das Mysterium ein. Dieser holte umgehend einige frommere und vorsichtigere Nonnen in die Zelle Maria Luisas und verkündete ihnen, der wertvollste und am stärksten glänzende Ring, mit einer Lilie und einer Rose von Rubinen und Diamanten geflochten, sei der Ring der Gottesmutter selbst, den diese ihrer bevorzugten Tochter Maria Luisa geschenkt habe. Die Nonnen sollten niederknien und einige Ave Maria zu der anwesenden Jungfrau beten. Dann sollten sie ehrfürchtig den Ring küssen, wodurch einige Seelen aus dem Fegefeuer befreit würden. Als man die Decke von der Brust der Bewusstlosen leicht anhob, stieg aus ihrem Herzen sofort ein Himmelsduft auf, der die Zelle überflutete.

Maria Luisa versucht, sich eine mächtige Position zu erkämpfen, die ihr als Frau in der Kirche doch eigentlich verschlossen ist. Dazu bedient sie sich aller Mittel: Visionen, Auditionen, göttlicher Anweisungen. Und schließlich gibt es ihr der Himmel auch schwarz auf weiß: Briefe von der Gottesmutter Maria materialisieren in einem Kästchen unter dem Gnadenbild in der Kirche. Die Nonnen und Beichtväter leisten den darin geschriebenen Anweisungen Folge. Aber auch der General der Jesuiten nimmt die himmlischen Anweisungen ernst, so ernst, dass er auf Anweisung Mariens einen ihm missliebigen Jesuiten aus seinen Ämtern entlässt. Aber glaubte er wirklich an die himmlische Herkunft der Anweisung? Wer steckte hinter den Briefen? Woher kamen die Ringe? Und wer hatte ein Interesse an Maria Luisas Machtstellung? Für das Inquisitionstribunal, das sich mit Sant'Ambrogio befasste, waren noch längst nicht alle Fragen beantwortet.

Maria Luisa als Täterin und als Opfer

Nicht nur falsche Mystik und die Verehrung einer lebenden Heiligen fallen Katharina auf, sondern auch moralisch verwerfliche Praktiken, vor allem Intimitäten unter den Nonnen. Eine der jüngeren Schwestern aus Sant'Ambrogio, Schwester Maria Giacinta, sagte vor der Inquisition über ihre Begegnung mit der Novizenmeisterin Maria Luisa aus:

> Die Mutter Meisterin zeigte mir vom Beginn an eine einmalige Zuneigung und umarmte mich nach der Einkleidung, sie küsste mich mit Leidenschaft und nannte mich «meine Tochter, mein Herz, meine Seele, meine Liebe», und sie sagte mir, dass Jesus Christus und die heiligste Maria eine Vorliebe für mich hätten und ihr befohlen hätten, mich mit Vorzug zu lieben, wobei sie ihr mitteilten, dass sie große Verantwortung für meinen Geist und meinen Körper hätte. ...

> Nachdem wir uns abends zurückgezogen hatten, hielten wir uns in spirituellen Gesprächen auf; als ich eines Abends neben ihrem Bett kniete und sie bereits im Bett lag, wollte sie, dass ich mein Gesicht auf ihre Brust legte, und sie zeigte mir, wie stark ihr Herz pochte, und dann wollte sie, dass ich ihre Brustwarzen lutschte; dies wiederholte sich jeden Abend und immer unter Bekundung der Zuneigung. Schließlich sagte sie mir, dass, obwohl es nicht so schien, sie doch sehr fleischlos sei, ich möge

sie daher an den verschiedenen Teilen des Körpers berühren und ich erinnere mich daran, dass ich sie auch an den schamlosen Stellen berührte.

In der folgenden Nacht hingegen ging nicht sie als erste ins Bett, sondern sie gebot mir, mich gehorsam hinzulegen, und an diesem Abend hatte sie das Licht angezündet gelassen und wollte mich dann an meinem ganzen Körper, und zwar an jedem Teil davon, betrachten, und mit einer Medaille zeichnete sie Kreuze auf meine Sexualorgane. Dies geschah zwei- bis dreimal.

Maria Giacinta wird von der Novizenmeisterin Maria Luisa sexuell missbraucht. Die junge Nonne entwickelt daraufhin heftige Schuldgefühle, denn Maria Luisa überhöht ihr Verhalten religiös, indem sie es als göttlichen Auftrag ausgibt. Ein Widerspruch gegen die Offenbarungen Maria Luisas wäre eine Auflehnung gegen das Gehorsamsgebot und gegen die himmlischen Mächte und letztlich gegen den Willen Gottes. Damit würden die Nonnen, so glaubten sie, ihr ewiges Seelenheil riskieren, das eigentliche Ziel ihres irdischen Daseins. Ausgerechnet das Vertrauen der Schwestern von Sant'Ambrogio auf das Heilige führte dazu, dass sie von Maria Luisa missbraucht werden konnten.

Auch die Beichtväter versagen: Es gibt keine Chance zum seelsorgerlichen Gespräch.

Wie kam Maria Luisa auf die Idee, sich als Heilige zu inszenieren? Maria Luisa trat sehr jung ins Kloster ein und berief sich bei ihrem Tun auf eine auf die Gründerin Agnese Firrao zurückgehende Tradition, nach der die Oberin von Sant'Ambrogio jeweils mit neu eintretenden Frauen, insbesondere wenn diese bereits Erfahrungen in der «Welt» gemacht hatten, sexuelle Initiationsriten vollzog, um sie «zu reinigen».

Auch die jugendliche Maria Luisa wurde auf ganz eigene Weise ins Kloster eingeführt, als sie erst dreizehn Jahre alt war. Vor der Inquisition berichtete sie, wie sie von einer Mitschwester der Äbtissin zugeführt wurde:

Nach einigen Monaten … wurde ich … in das Schlafzimmer der Äbtissin geführt; diese lag auf dem Bett und war von Sinnen.

[Schwester] Maria Crocifissa ließ mich näher an das Bett treten und ihre Hand küssen. Dann begann sie, die Äbtissin komplett zu entblößen und mit den Händen in der Scham zu berühren. Sie ließ mich einen dabei entstehenden weißen Liquor beobachten und sagte: «Das ist ein himmlischer Liquor, der ihr vom Herrn kommuniziert wird.»

Sie sagte auch, dass ich, wenn ich die Äbtissin liebte, von ihr als ihr Schäfchen jenen Liquor mit Aufmerksamkeit stehlen müsse, damit ich wie sie werden könnte. Sie ließ mich mit dem Kopf zu der Scham der Äbtissin beugen; ich wurde von Angst ergriffen, zeigte Abscheu und sagte: «Und wenn sie mich dann herauswirft?»

Maria Crocifissa antwortete: «Im Gegenteil, danach kannst Du sicher sein, dass sie Dich nicht herauswirft, weil dies ein wertvolles Geschenk für Dich ist, das ihr vom Herrn befohlen wird.»

Sie ließ mich dann mit der Zunge jene Flüssigkeit lecken, nahm meine Hand und ließ mich den Finger in jene Flüssigkeit eintauchen, mit der ich mir drei Kreuzzeichen auf die Stirn und auf die Lippen machen musste. … Dann bedeckte sie sie und wir gingen langsam weg, aber die Äbtissin rief mich, und ich ging zu ihrem Bett zurück. Maria Crocifissa ging weg und ließ mich allein.

Die Äbtissin begann ganz liebevoll zu sagen: «Kleine Diebin meines Herzens, komm mal hierher, was hast Du mir gestohlen? Ich weiß alles.»

Ich zitterte und erwartete eine große Schelte; sie stand aber auf und setzte sich auf das Bett; sie umarmte mich und sagte, dass ich keine Angst haben sollte, weil das, was ich gemacht hatte, auf Befehl Gottes geschehen war, und dass der Herr mir ein großes Geschenk gemacht hatte.

Wiederum hat man es hier mit dem sexuellen Missbrauch eines Mädchens durch eine Frau zu tun, durch die ihr vorgesetzte Äbtissin, der sie zu religiösem Gehorsam verpflichtet war. Als Jugendliche selbst missbraucht, missbraucht Maria Luisa später die ihr selbst Anbefohlenen.

Eine sexuelle Beziehung mit dem Beichtvater

Daneben entwickelt sich eine Affäre Maria Luisas mit ihrem Beichtvater, die natürlich ebenfalls religiös überhöht wurde. Die Novizenmeisterin führte den Sexualkontakt auf eine spezielle Form des «jesuitischen Segens» zurück. Vor den Inquisitoren berichtete sie:

> In den alten Schriften der Mutter Gründerin und ihrer ersten Gefährtinnen … hatte ich Folgendes gelesen …: Es erwies sich als notwendig, stets einen Jesuiten als Beichtvater zu haben, der den Nonnen unseres Instituts den jesuitischen Geist einflößen musste und auf diesem Weg außerordentliche Dinge erwecken konnte. …
>
> Diese Einflößung geschieht auf folgende Weise: Der Beichtvater küsst die Pönitentin auf die Stirn, auf das Gesicht und auf die Lippen; dann zeichnet er mit der Zunge einige Kreuzzeichen auf den Hals; manchmal führt er seine Zunge in den Mund der Pönitentin ein und küsst sie auf das Herz an der Seite, wo wir normalerweise das Kruzifix haben. Bevor man mit diesen Handlungen beginnt, fällt die Pönitentin vor dem Beichtvater auf die Knie, der stehen bleibt. Er erteilt ihr den Segen mit einer Formel, die ich abgeschrieben habe. Es kommt vor, dass die Nonne während des erwähnten Segens außer sich, in Ekstase gerät. Dann fällt auch der Beichtvater auf die Knie und, indem er sie mit dem rechten Arm stützt, begeht er mit ihr die Akte, die ich gerade beschrieben habe.

Nach der klassischen Lehre der katholischen Moraltheologie war der Zungenkuss verboten. Er stellte sogar für Eheleute eine Todsünde dar. Dessen ungeachtet verteidigte Beichtvater Giuseppe Peters vor Gericht diese Praxis:

> Ich komme jetzt zur Hauptsache meines Geständnisses, das ich nicht ohne große Verlegenheit und bittere Schmerzen ablegen kann. Ich beschuldige mich, dass ich im Sommer 1857 … Schwester Maria Luisa nicht nur mehrmals die Hände, die Füße, das Gesicht, den Mund und das Herz – von außen, auf dem Gewand – geküsst habe, da ich dachte,

sie sei von Sinnen, sondern sie in jenem Zustand, der mir ekstatisch zu sein schien, auch umarmt habe. Damit wiederhole ich mein Schuldeingeständnis, das ich schon zu den Füßen des Heilands erklärt habe, und vor Ihm behaupte ich: 1., dass ich diese Handlungen nicht deswegen begangen habe, um weitere von Natur aus obszöne Taten begehen zu können; 2. dass ich von keiner unreinen Leidenschaft dazu veranlasst wurde; 3. dass ich jener Person gegenüber keine sittenlose Liebe und auch keine Zuneigung gespürt habe, die zu einer größeren Vertraulichkeit neigen würde; 4. dass ich solche Handlungen als Verehrungsakte beging, sodass ich immer kniend die Akte mit großem Widerwillen beging; 5. dass ich ehrlich und fest geglaubt habe, die Schwester sei von Sinnen und dass sie nichts davon merkte; 6. folglich habe ich mit ihr nie darüber gesprochen; 7. schließlich habe ich in dem Jahr, das diesen Ereignissen vorausging, und in den zwei darauffolgenden Jahren niemals gegenüber jener Schwester oder gegenüber irgendeiner anderen eine freie oder zu familiäre Haltung beim Sprechen oder bei etwas anderem angenommen, sondern immer die von der religiösen Würde und Bescheidenheit verlangte Haltung.

Pater Peters wollte seine Ausrufe – er hatte Maria Luisa mehrfach als «Du reines Herz, heiliges Herz, unbeflecktes Herz, mein Schatz» bezeichnet – ausschließlich im Sinn religiöser Verzückung und nicht sexuell verstanden wissen:

Die Tat stimmt. Zur Erklärung füge ich folgendes hinzu: Ich habe … niemals eine, weder unreine noch zärtliche Zuneigung zu dieser Nonne gehabt. Und weil ich mich zwingen musste, die gestandenen Taten zu begehen, sprach ich solche Ausdrücke fast immer mit kaltem Herzen und sogar bekümmert und gelangweilt aus, weil ich mich davon überzeugen wollte, ich müsse Ehrerbietung und auch väterliche Liebe dieser Seele gegenüber zeigen, die ich für heilig hielt; ich fühlte diese andächtige Zuneigung selten und schwach, und es war kein Ausbruch von Lust, sondern absolut vom Willen beherrscht.

Die Vergiftung und Rettung Katharinas

Nachdem Katharina von Hohenzollern hinter die Geheimnisse von Sant'Ambrogio gekommen ist, spitzt sich die Lage zu. Am Morgen des 8. Dezember 1858 kommt es zu einer Konfrontation im Chor der Kirche. Katharina beschwört Maria Luisa, zuzugeben, was sie alles unter dem Deckmantel der falschen Heiligkeit treibt.

Wenig später hat Maria Luisa angeblich eine Vision, in der ihr der Herr offenbart, dass die Prinzessin als Strafe für ihren Hochmut sterben wird und er dies bereits veranlasst hat. Und die Gottesmutter schreibt einen Brief mit dem gleichen Inhalt, der sich wieder in dem Kästchen in der Kirche materialisiert. Noch am gleichen Abend wird es Katharina von Hohenzollern fürchterlich schlecht. Als sie Medikamente nehmen soll, gerät sie in Panik, wie sie vor der Inquisition als Zeugin aussagte:

Sie warnten mich davor, dass diese Arznei schlecht schmecken würde, sodass ich wieder einen schrecklichen Verdacht bekam. Ich bat vorher um die Heilige Kommunion, welche mir auch gewährt wurde. In der Nacht von Montag auf Dienstag erlosch mein Nachtlicht; als ich es wieder entzündet hatte, bemerkte ich, dass die Ampulle mit Salmiakgeist, die ich wegen der Insektenstiche brauchte, nicht mehr an ihrem Platz stand. Ich suchte die ganze Nacht danach, konnte sie in meiner Kammer aber nicht finden. Mir zitterten die Knie und ich bekam Herzrasen. … Ich versuchte ruhig zu bleiben, soweit es eben möglich war, und meinen Glauben an Gott zu stärken, als mir von Maria Felice die Medizin gebracht wurde. Während ich die heiligsten Namen anrief, nahm ich sechs Löffel davon ein. Der Geschmack war abscheulich, ich konnte aber nicht bestimmen, um was es sich handelte. Ich kann nicht sagen, in welchem Zustand ich mich danach befand. Ich litt sehr stark, und nach einer Stunde ging im Kloster das Gerücht um, ich stünde nach einem Schlaganfall kurz vor dem Tod. Die Auswirkungen der Krankheit, nachdem ich diese Medizin eingenommen hatte, waren folgende: dauerhafte Übelkeit bis zum Erbrechen, sehr starkes Fieber, starke Kopfschmerzen, schneller werdendes Herzrasen, starkes Grummeln im Bauch mit starken, schwarzen Entleerungen des Stuhls. … Der

Gedanke, man könne nach meinem Tod sagen, ich hätte mich selbst vergiftet mit meinem Gift, bedrückte mich; er trieb mich zum Wahnsinn. Ich überlegte vergebens, wie ich mich befreien konnte.

Es scheint jedoch gar nicht so leicht gewesen zu sein, ein geeignetes Gift zu finden, wie aus einem Gespräch von Maria Luisa mit einer Mitschwester zu erfahren ist, von dem diese bei ihrer Befragung berichtete:

> Abends kam die Meisterin in mein Zimmer, verschloss die Tür und sagte zu mir, sie müsse mich was fragen. Ich solle das aber um Himmelswillen geheim halten, besonders vor Maria Giacinta und dem Pater Peters. Ich versprach es, und sie fragte mich:
>
> [Maria Luisa:] «Da Sie Tochter eines Chirurgen sind, können Sie mir sagen, was man benötigt, um eine Person durch Gift zu töten? Man sollte aber die Ursache nicht herausfinden können. Also, dass die Leiche sich etwa nicht aufbläht.»
>
> [Mitschwester:] «Meisterin, Sie haben es auch mit Glas versucht, das Sie letzten Abend zerbrochen haben?»
>
> [Maria Luisa:] «Ach! Das Glas richtet nichts aus.»
>
> [Mitschwester:] «Sinkt das Glas etwa auf den Grund?»
>
> [Maria Luisa:] «Ja, das Glas sinkt hinab.»
>
> [Mitschwester:] «Und wenn man es feiner mahlt und gut im Brei verteilt?»
>
> [Maria Luisa:] «Haben wir versucht, aber es sinkt dennoch ab.» …
>
> Aber obwohl ich vermutete, dass dieses Gespräch darauf abzielte, die Prinzessin zu vergiften, sagte mir die Meisterin [Maria Luisa]: «Denken Sie sich nichts dabei, weil eine Oberin viele Gründe haben kann, solche Fragen zu stellen.»
>
> Daraufhin antwortete ich auf ihre Frage, dass eine große Menge Opium zum Tode führen kann. So hatte ich es anlässlich einer Erkrankung meiner Schwester gehört. Auf Nachfrage der Meisterin fügte ich hinzu, dass das Opium schwarz war. Auf ihre Frage nach der genauen tödlichen Menge antwortete ich: «Meistens verabreicht man eine geringe

Menge als Heilmittel, aber erhöht man die Menge ein klein wenig, kann sie auch zum Tod führen.»

Ich erinnerte sie daran, dass Maria Giacinta einmal zwei Opiumpillen verabreicht worden waren und sie daraufhin eine starke Entzündung bekam. Daher fragte sie mich:

[Maria Luisa:] «Kennen Sie nicht noch etwas anderes, was tödlich ist?»

[Mitschwester:] «Terpentin, und es ist durchsichtig.»

[Maria Luisa:] «Dies kann man nicht einfach beimischen, man würde es bemerken.» …

Ab jetzt war mir klar, dass sie die Prinzessin vergiften wollte.

Ich schlug auch ungelöschten Kalk vor. … Ich erinnere mich nicht, ob ich auch Belladonna und Quecksilber erwähnt habe. Sie verließ mein Zimmer und sagte mir, ich sollte mir weitere Möglichkeiten einfallen lassen und das Gespräch geheim halten.

Maria Luisa ging es bei den Giftanschlägen auf das Leben der Fürstin aber nicht nur um sich selbst, sondern auch darum, ihren Beichtvater und Liebhaber zu schützen. Denn Pater Peters hatte ihr gegenüber mehrfach gesagt:

Wenn die geht und von unseren Sachen, dem außerordentlichen Segen, der Gründerin [Agnese Firrao] und so weiter erzählt, dann wird sie zu Eurem und meinem Verhängnis, ja dem der ganzen Gemeinschaft.

Maria Luisa fasst daraufhin den Plan, Katharina zu töten, wie sie vor der Inquisition gestand:

Ich beschloss, Pater Peters von seinen Ängsten zu befreien, weil er mir sagte, dass die Prinzessin ihn, mich und die ganze Gemeinschaft ruinieren würde, wenn sie das Kloster verlassen würde. …

Ich ging zur Apotheke des Klosters und erkundigte mich nach einigen Medikamenten. … So ist die Ausführung der Vergiftung ausschließlich meine Schuld; aber die Ursache und die Entscheidung dazu entspringen den großen Ängsten, die Pater Peters mir gegenüber äußerte. Aufgrund dessen, was ich ihm im Allgemeinen gesagt hatte und er von anderen Nonnen erfahren hatte, waren ihm einige Fakten im Zusammenhang mit der Vergiftung der Prinzessin mit Sicherheit bekannt. … Wahr ist auch, dass Pater Peters in seinen Briefen an mich sagte, dass ich absolut zu dem Herrn beten musste, damit er die Prinzessin augenblicklich (er schrieb wirklich so) aus der Welt schaffen müsse, um uns alle vor dem bevorstehenden Ruin zu retten.

Als ich weinte, weil ich die Prinzessin im Sterben sah, schalt er [Pater Peters] mich und sagte: «Sie sind verrückt; man hat so sehr gebetet, damit sie stirbt; das ist eine Gnade.»

Es ist die Wahrheit und nichts als die Wahrheit, dass er, nachdem er sich so ausgedrückt hatte, Bedauern zeigte, weil sie noch nicht tot war.

Mit dieser Aussage belastet Maria Luisa den Beichtvater schwer. Der Jesuit konnte die Vorwürfe kaum entkräften:

Ich habe gesagt, dass man beten müsse, damit Gott die Wahrheit zeigen konnte, weil ich an die Unschuld Maria Luisas glaubte. Es könnte sein, dass ich aufgrund der schweren Erkrankung der Prinzessin die Überlegung geäußert habe, dass Gott durch ihren Tod vielleicht Vieles, was sowohl die Prinzessin als auch die Gemeinschaft störte, zu Ende bringen wollte.

Im Klartext soll das wohl heißen: Peters strebt den Tod Katharinas nicht direkt an, hofft aber, dass Gott für ihr Ableben sorgt. Das wäre dann nicht seine Schuld, sondern höhere Gewalt.

Doch Maria Luisa hat auch selbst ein Motiv: den Klosterfonds. Denn Kardinal Reisach, der in die ganze Sache intensiv verwickelt war, scheint die Fürstin Katharina dazu überredet zu haben, nach ihrem Eintritt in Sant'Ambrogio testamentarisch zu verfügen, «dass man ein Kloster desselben Instituts gründet, dessen erste Gründerin die Madre Vicaria Maria Luisa sein musste». Um ganz oben an der Spitze zu stehen, selbst Äbtissin zu sein, brauchte Maria Luisa ein eigenes Kloster – und dafür sollte Katharina sterben.

Katharina überlebt dank ihrer Leibesfülle, ihres Misstrauens

und einiger abtrünniger Komplizinnen. Als sie sich halbwegs erholt hat, schiebt Maria Luisa die Mordanschläge konsequent auf
den Teufel, wie eine ihrer Komplizinnen, Schwester Maria Ignazia, vor der Inquisition eindringlich schilderte:

> Eines Abends, als es der Prinzessin wieder besser ging, ging ich in den
> Noviziatstrakt, um von der Meisterin Maria Luisa den Segen gespendet
> zu bekommen.
>
> Sie [Maria Luisa] sagte mir: «Tochter, seien Sie eine Gute und machen
> Sie mir keine Umstände wie diese anderen.»
>
> Ich versicherte ihr, dass ich niemals irgendetwas irgendjemandem er-
> zählt hätte.
>
> [Maria Luisa:] «Tochter, was erzählen Sie da? Haben Sie noch immer
> solche Sachen im Kopf? Ich weiß nicht, wovon Sie sprechen.»
>
> Daraufhin begann ich zu weinen und erinnerte sie daran, was ich für
> sie in Bezug auf die Prinzessin hatte erledigen sollen.
>
> Die Meisterin gab sich verwundert und sagte zu mir zurückhaltend:
> «Aber was denn? Ich habe diese Sachen weder jemals gesagt noch an-
> geordnet, und ich weiß auch nichts davon. … Tochter, ich war das ganz
> und gar nicht.»
>
> Ich erwiderte: «Wer ist es dann gewesen? … Es war wohl der Teufel in
> Gestalt von Euer Ehrwürden?»
>
> [Maria Luisa:] «Leider! Es wäre gut, wenn dem nicht so gewesen wäre.
> Der Teufel hat meine Gestalt bei zu vielen anderen Gelegenheiten an-
> genommen, so wie er es auch in diesem Fall getan hat.»

Aber Katharina ist noch nicht außer Gefahr. Um sie herum sterben mehrere Nonnen an Vergiftungen. Katharina erholt sich
zwar, aber die Spannungen mit Maria Luisa lassen sich nicht aus-
räumen. Und nach etwa einem halben Jahr wird erneut ein Gift-
anschlag auf sie verübt.

Jetzt will Katharina nur noch eins: Fliehen, egal, ob das Kirchenrecht es zulässt oder nicht. Im Juni und Juli 1859 versucht sie
verzweifelt, den Kardinalprotektor des Klosters, Costantino Patrizi, oder ihren Cousin Erzbischof Gustav Adolf Hohenlohe-Schil-

lingsfürst zu erreichen. Als es ihr endlich gelingt und beide am 24. Juli nach Sant'Ambrogio kommen, wird ihnen mitgeteilt, Katharina liege krank im Bett und könne nicht besucht werden, da ein Eintritt in die Klausur nicht erlaubt sei. Katharinas Cousin Hohenlohe erinnerte sich:

> Am Tag darauf sandte sie mir einen Brief, in dem sie mich um der Barmherzigkeit Christi willen bat, zu ihr zu kommen und sie ins Parlatorium rufen zu lassen. Ich begab mich umgehend zum Kloster. Sofort kamen zahlreiche Nonnen auf mich zu und baten mich, der Prinzessin das Verlassen des Klosters auszureden, weil sie Katharina so sehr liebten. Endlich war ich mit der Fürstin allein und konnte unter vier Augen mit ihr sprechen. Sie bedankte sich zunächst für meinen Brief, in dem ich sie an ihre geistliche Berufung erinnert und zum Festhalten am klösterlichen Stand aufgefordert hatte. Dann aber sagte sie: Im Augenblick handelt es sich nicht mehr um eine Frage der Berufung; vielmehr geht es schlicht darum, mein Leben und meine Seele zu retten, da ich befürchte … sterben zu müssen.

Hohenlohe gehört zum Haushalt des Papstes, er hat also direkten Kontakt zu Pius IX. und kann bewirken, dass Katharina das Kloster verlassen kann. Er ist der «Schutzengel», der seine Cousine rettet. Katharina resümierte:

> Es ging alles gut. Ich wurde erhört und verstanden. … Mit Tränen in den Augen habe ich die heilige Klostertracht abgestreift und das Kloster Sant'Ambrogio am 26. Juli 1859 nachmittags um halb vier Uhr verlassen.

Der Prozess vor der Inquisition

Nach der Rettung von Katharina aus Sant'Ambrogio bringt ihr Cousin Hohenlohe sie mit dem Benediktiner Maurus Wolter zusammen, der ihr neuer Beichtvater wird. Wolter erlegt Katharina in der Beichte eine Gewissenspflicht auf: Sie muss die Vorgänge im Kloster bei der Römischen Inquisition anzeigen. Wolter ist

dabei nicht ganz frei von kirchenpolitischen Motiven, denn endlich ergibt sich für ihn die Gelegenheit, den Jesuiten eins auszu-
wischen.

Ein Inquisitionsprozess kommt in Gang. Er sollte zwei Jahre
dauern, es sollten über sechzig Zeugen gehört werden. Am Ende
stand eine minutiöse Rekonstruktion der Ereignisse. Die Inquisition untersuchte auch den versuchten Mord an Katharina und
die Ermordung der anderen Nonnen. Vier Hauptangeklagte wurden zur Verantwortung gezogen: die beiden jesuitischen Beichtväter, die Äbtissin und Maria Luisa. Gegen Beichtvater Pater
Peters erging folgendes Urteil:

> Wir behaupten, fällen, entscheiden und erklären, dass Wir Euch, Pater
> Giuseppe Peters, für das, was Ihr … gestanden habt, verurteilen, und
> dass Ihr vom Heiligen Offizium für schuldig erklärt worden seid, die fal-
> sche Heiligkeit der verurteilten und verstorbenen Schwester Maria
> Agnese Firrao auf jedwede Art und Weise behauptet zu haben; die fal-
> sche Heiligkeit der verurteilten Schwester Maria Luisa Ridolfi auf ver-
> schiedene rechtswidrige und kriminelle Weise mit Worten, Schriften und
> Taten unterstützt und behauptet zu haben; wegen Verführungen durch
> Akte ihr gegenüber, während sie Eure Beichttochter war; die Klausur ge-
> brochen zu haben, um derselben beizustehen; Ansichten und Maximen
> behauptet, geschrieben und offenbart zu haben, die ungesund sind und
> der gesunden Theologie nicht entsprechen; an einen mutmaßlich himm-
> lischen Briefwechsel geglaubt und ihn gefördert zu haben, und zwar
> wegen der oben erwähnten Zwecke; schließlich werdet Ihr wegen weite-
> rer Delikte, die in die genuine Zuständigkeit dieses Obersten Glaubens-
> tribunals fallen, und wegen Delikten angeordneter Zuständigkeit für
> schuldig erklärt; deswegen habt Ihr Euch all die Zensuren und Strafen
> zugezogen, die durch die Heiligen Kanones und andere sowohl allge-
> meine als auch besondere spezielle Erlasse gegen solche Delikte aufer-
> legt und verfügt worden sind.

> Weil Ihr aber aus eigenem Antrieb die besagten Fehler eingeräumt und
> bescheiden um Verzeihung gebeten habt, freuen Wir Uns, Euch von der
> Exkommunikation freizusprechen, der Ihr wegen dieser Delikte verfal-
> len seid, vorausgesetzt, dass Ihr vorher den oben erwähnten Fehlern
> und Häresien und im Allgemeinen jeglichen weiteren Fehlern, jeglicher
> weiteren Häresie und sektiererischem Denken, die gegen die Heilige

Katholische und Apostolische Römische Kirche gerichtet sind, mit aufrichtigem Herzen und ohne falschen Glauben abschwört, sie verabscheut und verdammt, wie Wir es durch dieses Unser endgültiges Urteil anordnen, was Ihr auf die Weise und in der Form tun müsst, die Wir Euch noch mitteilen werden.

Und damit diese Delikte nicht ohne Bestrafung bleiben und damit Ihr in Zukunft vorsichtiger seid und anderen als Beispiel dient, verurteilen Wir Euch nach vorheriger formaler Abschwörung: zur ewigen Unfähigkeit, die heilige Beichte abzunehmen, und zur ewigen Unfähigkeit jeder Art von Seelenführung; zur zwanzigtägigen Suspension, die Heilige Messe lesen zu dürfen; zu zehn Tagen Exerzitien; Wir verurteilen Euch, anstelle des Kerkers zwei Jahre lang in einem Haus zu bleiben, das Euch von Eurem Ordensgeneral bestimmt werden soll. Euch wird jegliche Kommunikation mit den Nonnen und Personen, die das aufgehobene Kloster Sant'Ambrogio besuchten, untersagt. Vom General wird Euch auch ein geeigneter Seelenführer zugewiesen, damit Ihr über die ehrlichen Prinzipien der Moral ins rechte Bild gesetzt werdet. Als heilsame Buße legen Wir Euch auf, dass Ihr während der zwei Jahre Haftstrafe das Totengebet dreimal pro Monat und den Rosenkranz der Seligen Jungfrau einmal pro Woche betet.

Wir behaupten, fällen, erklären, entscheiden, ordnen an und bestrafen auf diese Weise und auf jede weitere bessere Weise und Form, die Wir von Rechts wegen anwenden können und müssen.

Dann fuhr der Protokollant fort, der kniende Pater Peters habe das Urteil gehört, es verstanden und kein Wort dagegen eingewendet. Hierauf leistete Peters, die Hände auf die Heiligen Evangelien legend, die übliche Abschwörungsformel:

Ich weiß, dass niemand außerhalb jenes Glaubens gerettet wird, den die Heilige Katholische und Apostolische Kirche achtet, glaubt, predigt, bekennt und lehrt. Ich gestehe, gegen diesen schwer gefehlt zu haben. Das bereue ich sehr.

Pater Peters kam dabei erstaunlich gut weg. Er verbrachte zwei angenehme Jahre in einem jesuitischen Erholungsheim. Der Papst hielt seine schützende Hand über ihn, weil Pater Peters in

Wirklichkeit eine andere, viel wichtigere Person im Vatikan war. Sein richtiger Name ist Joseph Kleutgen, und er war der wichtigste theologische Berater Pius' IX. Obwohl Kleutgen wegen «formaler Häresie» verurteilt war, sollte er wenige Jahre später das Unfehlbarkeitsdogma mitformulieren. Das klerikale männerbündische System schützt die Seinen.

Und was ist aus den anderen Beteiligten geworden? Die Äbtissin und der zweite Beichtvater fanden sich mit ihrem Urteil ab. Maria Luisa, die schöne lebende Heilige, Mörderin, Verführerin, Missbrauchsopfer und -täterin in einem, wurde zu zwanzig Jahren Zuchthaus verurteilt. Ihre einstigen klerikalen Verehrer ließen sie fallen wie eine heiße Kartoffel. Sie driftete in den Wahnsinn ab, landete im Irrenhaus und schließlich in der Gosse. Eine Frau, die das klerikale System aushebeln wollte, indem sie mit der Begeisterung von zölibatären Kirchenmännern für den Mystizismus zu spielen versuchte, kann nur scheitern. Denn das Imperium schlägt unbarmherzig zurück.

Der Retter Katharinas, Erzbischof Gustav Adolf von Hohenlohe-Schillingsfürst, glaubte zeitlebens, die Jesuiten wollten auch ihn vergiften, und litt unter einem Vergiftungstrauma. Außerhalb seines Hauses aß und trank er nichts mehr und selbst bei der Heiligen Messe ließ er Brot und Wein von seinem Diener vorkosten.

Und Katharina von Hohenzollern? Sie erreichte trotz der schweren inneren Verletzungen durch die Vergiftungen ein ungewöhnlich hohes Alter und ging in die Geschichtsbücher als Gründerin des Benediktinerklosters Beuron ein. Ihr neuer Beichtvater Maurus Wolter wurde dort zum ersten Abt und Katharina als Frau die eigentliche Chefin eines Männerklosters: vertauschte Rollen in der Männerkirche.

DANK

Dieses Buch geht auf die Vorlesungen zurück, die ich im Rahmen der Johannes-Gutenberg-Stiftungsprofessur im Sommersemester 2023 in Mainz halten durfte. Wer diese nachhören will, findet die Aufnahmen auf der Homepage https://www.stiftung-jgsp.uni-mainz.de/vorlesungsreihe-2023 mit Links zu den einzelnen Videos. Ich danke von Herzen allen, die die Gutenberg-Professur möglich gemacht haben, insbesondere den Freunden der Universität Mainz e.V. und ihrem Vorsitzenden Helmut Rittgen, dem Kuratorium der Stiftung Johannes-Gutenberg-Stiftungsprofessur und ihrem Vorsitzenden Dr. Christoph Boehringer, dem Präsidium der Gutenberg-Universität, allen voran dem Präsidenten Prof. Dr. Georg Krausch. Ich habe mich in Mainz und in dem großen Hörsaal sehr wohl gefühlt, was nicht zuletzt auf das große Engagement aller Mitarbeiterinnen und Mitarbeiter in Technik und Verwaltung und vor allem auf das engagierte Team vom Studium Generale zurückzuführen ist. Ganz besonders hervorheben möchte ich hier Prof. Dr. Cornelis Menke, der sich dem Studium Generale mit Leidenschaft widmet.

Für die Gutenberg-Vorlesungen haben wir ein besonderes Format entwickelt, das in der Diskussion auf die Fragen von Moderatorinnen und Moderatoren als Anwälte des Publikums setzt. In neun Vorlesungen hatte ich das Vergnügen, mit Dr. Peter Frey, Dr. Almut Finck, Annette Schavan, Prof. Dr. Stephan Füssel, Prof. Dr. Claus Arnold, Jürgen Erbacher, Joachim Frank, Jörg Vins und Dr. Christiane Florin meine Ausführungen diskutieren zu können und hinterfragen zu lassen. Für die zehnte Vorlesung über die «Nonnen von Sant'Ambrogio» haben dankenswerterweise Elisabeth Verhoeven und Rudolf Guckelsberger den Protagonisten aus dem Inquisitionsprozess des neunzehnten Jahrhunderts ihre Stimme geliehen.

Für die Buchveröffentlichung wurden die Vortragsmanuskripte umfassend bearbeitet sowie mit Quellennachweisen und Literaturempfehlungen versehen. Ich konnte mich hierbei wie immer auf mein Team in Münster stützen, namentlich auf Jana Haack, Alexander Deeters, Christian Middendorf und vor allem Dr. Barbara Schüler. Dem Verlag C.H.Beck und Dr. Ulrich Nolte bin ich dankbar, dass dieses Buch erscheinen kann, in dem eine «erste Summe» meiner Forschungen in den vatikanischen und vielen anderen Archiven der letzten Jahrzehnte versucht wird.

Viele meiner einschlägigen Arbeiten und Projekte wurden von Fachwelt und Öffentlichkeit positiv gewürdigt. Die Aufdeckung des Skandals um das Kloster Sant'Ambrogio nach der Öffnung des Archivs der Glaubenskongregation 1998 stieß dagegen teils auf große Kritik. Vor allem Kirchenvertreter warnten mich davor, den Skandal öffentlich zu machen, weil das Thema Missbrauch der katholischen Kirche schaden würde. Was einhundertfünfzig Jahre in den Archiven geschlummert habe, sollte dort auch verborgen bleiben. Eine solche Einstellung dürfte sich durch das inzwischen bekannt gewordene unvorstellbare Ausmaß sexuellen Missbrauchs in der katholischen Kirche selbst ad absurdum geführt haben, auch wenn man sich des Eindrucks nicht erwehren kann, dass Transparenz häufig nur ein Lippenbekenntnis ist.

Kritische (kirchen-)historische Forschung ist und bleibt unabdingbar für die Gesellschaft und die Kirche, und ihr Wert bewährt sich gerade durch die schonungslose Aufarbeitung von Vorfällen wie diesen. Und genau hier liegt das Potenzial der wissenschaftlichen Forschung und der ethisch-theologischen Verantwortung von Historikerinnen und Historikern. Durch die Arbeit in den Archiven fördern wir manchmal schwer verständliche Informationen und komplexe Quellenbestände aus der Vergangenheit zutage, die in einen größeren Kontext eingeordnet werden müssen. Man kann aus der Geschichte lernen, wenn man dazu bereit ist.

Münster, Ostern 2024 *Hubert Wolf*

ANMERKUNGEN

Einleitung
Nadeln im Heuhaufen

1 Dan Brown, Illuminati. Aus dem Amerikanischen von Axel Merz, Bergisch Gladbach [33]2006, S. 249–251.
2 Karl August Fink, Das Vatikanische Archiv. Einführung in die Bestände und ihre Erforschung unter besonderer Berücksichtigung der deutschen Geschichte (Bibliothek des Deutschen Historischen Archivs Rom 20), Rom 1943, S. 3.

1.
Heiliger Vater, retten Sie uns
Bittschreiben von Juden an Pius XII.

1 Franz Brinnitzer an Pius XII. vom 27. Juli 1942; Archivio Apostolico Vaticano (AAV), Segreteria di Stato (Segr. Stato), Commissione Soccorsi (Comm. Socc.) 301, Fasc. 21, fol. 23r–24v, hier fol. 23r.
2 Dank einer unbürokratischen Anschubfinanzierung der Alfried Krupp von Bohlen und Halbach-Stiftung für erste Sichtungen der seit März 2020 neu zugänglichen Akten in den vatikanischen Archiven sind mein Team und ich auf diese einmaligen Quellen gestoßen. Die Stiftung «Erinnerung, Verantwortung, Zukunft», das Auswärtige Amt, die Bayer AG und eine Sponsoringvereinbarung mit dem Softwarekonzern SAP ermöglichen das Projekt «Asking the Pope for Help». In dem auf zehn Jahre angelegten Forschungsvorhaben sollen alle auffindbaren Schreiben jüdischer Bittsteller mit einschlägigen Dokumenten aus den römischen Archiven in einer digitalen Edition erfasst und online zugänglich gemacht werden. Neben der wissenschaftlichen Erschließung der Quellen wird das Material außerdem im Sinn von Demokratieförderung und Anti-Antisemitismus-Bildung didaktisch für unterschiedliche Zielgruppen aufbereitet.

3 Franz Brinnitzer an Pius XII. vom 27. Juli 1942; AAV, Segr. Stato, Comm. Socc. 301, Fasc. 21, fol. 23r.

4 Die genannten Beispiele finden sich in verschiedenen Schreiben. Im Einzelnen: Franz-Xaver Hecht an Luigi Maglione vom 24. Juli 1940; AAV, Segr. Stato, Comm. Socc. 292, Fasc. 2, fol. 55r; Joseph Grisar an Giovanni Battista Montini vom 12. Oktober 1944; AAV, Segr. Stato, Comm. Socc. 303, Fasc. 9, fol. 2r–3r, hier fol. 2r; Formular «Domande di sussidio» für Giuseppe und Giulia Astrologo vom 27. Oktober 1944; AAV, Segr. Stato, Comm. Socc. 303, Fasc. 12, fol. 1ar; [Giovanni Battista Montini] an Georges Barcza vom 2. November 1944; AAV, Segr. Stato, Comm. Socc. 303, Fasc. 12, fol. 5rv, hier fol. 5r; Anna Tolentino an Pius XII. vom 10. Februar 1944; AAV, Segr. Stato, Comm. Socc. 303, Fasc. 25, fol. 2r–3r, hier fol. 2r.

5 Robert Leiber an Mario Brini vom 16. August 1942; AAV, Segr. Stato, Comm. Socc. 301, Fasc. 21, fol. 22r.

6 Franz Brinnitzer an Pius XII. vom 27. Juli 1942; AAV, Segr. Stato, Comm. Socc. 301, Fasc. 21, fol. 23r–23v.

7 Franz Brinnitzer an Pius XII. vom 27. Juli 1942; AAV, Segr. Stato, Comm. Socc. 301, Fasc. 21, fol. 23v–24v.

8 Aktennotiz Mario Brini vom 21. September 1942; AAV, Segr. Stato, Comm. Socc. 301, Fasc. 21, fol. 20r.

9 Ebd.

10 Giovanni Battista Montini an Robert Leiber vom 7. Oktober 1942; AAV, Segr. Stato, Comm. Socc. 301, Fasc. 21, fol. 26r.

11 Franz Brinnitzer an Robert Leiber vom 26. September 1942; AAV, Segr. Stato, Comm. Socc. 301, Fasc. 21, fol. 25r.

12 Britische Gesandtschaft am Heiligen Stuhl an Giovanni Battista Montini vom 29. Oktober 1942; AAV, Segr. Stato, Comm. Socc. 301, Fasc. 21, fol. 29r.

13 Osnabrücker Friedensvertrag (Instrumentum Pacis Osnabrugensis) vom 24. Oktober 1648, Artikel 2; https://www.lwl.org/westfaelische-geschichte/portal/Internet/finde/langDatensatz.php?urlID=740&url_tabelle=tab_quelle (letzter Zugriff 15. 1. 2024).

14 Wolfgang Reinhard, Vergessen, verdrängen oder vergegenwärtigen?, in: Frankfurter Allgemeine Zeitung vom 10. Januar 2022, S. 7.

15 Deuteronomium 4,23 und 4,31.

2.
Der Papst, der geschwiegen hat
Pius XII. und der Holocaust

1 Weihnachtsansprache von Papst Pius XII. vom 24. Dezember 1942. Offizieller italienischer Text: Pius XII., Nuntius Radiophonicus a Summo Pontifice Die XXIV Mensis Decembris A. MCMXMT, in pervigilio nativitatis D. N. Iesu Christi, Universo Orbi Datus, in: Acta Apostolicae Sedis 35 (1943), S. 9–24, hier S. 23; «Radiomessaggio ... alla vigilia del Santo Natale 1942», 24. 12. 1942; https://www.vatican.va/content/pius-xii/it/spee ches/1942/documents/hf_p-xii_spe_19421224_radiomessage-christmas. html (letzter Zugriff 20. 2. 2024); deutsche Übersetzung mit dem Titel «Die Grundelemente des Gemeinschaftslebens», in: Arthur-Fridolin Utz/ Joseph-Fulko Groner (Hg.), Aufbau und Entfaltung des gesellschaftlichen Lebens. Soziale Summe Pius XII., Bd. 1, Freiburg/Schweiz ²1954, S. 98–119, hier S. 118.

2 Trauer um Papst Pius XII., in: Die Welt vom 10. Oktober 1958, S. 1.

3 Pius XII., in: Die Zeit vom 10. Oktober 1958.

4 Pinchas E. Lapide, Rom und die Juden, Freiburg im Breisgau 1967, S. 206.

5 Telegramm Golda Meirs aus New York am Todestag Pius XII., in: Jerusalem Post vom 11. Oktober 1958.

6 Sebastian Haffner, Der Papst, der schwieg, in: Stern vom 7. April 1963, S. 6 f., hier S. 7.

7 So zitiert jedenfalls Thomas Jansen Lutz Klinkhammer in seinem Beitrag «Enthüllen Akten die Wahrheit über Papst Pius XII.», in: Frankfurter Allgemeine Zeitung vom 2. März 2020, S. 8.

8 Myron Taylor an Luigi Maglione vom 26. September 1942; Archivio Storico della Segreteria di Stato, Sezione per i Rapporti con gli Stati (ASRS), Fondo Sacra Congregazione degli Affari Ecclesiastici Straordinari (AA. EE. SS.), Pio XII, Extracta, Germania Pos. 742, Fasc. 2, fol. 16r–19r.

9 Ebd., fol. 19r. Eine italienische Übersetzung des englischen Originals ebd., fol. 20r–23r.

10 Notes de Mgr Montini; Pierre Blet/Robert A. Graham/Angelo Martini/ Burkhart Schneider (Hg.), Actes et Documents du Saint Siège relatifs à la Seconde Guerre Mondiale, 11 Bde., Vatikanstadt 1970–1981, hier Bd. 8, Nr. 493, S. 665.

11 Ebd.

12 Ebd.

13 Ebd., S. 665 f., Anm. 2.

14 Andrej Scheptyzkyj an Pius XII. vom 29./31. August 1942; ASRS, AA. EE. SS., Pio XII, Extracta, Germania Pos. 742, Fasc. 1, fol. 6r–9r.

15 Note d'office de Mgr Montini vom 6. Oktober 1942; Pierre Blet/Robert A. Graham/Angelo Martini/Burkhart Schneider (Hg.), Actes et Documents du Saint Siège relatifs à la Seconde Guerre Mondiale, 11 Bde., Vatikanstadt 1970–1981, hier Bd. 8, Nr. 496, S. 669.

16 Appunto Angelo Dell'Acqua vom 2. Oktober 1942; ASRS, AA. EE. SS., Pio XII, Extracta, Germania Pos. 742, Fasc. 2, fol. 25r.

17 Luigi Maglione an Harold Tittmann vom 10. Oktober 1942; Pierre Blet/ Robert A. Graham/Angelo Martini/Burkhart Schneider (Hg.), Actes et Documents du Saint Siège relatifs à la Seconde Guerre Mondiale, 11 Bde., Vatikanstadt 1970–1981, hier Bd. 8, Nr. 507, S. 679.

18 Maschinenschriftliches Appunto Angelo Dell'Acqua vom 2. Oktober 1942; ASRS, AA. EE. SS., Pio XII, Extracta, Germania Pos. 742, Fasc. 2, fol. 25r. Danach das Folgende.

19 Gustav Gundlach S. J., Meine Bestimmung zur Sozialwissenschaft (1962), in: Hermann-Josef Große Kracht, Gustav Gundlach SJ (1892–1963). Katholischer Solidarismus im Ringen um die Wirtschafts- und Sozialordnung, Paderborn u. a. 2019, S. 1–14, hier S. 13.

20 Giovanni Coco, Gli Scritti di Pio XII e il Radiomessaggio del natale 1942, in: Rivista di Storia della Chiesa in Italia 74 (2020), H 1, S. 217–241, hier S. 220.

21 Weihnachtsansprache von Papst Pius XII. vom 24. Dezember 1942, in: Arthur-Fridolin Utz/Joseph-Fulko Groner (Hg.), Aufbau und Entfaltung des gesellschaftlichen Lebens. Soziale Summe Pius XII., hier Bd. 1, Freiburg/Schweiz ²1954, S. 98–119, hier S. 117 f.

22 Ebd., S. 118.

23 Archivio Apostolico Vaticano (AAV), Carte Pio XII, Discorsi 5 (1942), Fasc. 39, fol. 5r.

24 «Al Sacro Collegio», in: L'Osservatore Romano vom 25. Dezember 1942, S. 1; «Discorso di Sua Santità Pio XII al Sacro Collegio alla vigilia del Santo Natale, Giovedi, 24 dicembre 1942»; https://www.vatican.va/content/pius-xii/it/speeches/1942/documents/hf_p-xii_spe_19421224_vigilia-natale.html (letzter Zugriff 1.1. 2024).

25 «Discorso di Sua Santità Pio XII al Sacro Collegio nel Giorno del suo Onomastico, Mercoledi, 2 giugno 1943»; https://www.vatican.va/content/pius-xii/it/speeches/1943/documents/hf_p-xii_spe_19430602_onomastico-pontefice.html (letzter Zugriff 1. 1. 2024).

26 Tagebucheintrag von Joseph Goebbels vom 26. Dezember 1942, in: Elke Fröhlich (Hg.), Die Tagebücher von Joseph Goebbels. Teil II Diktate 1941–

1945. Bd. 6: Oktober–Dezember 1942, München u. a. 1996, S. 507–509, hier S. 508.

27 New York Times vom 25. Dezember 1942.

3.
Dogma oder Diplomatie
Pius XII. und seine deutschen Prägungen

1 Eugenio Pacelli, Zurück nach Rom, in: Ders., Gesammelte Reden, ausgewählt und eingeleitet von Ludwig Kaas, Berlin 1930, S. 187–190, hier S. 190.

2 Giovanni Papini, Diario, Florenz 1962, S. 624.

3 Im Rahmen eines Langfristvorhabens der Deutschen Forschungsgemeinschaft entstand von 2010 bis 2022 die «Kritische Online-Edition der Nuntiaturberichte Eugenio Pacellis (1917–1929)»: Alle 5395 Nuntiaturberichte Pacellis von Deutschland nach Rom und die entsprechenden 4106 römischen Weisungen an den Nuntius mit allen 6259 Anlagen sind zu finden unter www.pacelli-edition.de. Durch das sogenannte Layermodell sind die einzelnen Phasen der Textgenese digital nachvollziehbar; unterschiedliche Farben verdeutlichen, welche Textbausteine von Pacelli selbst und welche von seinem Auditor Lorenzo Schioppa stammen beziehungsweise auf die redaktionelle Arbeit des Sekretariats der Nuntiatur zurückgehen.

4 Pacelli an Gasparri vom 30. Juni 1917 (Entwurf); www.pacelli-edition. de/Dokument/4498 (Ausfertigung); www.pacelli-edition.de/Dokument/ 366 (letzter Zugriff 20. 2. 2024).

5 Pacelli an Gasparri vom 29. Mai 1917; www.pacelli-edition.de/Doku ment/9390 (letzter Zugriff 15. 1. 2024).

6 Pacelli an Gasparri vom 18. April 1919 (Entwurf); www.pacelli-edition. de/Dokument/4757 (letzter Zugriff 15. 1. 2024).

7 Codex Iuris Canonici Pii X Pontificis Maximi iussu digestus, Benedicti Papae XV auctoritate promulgatus, Rom 1917.

8 Pacelli an Faulhaber vom 16. Oktober 1922; Archivio Apostolico Vaticano (AAV), Archivio della Nunziatura (Arch. Nunz.) Berlino 92, Fasc. 2, fol. 122r.

9 Pacelli an Gasparri vom 20. Februar 1919; www.pacelli-edition.de/Doku ment/3063 (letzter Zugriff 15. 1. 2024).

10 Pacelli an Gasparri vom 15. März 1919; www.pacelli-edition.de/Doku ment/1030 (letzter Zugriff 15. 1. 2024).

11 Pacelli an Gasparri vom 25. Oktober 1919; www.pacelli-edition.de/Doku ment/1131 (letzter Zugriff 15. 1. 2024).

12 Gasparri an Pacelli vom 28. Mai 1925; www.pacelli-edition.de/Doku ment/1296 (letzter Zugriff 15.1.2024).

13 Pacelli an Gasparri vom 6. September 1925 (Entwurf); www.pacelli-edi tion.de/Dokument/1295; (Ausfertigung); www.pacelli-edition.de/Doku ment/1740 (letzter Zugriff 15.1.2024).

14 Istruzioni per Mgr. Giuseppe Aversa Nunzio Apostolico di Baviera. Novembre 1916; AAV, Arch. Nunz. Monaco 257, Fasc. 10, fol. 7r–62r, hier fol. 14v und 16v.

15 Pacelli an Gasparri vom 1. Dezember 1925; www.pacelli-edition.de/Do kument/4117 (letzter Zugriff 15.1.2024).

16 Merry del Val an Pacelli vom 9. Dezember 1926; www.pacelli-edition. de/Dokument/6796 (letzter Zugriff 15.1.2024).

17 Relazione e Quesiti vom Januar 1927; Archivio del Dicastero per la Dottrina della Fede (ADDF), Sanctum Officium (SO), Rerum Variarum (RV) 1927, Nr. 28 Una Sancta.

18 Pacelli an Canali vom 28. April 1927; www.pacelli-edition.de/Dokument/ 6798 (letzter Zugriff 15.1.2024).

4.
Totalkontrolle des Wissens
Der Index der verbotenen Bücher

1 Bertolt Brecht, Das Leben des Galilei, in: Gesammelte Werke, Bd. 3, Frankfurt am Main 1967, S. 1229–1354, hier S. 1328 f. Hervorhebung im Original.

2 Art. 5 Abs. 1 Satz 3 Grundgesetz für die Bundesrepublik Deutschland; https://www.bundestag.de/gg/grundrechte (letzter Zugriff 15.1.2024).

3 Fünftes Laterankonzil, Vorschrift für den Druck von Büchern, 10. Sitzung vom 4. Mai 1515, in: Josef Wohlmuth/Giuseppe Alberigo (Hg.), Dekrete der ökumenischen Konzilien, 3 Bde. (Conciliorum Oecumenicorum Decreta), Paderborn u. a. 1998–2002, hier Bd. 2, S. 632.

4 In einem von der Deutschen Forschungsgemeinschaft geförderten Langzeitprojekt wurden in Münster in den Jahren 2002 bis 2018 alle Buchzensurfälle von 1542 bis 1917 inventarisiert, alle Urteilsplakate ediert und alle Zensoren bio-bibliographisch erfasst. Dank dieser aufwendigen Grundlagenforschung lassen sich einzelne Fälle sachgerecht rekonstruieren.

5 Josua 10,12–14.

6 Indexdekret vom 5. März 1616, in: Sergio M. Pagano (Hg.), I documenti del processo di Galileo Galilei (Collectanea Archivi Vaticani 21), Vatikanstadt 1984, S. 103.

7 Vgl. Johann Baptist Scherer, Vierhundert Jahre Index Romanus. Ein Gang durch den Friedhof katholischen Geisteslebens nebst einer zeitgemäßen Betrachtung über Autorität und Freiheit, Düsseldorf o. J. [1957].

8 Genesis 1,1–2,3.

9 John Augustine Zahm, Evolution and Dogma (The American Catholic Collection). With an introduction by Thomas J. Schlereth, New York 1978, S. 431.

10 Notiz des Kardinalpräfekten über seine Audienz vom 3. Februar 1899; Archivio del Dicastero per la Dottrina della Fede (ADDF), Indexkongregation (Index), Diarium 22, fol. 47v.

11 Einige Bemerkungen über das Werk «Onkel Toms Hütte» o. D.; ADDF, Sanctum Officium (SO), Censurae Librorum (CL) 1853, Nr. 21. Danach das Folgende.

12 Heinrich Heine, Sämtliche Schriften, hg. von Klaus Briegleb. Bd. 2: Reisebilder (Reise von München nach Genua), München 1969, S. 346.

13 Ferdinand Gregorovius, Römische Tagebücher. 1852–1889, hg. und kommentiert von Hanno Walter Kruft/Markus Völkel, München 1991, S. 337.

14 Bertolt Brecht, Das Leben des Galilei, in: Gesammelte Werke, Bd. 3, Frankfurt am Main 1967, S. 1229–1345, hier S. 1345.

5.

Tribunal für einen Toten
Die Theologie vor der Inquisition

1 Christoph von Schmid, Erinnerungen aus meinem Leben. Neu bearbeitet von Hubert Schiel, Freiburg im Breisgau 1953, S. 100.

2 Vgl. Georg Schwaiger, Johann Michael Sailer. Der bayerische Kirchenvater, München/Zürich 1982.

3 Philipp Funk, Von der Aufklärung zur Romantik. Studien zur Vorgeschichte der Münchener Romantik, München 1925, S. IV.

4 Wort des Heiligen Vaters zur Feier der Bischof Sailer-Gedenkwoche vom 14. bis 20. Mai 1982, in: Amtsblatt für die Diözese Regensburg Nr. 9 vom 28. Mai 1982, S. 85 f.

5 Zitiert nach Berthold Lang, Art. Sailer, in: Lexikon für Theologie und Kirche[1] 9 (1937), Sp. 74–76, hier Sp. 75.

6 Gutachten Hofbauers; zitiert nach Hubert Schiel (Hg.), Johann Michael Sailer. Leben und Briefe, Bd. 1, Regensburg 1948, S. 529 f.

7 Archivio del Dicastero per la Dottrina della Fede (ADDF), Sanctum Officium (SO), Stanza Storica (St. St.) N 5-t.

8 Ignatius von Senestrey an Michael Haringer vom 12. Januar 1865; zitiert

nach Otto Weiß, Die Redemptoristen in Bayern (1790–1909). Ein Beitrag zur Geschichte des Ultramontanismus (Münchener Theologische Studien. I. Historische Abteilung 22), Sankt Ottilien 1983, S. 931.

9   Ebd., S. 940.

10 Handschriftliches Protokoll der Konsultorenversammlung, Feria II die 17. Novembris 1873; ADDF, SO St. St. N 5-t.

11 Ebd.

12 Ebd.

13 Protokoll der Konsultorenversammlung vom 17. November 1873; ADDF, SO St. St. N-5t. Hervorhebung Hubert Wolf.

14 Constantin von Schaezler an Ignatius von Senestrey vom 4. März 1874; Generalatsarchiv der Redemptoristen Rom, Bestand Höhere Leitung.

15 Vinzenz Gasser an Costantino Patrizi vom 27. Dezember 1873; ADDF, SO St. St. N 5-t.

16 Konrad Martin an Costantino Patrizi vom 3. Februar 1874; ADDF, SO St. St. N 5-t.

6.
Die Inszenierung des Geheimen
Von den Tücken der Papstwahl

1   Ordo Rituum Conclavis, hg. vom Officium de Liturgicis Celebrationibus Summi Pontificis, Vatikanstadt 2000, Nr. 74, S. 93.

2   Lukas 2,1–14, hier 10 f.

3   Annuario Pontificio 2020, Vatikanstadt 2020, Vorspann.

4   Sancti Leonis Magni Romani Pontificis, Epistolae X Cap. VI (Patrologiae Cursus Completus. Accurante Jacques-Paul Migne. Series Latina 54), Paris 1881, S. 634.

5   Klemens Richter, Die Ordination des Bischofs von Rom. Eine Untersuchung zur Weiheliturgie vom Neuen Testament bis zum Pontificale Romanum von 1968, Münster 1972, S. 109.

6   Vita Paschalis II (1099–1118), in: Le Liber pontificalis. Texte, introduction et commentaire, hg. von Louis Duchesne, Bd. 2 (Bibliothèque des Écoles Françaises d'Athènes et de Rome Série 2, T. 3, 2), Paris 1892, S. 296–310.

7   Papstwahldekret Nikolaus' II. von 1059, in: Heiko A. Obermann (Hg.), Kirchen- und Theologiegeschichte in Quellen. Bd. 2: Mittelalter, Neukirchen-Vluyn 1980, S. 59–61, hier S. 60.

8   Ordo Rituum Conclavis, hg. vom Officium de Liturgicis Celebrationibus Summi Pontificis, Vatikanstadt 2000, Nr. 52, S. 69.

9   Joachim Meisner, Predigt zum ersten Jahrestag der Wahl Benedikts XVI.

am 23. April 2006 im Dom zu Köln; https://pt.zenit.org/articles/aus-dem-kardinal-joseph-ratzinger-ist-der-felsenmann-geworden-joachim-kardinal-meisner-zum-ersten/ (letzter Zugriff 1.9.2016).

7.
Es war immer schon so!
Erkenntnisse aus den Archiven für eine Kirchenreform

1 «Schuldbekenntnis Hadrians VI.» vom 25. November 1522, in: Heiko A. Obermann (Hg.), Kirchen- und Theologiegeschichte in Quellen. Bd. 3: Die Kirche im Zeitalter der Reformation, Neukirchen-Vluyn 1988, S. 92–94, hier S. 93.

2 Ebd.

3 Matthias Höhler, Das dogmatische Kriterium der Kirchengeschichte, in: Katholik 73 (1893), H 1, S. 38–49, S. 112–130, S. 249–260, S. 385–397, S. 511–536, hier S. 43.

4 Dekret über den Ökumenismus «Unitatis redintegratio» vom 21. November 1964, in: Karl Rahner/Herbert Vorgrimler (Hg.), Kleines Konzilskompendium. Sämtliche Texte des Zweiten Vatikanischen Konzils, Freiburg im Breisgau u. a. 2008, S. 229–250, hier Nr. 6, S. 237.

5 Vgl. Julius Döpfner, Reform als Wesenselement der Kirche. Überlegungen zum 2. Vatikanischen Konzil. Festvortrag bei der Jahresfeier der Katholischen Akademie in Bayern am 29. Januar 1964 (Katholische Akademie in Bayern, Akademievorträge 1), Würzburg 1964.

6 Papst Franziskus, Weihnachtsempfang für die Römische Kurie am 22. Dezember 2016; https://www.vatican.va/content/francesco/de/speeches/2016/december/documents/papa-francesco_20161222_curia-romana.html (letzter Zugriff 17.1.2024).

7 Papst Franziskus, Weihnachtsempfang für die Römische Kurie am 21. Dezember 2017; https://www.vatican.va/content/francesco/de/speeches/2017/december/documents/papa-francesco_20171221_curia-romana.html (letzter Zugriff 17.1.2024).

8 Heinrich Fries/Karl Rahner, Einigung der Kirchen – reale Möglichkeit (Quaestiones Disputatae 100), Freiburg im Breisgau u. a. 1983, S. 35.

9 Enzyklika «Mirari vos» vom 15. August 1832, in: Acta Sanctae Sedis 4 (1868), S. 336–345, hier S. 341. Unvollständige deutsche Übersetzung in: Karl Rahner/Herbert Vorgrimler (Hg.), Kleines Konzilskompendium. Sämtliche Texte des Zweiten Vatikanischen Konzils, Freiburg im Breisgau u. a. 2008, Nr. 2731. Im Original steht ein Dativ: «Cui quidem pestilentissimo errori.»

10 Pius Bihlmeyer (Hg.), Das Meßbuch der heiligen Kirche lateinisch und deutsch mit liturgischen Erklärungen, Freiburg im Breisgau ²⁵1923, S. 341.

11 Messbuch. Die Feier der heiligen Messe. Für die Bistümer des deutschen Sprachgebietes. Teil I: Die Sonn- und Feiertage deutsch und lateinisch. Die Karwoche deutsch. Einsiedeln u. a. 1975, [S. 48].

12 Pius XII., Apostolische Konstitution «Sacramentum ordinis» vom 30. November 1947, in: Acta Apostolicae Sedis 40 (1948), S. 6.

13 Max Seckler, Die schiefen Wände des Lehrhauses. Katholizität als Herausforderung, Freiburg im Breisgau u. a. 1988, S. 206.

8.
Ehelosigkeit als Dogma
Die Erfindung des Zölibats

1 Maximos IV. Saigh, Priestertum, Zölibat und Ehe in der Ostkirche, in: Der Seelsorger 37 (1967), S. 303 f.

2 Zweites Vatikanisches Konzil, Dekret «Presbyterorum ordinis» vom 7. Dezember 1965, in: Karl Rahner/Herbert Vorgrimler (Hg.), Kleines Konzilskompendium. Sämtliche Texte des Zweiten Vatikanischen Konzils, Freiburg im Breisgau u. a. 2008, S. 553–598, hier Nr. 16, S. 588.

3 Synode von Konstantinopel (Trullanum II), in: Georg Denzler, Das Papsttum und der Amtszölibat. Bd. 1: Die Zeit bis zur Reformation (Päpste und Papsttum 5/1), Stuttgart 1973, S. 32 f. (deutsch) und S. 152 f.

4 Richard M. Price, Art. Zölibat II. Kirchengeschichtlich, in: Theologische Realenzyklopädie 36 (2004), S. 722–739, hier S. 722.

5 1 Timotheus 3,1–5. Für die Übersetzung dieser Stelle danke ich Herrn Prof. Dr. Martin Ebner, Bonn.

6 Titus 1,5–9.

7 Zweites Laterankonzil, Kanones, in: Josef Wohlmuth/Giuseppe Alberigo (Hg.), Dekrete der ökumenischen Konzilien, 3 Bde. (Conciliorum Oecumenicorum Decreta), Paderborn u. a. 1998–2002, hier Bd. 2, S. 198.

8 Zitiert nach Richard Puza, Viri uxorati – viri probati. Kanonistisch-historische Überlegungen, in: Theologische Quartalschrift 172 (1992), S. 16–23, hier S. 16–18.

9 Arnold Angenendt, «Mit reinen Händen». Das Motiv der kultischen Reinheit in der abendländischen Askese, in: Ders., Liturgie im Mittelalter. Ausgewählte Aufsätze zum 70. Geburtstag, hg. von Thomas Flammer/Daniel Meyer (Ästhetik – Theologie – Liturgik 35), Münster 2004, S. 245–267, hier S. 251.

10 George Phillips, Art. Cölibat, in: Wetzer und Welte's Kirchenlexikon[2] 3 (1884), Sp. 584–594, hier Sp. 584 f.

11 Kongregation für das katholische Unterrichtswesen, Leitgedanken für die Erziehung zum priesterlichen Zölibat vom 11. April 1974, hier 2.13; https://www.kathpedia.de/index.php?title=Leitgedanken_f%C3 %BCr_ die_Erziehung_zum_priesterlichen_Z%C3 %B6libat (letzter Zugriff 22.3. 2024).

12 Arnold Angenendt, «Mit reinen Händen.» Das Motiv der kultischen Reinheit in der abendländischen Askese, in: Ders., Liturgie im Mittelalter. Ausgewählte Aufsätze zum 70. Geburtstag, hg. von Thomas Flammer/Daniel Meyer (Ästhetik – Theologie – Liturgik 35), Münster 2004, S. 245–267, hier S. 267.

13 August Franzen, Zölibat und Priesterehe in der Auseinandersetzung der Reformationszeit und der katholischen Reform des 16. Jahrhunderts (Katholisches Leben und Kirchenreform im Zeitalter der Glaubensspaltung 29), Münster 1969, S. 15.

14 Johannes Paul II., Enzyklika «Familiaris consortio» vom 22. November 1981, Nr. 13; http://w2.vatican.va/content/john-paul-ii/de/apost_exhor tations/documents/hf_jp-ii_exh_19811122_familiaris-consortio.html (letzter Zugriff 28. 1. 2024).

15 Memorandum zur Zölibatsdiskussion, in: Orientierung 34 (1970), H 6/7, S. 69–72, hier S. 70 f. Hervorhebung im Original.

16 Benedikt XVI., Schreiben zum Beginn des Priesterjahres anlässlich des 150. Jahrestages des «Dies Natalis» von Johannes Maria Vianney vom 16. Juni 2009, Anm. 2; http://w2.vatican.va/content/benedict-xvi/de/let ters/2009/documents/hf_ben-xvi_let_20090616_anno-sacerdotale.html (letzter Zugriff 28. 1. 2024). Papst Benedikt XVI. zitiert mit eigener Übersetzung nach Xavier Mappus (Hg.), Le curé d'Ars. Sa pensée – Son cœur. Présentés par l'Abbé Bernard Nodet, Foi Vivante 1966, S. 98 f. Es handelt sich um zwei Passagen, die aus den Kapiteln «Lehre über das heilige Opfer der Messe» und «Lehre über den Priester» stammen.

17 Alfons Zimmermann, Art. Vianney, Jean-Bapt., in: Lexikon für Theologie und Kirche[1] 10 (1938), Sp. 590 f., hier Sp. 590.

18 Benedikt XVI., Schreiben zum Beginn des Priesterjahres anlässlich des 150. Jahrestages des «Dies Natalis» von Johannes Maria Vianney vom 16. Juni 2009; https://www.vatican.va/content/benedict-xvi/de/letters/ 2009/documents/hf_ben-xvi_let_20090616_anno-sacerdotale.html (letzter Zugriff 23. 8. 2023).

19 Zweites Vatikanisches Konzil, Dogmatische Konstitution über die Kirche «Lumen gentium» vom 21. November 1964, in: Karl Rahner/Herbert Vorgrimler (Hg.), Kleines Konzilskompendium. Sämtliche Texte des Zweiten

Vatikanischen Konzils, Freiburg im Breisgau u. a. 2008, S. 105–200, hier
Nr. 11.

20 Kongregation für den Gottesdienst und die Sakramentenordnung, Instruktion «Redemptionis sacramentum» vom 25. März 2004, Nr. 162; http://
www.vatican.va/roman_curia/congregations/ccdds/documents/rc_con_
ccdds_d oc_20040423_redemptionis-sacramentum_ge.html (letzter Zugriff 3. 1. 2024).

21 Erklärung zur aktuellen Missbrauchsdiskussion vom April 2010, in: Im-
primatur 43 (2010), S. 116 f., hier S. 117.

22 Codex Iuris Canonici auctoritate Ioannis Pauli PP. II promulgatus, im Auftrag der Deutschen Bischofskonferenz übersetzt und hg. von Winfried
Aymans u. a., Kevelaer [2]1984, Kanon 1395.

23 Royal Commission into Institutional Responses to Child Sexual Abuse,
Final Report. Volume 16: Religious institutions, Barton 2017, S. 46 f.;
https://www.childabuseroyalcommission.gov.au/sites/default/files/final_
report_-_volume_16_religious_institutions_book_1.pdf (letzter Zugriff
18. 1. 2024).

24 Sexueller Missbrauch an Minderjährigen durch katholische Priester, Diakone und männliche Ordensangehörige im Bereich der Deutschen Bischofskonferenz, Mannheim, Heidelberg, Gießen, 24. September 2018,
S. 12; https://www.dbk.de/fileadmin/redaktion/diverse_downloads/dos
siers_2018/MHG-Studie-gesamt.pdf (letzter Zugriff 25. 1. 2024).

9.
Die Unfehlbarkeit der Päpste
Ein Blick hinter die Kulissen

1 Guidi bezog sich hier auf Vinzenz von Lérins und den Kanon «quod ubi-
que, quod semper, quod ab omnibus creditum est»; Vinzenz von Lérins,
Commonitorium. Mit einer Studie zu Werk und Rezeption, hg. und kommentiert von Michael Fiedrowicz, Mülheim 2011, S. 186 f.

2 Lajos Pásztor (Hg.), Il Concilio Vaticano I: Diario di Vincenzo Tizzani
(1869–1870), 2 Bde. (Päpste und Papsttum 25), Stuttgart 1991 und 1992,
hier Bd. 2, S. 487 f.

3 Brief «Tuas libenter» an den Erzbischof von München-Freising vom
21. Dezember 1863, in: Heinrich Denzinger/Peter Hünermann, Kompen-
dium der Glaubensbekenntnisse und kirchlichen Lehrentscheidungen,
Freiburg im Breisgau u. a. [37]1991, Nr. 2875–2880, S. 790–793.

4 Zitiert nach Klaus Unterburger, Vom Lehramt der Theologen zum Lehramt der Päpste? Pius XI., die Apostolische Konstitution «Deus scientiarum

Dominus» und die Reform der Universitätstheologie, Freiburg im Breisgau u. a. 2010, S. 109.

5   Johannes Evangelist Kuhn, Erklärung zu den Vatikanischen Beschlüssen [von einem Datum kurz nach dem 18. Juli 1870]; zitiert nach Hubert Wolf, «Ist es möglich, bis zum 18. Juli etwas für unwahr und von da an für wahr zu halten?» Neue Quellen zur Rezeption des Unfehlbarkeitsdogmas in Württemberg, in: Zeitschrift für Neuere Theologiegeschichte 3 (1996), S. 88–115, hier S. 115.

6   «Corrispondenza di Francia», in: La Civiltà Cattolica vom 6. Februar 1869 [Serie VII Vol. 5 (1869)], S. 345–352, deutsche Übersetzung bei Roger Aubert, Vaticanum I (Geschichte der ökumenischen Konzilien 12), Mainz 1965, S. 299–309, hier S. 308.

7   Zitiert nach Klaus Schatz, Kirchenbild und päpstliche Unfehlbarkeit bei den deutschsprachigen Minoritätsbischöfen auf dem 1. Vatikanum (Miscellanea Historiae Pontificiae 40), Rom 1975, S. 216.

8   Erstes Vatikanisches Konzil, «Pastor aeternus» vom 18. Juli 1870, in: Josef Wohlmuth/Giuseppe Alberigo (Hg.), Dekrete der ökumenischen Konzilien, 3 Bde. (Conciliorum Oecumenicorum Decreta), Paderborn u. a. 1998–2002, hier Bd. 3, S. 811–816.

9   Ebd., S. 816 in einer freieren Übersetzung.

10   Zitiert nach Klaus Schatz, Vaticanum I. 1869–1870, Bd. 3 (Konziliengeschichte. A: Darstellungen), Paderborn u. a. 1994, S. 167. Hervorhebung im Original.

11   Carl Joseph von Hefele an Friedrich von Schwarzenberg vom 16. September 1870, in: Theodor Granderath, Geschichte des Vatikanischen Konzils. Von seiner ersten Ankündigung bis zu seiner Vertagung. Nach den authentischen Dokumenten, 3 Bde., Freiburg im Breisgau 1903–1906, hier Bd. 3, S. 560.

12   So jedenfalls gibt Johann Friedrich ein Diktum Carl Joseph Hefeles in der Allgemeinen Zeitung wieder; Beilage zur Allgemeinen Zeitung Nr. 123 vom 3. Mai 1871, S. 2169.

13   Carl Joseph von Hefele an Ignaz von Döllinger vom 14. September 1870, in: Johann Friedrich von Schulte, Der Altkatholizismus. Geschichte seiner Entwicklung, inneren Gestaltung und rechtlichen Stellung, Gießen 1887, Aalen ²2002, S. 220–223, hier S. 222.

14   Carl Joseph von Hefele, An den hochwürdigen Klerus vom 10. April 1871, in: Hubert Wolf (Hg.), Zwischen Wahrheit und Gehorsam. Carl Joseph von Hefele (1809–1893), Ostfildern 1994, nach S. 155 [Faksimile].

15   Konstanzer Konzil, Dekret «Haec Sancta» der 5. Sitzung vom 6. April 1415, in: Josef Wohlmuth/Giuseppe Alberigo (Hg.), Dekrete der ökume-

nischen Konzilien, 3 Bde. (Conciliorum Oecumenicorum Decreta), Paderborn u. a. 1998–2002, hier Bd. 2, S. 409.

16   Erstes Vatikanisches Konzil, «Pastor aeternus» vom 18. Juli 1870, in: Josef Wohlmuth/Giuseppe Alberigo (Hg.), Dekrete der ökumenischen Konzilien, 3 Bde. (Conciliorum Oecumenicorum Decreta), Paderborn u. a. 1998–2002, hier Bd. 3, S. 811–816, hier S. 814.

17   Vgl. Eric J. Hobsbawm/Terence Ranger, The Invention of Tradition, Cambridge 1983; deutsch: Die Erfindung der Nation. Zur Karriere eines erfolgreichen Konzepts, Frankfurt am Main 1993.

18   Johann Friedrich, Tagebuch, während des vaticanischen Concils geführt, Nördlingen 1871, S. 389.

19   Ebd., S. 390. Zu dieser Szene und anderen Varianten des Wortwechsels vgl. Franz Xaver Bischof, Theologie und Geschichte. Ignaz von Döllinger (1799–1890) in der zweiten Hälfte seines Lebens. Ein Beitrag zu seiner Biographie (Münchener Kirchenhistorische Studien 9), Stuttgart u. a. 1997, S. 233 f.

20   Johann Friedrich, Tagebuch, während des vaticanischen Concils geführt, Nördlingen 1871, S. 391. Hervorhebungen im Original.

LITERATURHINWEISE

Einleitung
Nadeln im Heuhaufen

Blouin, Francis X., Vatican Archives. An inventory and guide to historical documents of the Holy See, New York 1998.

Das Geheimarchiv des Vatikan. Tausend Jahre Weltgeschichte in ausgewählten Dokumenten, Stuttgart/Zürich 1992.

Fink, Karl August, Das Vatikanische Archiv. Einführung in die Bestände und ihre Erforschung unter besonderer Berücksichtigung der deutschen Geschichte (Bibliothek des Deutschen Historischen Archivs Rom 20), Rom 1943.

Grafinger, Christine Maria, Beiträge zur Geschichte der Biblioteca Vaticana (Biblioteca Apostolica Vaticana. Studi e testi 373), Vatikanstadt 1997.

Lux in arcana. L'Archivio Segreto Vaticano si revela. IV centenario dalla fondazione dell'Archivio Segreto Vaticano. Musei Capitolini, Roma 29 febbraio – 9 settembre 2012, Rom 2012.

Rahn, Kerstin, Wie «geheim» kann das Vatikanische Geheimarchiv noch sein? Die *Legge sugli Archivi della Santa Sede* von 2005, in: Quellen und Forschungen aus italienischen Archiven und Bibliotheken 87 (2007), S. 355–373.

Wolf, Hubert, Des Kaisers neue Kleider? Überlegungen zur Kirchengeschichtsschreibung aus Anlass des 125-jährigen Bestehens des Deutschen Historischen Instituts Rom, in: Gabriele Annas/Jessika Nowak (Hg.), Et l'homme dans tout cela? Von Menschen, Mächten und Motiven. Festschrift für Heribert Müller zum 70. Geburtstag (Frankfurter historische Abhandlungen 48), Stuttgart 2017, S. 767–779.

1.
Heiliger Vater, retten Sie uns
Bittschreiben von Juden an Pius XII.

Der Text beruht auf folgenden Publikationen:

Wolf, Hubert/Hinkel, Sascha/Richter, Elisabeth-Marie/Schepers, Judith/Schü-
ler, Barbara, #askingthepopeforhelp. Bachikanshuttenshirō ni miru Nach-
isu-Seiken ni yoru Yudayajingiseisha. Online-Ban. Purojekuto no Gaiyo
(Jewish victims of the NS regime in the Vatican sources. An online edition.
Outline of the project), in: Hiroshimadaigaku-ōyōrinrigaku-purojekuto
-kenkyūsentā (Hiroshima University Project Research Center for Applied
Ethics), Purakushisu 23 (Praxis 23), Higashi-Hiroshima 2022, S. 65–77;
https://ir.lib.hiroshima-u.ac.jp/00052233 (letzter Zugriff 2. 2. 2024).

Wolf, Hubert/Hinkel, Sascha/Richter, Elisabeth-Marie/Schepers, Judith/Schü-
ler, Barbara, «Je dois mentionner que je suis Juif …» Questions soulevées
par l'édition critique en ligne des archives du Vatican, concernant les re-
quêtes de Juifs, in: Revue d'Histoire de la Shoah 218 (2023), S. 179–201;
englisch: «I need to remark that I am a Jew …»: Questions raised by the
online critical edition of Jewish petitions in the Vatican archives; https://
www.cairn-int.info/journal-revue-d-histoire-de-la-shoah-2023-2-page
-179.htm (letzter Zugriff 2. 2. 2024).

Zum Weiterlesen:

Assmann, Aleida, Das neue Unbehagen an der Erinnerungskultur. Eine Intervention, München [3]2020.

Blet, Pierre/Graham, Robert A./Martini, Angelo/Schneider, Burkhart (Hg.),
Actes et Documents du Saint Siège relatifs à la Seconde Guerre Mondiale, 11 Bde., Vatikanstadt 1970–1981.

Brechtken, Magnus (Hg.), Aufarbeitung des Nationalsozialismus. Ein Kom-
pendium, Göttingen 2021.

Daufratshofer, Matthias, Das päpstliche Lehramt auf dem Prüfstand der Geschichte. Franz Hürth SJ als «Holy Ghostwriter» von Pius XI. und Pius XII.,
Freiburg im Breisgau u. a. 2021.

Friedländer, Saul, Das Dritte Reich und die Juden. Bd. 2: Die Jahre der Vernichtung 1939–1945, München 2017.

Friedländer, Saul/Frei, Norbert/Steinbacher, Sybille/Diner, Dan/Habermas,
Jürgen, Ein Verbrechen ohne Namen, München 2022.

Giovanni, Francesca Di/Roselli, Giuseppina, L'Archivio della Commissione
Soccorsi (1939–1958). Inventario, 3 Bde. (Collectanea Archivi Vaticani
111), Vatikanstadt 2019.

Ickx, Johan, Le Bureau. Les Juifs de Pie XII, Neuilly-sur-Seine Cedex/Melsele 2020; italienisch: Pio XII e gli ebrei. L'archivista del Vaticano rivela finalmente il ruolo di papa Pacelli durante la Seconda guerra mondiale, Mailand 2021.

Kertzer, David I., The Pope at War. The secret History of Pius XII, Mussolini, and Hitler, New York 2022; deutsch: Der Papst, der schwieg. Die geheime Geschichte von Pius XII., Mussolini und Hitler, Darmstadt 2023.

Marchione, Margherita, Consensus and Controversy. Defending Pope Pius XII, New York/Mahwah, N. J. 2002.

Meyer, Beate, «Jüdische Mischlinge». Rassenpolitik und Verfolgungserfahrung 1933–1945 (Studien zur jüdischen Geschichte 6), Hamburg 1999.

Pegelow Kaplan, Thomas/Gruner, Wolf (Hg.), Resisting Persecution. Jews and Their Petitions during the Holocaust (Studies in Contemporary European History 24), New York/Oxford 2020.

Picciotto, Liliana, Il libro della memoria. Gli Ebrei deportati dall'Italia, 1943–1945 (Testimonianze fra cronaca e storia 172), Mailand 2011.

Riccardi, Andrea, Der längste Winter. Die vergessene Geschichte der Juden im besetzten Rom 1943/44, Darmstadt 2017.

Szaif, Jan/Fladerer, Ludwig/Böhm, Thomas M. u. a., Art. Wahrheit, in: Historisches Wörterbuch der Philosophie 12 (2004), Sp. 48–123.

Weinrich, Heinrich, Lethe. Kunst und Kritik des Vergessens (Beck'sche Reihe), München 2005.

Wolf, Hubert, Ein Gedächtnis der Welt. Der Vatikan öffnet seine Archive für die Zeit Pius' XII., in: Herder-Korrespondenz Spezial: Mythos Vatikan. Das Heil verwalten, Freiburg im Breisgau u. a. 2019, S. 25–27.

Wolf, Hubert/Haack, Jana/Hinkel, Sascha/Richter, Elisabeth-Marie/Schepers, Judith/Schüler, Barbara, «I think it would take not 3,000, but 300,000 visas!!» New questions and perspectives on the Holy See's Brazilian Visa Project that arise from the opening of the Vatican archives for the pontificate of Pius XII, in: Antisemitism Studies 8 (2024), H 1, S. 63–116.

Wolf, Hubert, Una nuova patria negli Stati Uniti d'America? Da Stoccarda l'ebrea Elisabeth Einstein scrive al pontefice Pio XII chiedendo aiuto, in: Antonio Russo/Johannes Singhammer (Hg.), Patria e Umanità. Scritti in onore del Card. Walter Kasper, San Cesario di Lecce 2023, S. 295–320.

2.
Der Papst, der geschwiegen hat
Pius XII. und der Holocaust

Der Text beruht auf folgenden Publikationen:
Wolf, Hubert, Verschlossen, verwechselt, verlegt, verbrannt. Das Schicksal der Weihnachtsansprache Pius' XII. von 1942, in: Vierteljahrshefte für Zeitgeschichte 70 (2022), H 4, S. 723–759.
Wolf, Hubert/Haack, Jana/Hinkel, Sascha/Richter, Elisabeth-Marie/Schepers, Judith/Schüler, Barbara, «Because the Jews are also prone to exaggeration.» Or: Explanations for why Angelo Dell'Acqua's appunto of 2 October 1942 was omitted from the «Actes et Documents», in: Simon Unger-Alvi/Nina Valbousquet (Hg.), War and Genocide, Reconstruction and Change: The Global Pontificate of Pius XII, 1939–1958, Oxford 2024, S. 104–131.

Zum Weiterlesen:
Bajohr, Frank/Pohl, Dieter, Der Holocaust als offenes Geheimnis. Die Deutschen, die NS-Führung und die Alliierten, München 2006.
Blet, Pierre/Graham, Robert A./Martini, Angelo/Schneider, Burkhart (Hg.), Actes et Documents du Saint Siège relatifs à la Seconde Guerre Mondiale, 11 Bde., Vatikanstadt 1970–1981.
Brechenmacher, Thomas, Der Dichter als Fallensteller. Hochhuths *Stellvertreter* und die Ohnmacht des Faktischen – Versuch über die Mechanismen einer Geschichtsdebatte, in: Michael Wolffsohn/Thomas Brechenmacher (Hg.), Geschichte als Falle. Deutschland und die jüdische Welt, Neuried 2001, S. 217–258.
Brechenmacher, Thomas, Der Vatikan und die Juden. Geschichte einer unheiligen Beziehung vom 16. Jahrhundert bis zur Gegenwart, München 2005.
Coco, Giovanni, Gli Scritti di Pio XII e il Radiomessaggio del natale 1942, in: Rivista di Storia della Chiesa in Italia 74 (2020), H 1, S. 217–241.
Coco, Giovanni (Hg.), Le «Carte» di Pio XII oltre il mito. Eugenio Pacelli nelle sue carte personali. Cenni storici e Inventario (Collectanea Archivi Vaticani 123), Vatikanstadt 2023.
Cornwell, John, Pius XII. Der Papst, der geschwiegen hat, München 2001.
Friedländer, Saul, Das Dritte Reich und die Juden. Bd. 2: Die Jahre der Vernichtung. 1939–1945, München 2017.
Große Kracht, Hermann-Josef, Gustav Gundlach SJ (1892–1963). Katholischer Solidarismus im Ringen um die Wirtschafts- und Sozialordnung, Paderborn u. a. 2019.

Hochhuth, Rolf, Der Stellvertreter. Ein christliches Trauerspiel, Hamburg 2021.

Melloni, Alberto (Hg.), Angelo Dell'Acqua. Prete, diplomatico e cardinale al cuore della politica vaticana (1903–1972) (Santa sede e politica nel Novecento 2), Bologna 2004.

Mykhaleyko, Andriy, Metropolit Andrey Graf Sheptytskyj und das NS-Regime. Zwischen christlichem Ideal und politischer Realität (Eastern Church Identities 1), Paderborn u. a. 2019.

Opus Iustitiae Pax. Eugenio Pacelli – Pius XII. (1876–1958), im Auftrag des Päpstlichen Komitees für Geschichtswissenschaften hg. von Philippe Chenaux/Giovanni Morello/Massimiliano Valente, Regensburg 2009.

Phayer, Michael, Pius XII, the Holocaust, and the Cold War, Bloomington/Indianapolis 2008.

Phayer, Michael, The Catholic Church and the Holocaust, 1930–1965, Bloomington/Indianapolis 2000.

Ruff, Marc Edward, Die Auseinandersetzungen über Rolf Hochhuths «Stellvertreter». Ein Historisierungsversuch, in: Hubert Wolf (Hg.), Eugenio Pacelli als Nuntius in Deutschland. Forschungsperspektiven und Ansätze zu einem internationalen Vergleich, Paderborn u. a. 2012, S. 111–125.

Ruff, Marc Edward, Katholische Kirche und Nationalsozialismus. Erinnerungspolitik und historische Kontroversen in der Bundesrepublik 1945–1980 (Veröffentlichungen der Kommission für Zeitgeschichte B 121), Paderborn u. a. 2022.

Sapienza, Leonardo (Hg.), Angelo Dell'Acqua. Cardinale Vicario (Sensus Ecclesiae 10), Rom 2022.

Schwarte, Johannes, Gustav Gundlach S. J. (1892–1963). Maßgeblicher Repräsentant der katholischen Soziallehre während der Pontifikate Pius' XI. und Pius' XII. (Abhandlungen zur Sozialethik 9), München u. a. 1975.

3.

Dogma oder Diplomatie
Pius XII. und seine deutschen Prägungen

Der Text beruht auf folgenden Publikationen:

Wolf, Hubert, Mit diplomatischem Geschick und priesterlicher Frömmigkeit. Nuntius Eugenio Pacelli als politischer Kleriker, in: Historisches Jahrbuch 132 (2012), S. 92–109.

Wolf, Hubert, München als Reichsnuntiatur? Aus Anlaß der vollständigen Öffnung des Archivio della Nunziatura di Monaco, in: Zeitschrift für Kirchengeschichte 103 (1992), H 2, S. 231–242.

Wolf, Hubert, Papst und Teufel. Die Archive des Vatikan und das Dritte Reich, München ³2012.

Wolf, Hubert/Arning, Holger/Hinkel, Sascha (Hg.), Der römische Blick. Eugenio Pacelli und seine Nuntiaturberichte aus der Zeit der Weimarer Republik, Paderborn u. a. 2021.

Zum Weiterlesen:

Chenaux, Philippe, Pie XII. Diplomate et pasteur, Paris 2003.

Congregatio de Causis Sanctorum (Hg.), Positio super vita, virtutibus et fama Sanctitatis. Pii XII (Eugenii Pacelli) Summi Pontificis (1876–1958), 6 Bde., Rom 1999–2004.

Feldkamp, Michael F., Art. Apostolische Nuntiatur, München, in: Historisches Lexikon Bayerns; http://www.historisches-lexikon-bayerns.de/artikel/ar tikel_44502 (letzter Zugriff 21. 3. 2024).

Huber, Ernst Rudolf/Huber, Wolfgang (Hg.), Staat und Kirche im 19. und 20. Jahrhundert. Dokumente zur Geschichte des deutschen Staatskirchenrechts, Bd. 4: Staat und Kirche in der Zeit der Weimarer Republik, Berlin 1988.

Schambeck, Heribert (Hg.), Pius XII. zum Gedächtnis, Berlin 1977.

Stehkämper, Hugo, Konrad Adenauer als Katholikentagspräsident 1922. Form und Grenze politischer Entscheidungsfreiheit im katholischen Raum (Adenauer-Studien 4), Mainz 1977.

Wolf, Hubert, Ludwig Kaas und Eugenio Pacelli. Politik für die Kirche – Politik in der Kirche, in: Archiv für mittelrheinische Kirchengeschichte 72 (2020), S. 301–324.

Wolf, Hubert/Unterburger, Klaus (Bearb.), Eugenio Pacelli. Die Lage der Kirche in Deutschland 1929 (Veröffentlichungen der Kommission für Zeitgeschichte A 50), Paderborn u. a. 2006.

4.

Totalkontrolle des Wissens
Der Index der verbotenen Bücher

Der Text beruht auf folgenden Publikationen:

Wolf, Hubert, Darwinismus auf Katholisch. Der Fall Zahm, die Evolutionstheorie und der Index, in: Zeitschrift für Ideengeschichte 16 (2022), H 1, S. 29–40.

Wolf, Hubert, Eine geheime Geschichte … Franz Heinrich Reuschs «Index der verbotenen Bücher», in: Franz Heinrich Reusch, Der Index der verbotenen Bücher. Ein Beitrag zur Kirchen- und Literaturgeschichte, Darmstadt 2019, 3 Bde., hier Bd. 1, S. V–XL.

Wolf, Hubert, Index. Der Vatikan und die verbotenen Bücher, München ²2007.

Zum Weiterlesen:

Arning, Holger, Zensur und Zensuren. Kommunikationskontrolle in der Moderne, in: Rottenburger Jahrbuch für Kirchengeschichte 28 (2009), S. 39–66.

Baldini, Ugo/Spruit, Leen, Catholic Church and Modern Science. Documents from the Roman Congregations of the Holy Office and the Index, 4 Bde., hier Bd. 1: The Sixteenth-Century Documents (Fontes Archivi Sancti Officii Romani 5), Rom 2009.

Beretta, Francesco (Hg.), Galilée en procès, Galilée réhabilité?, Saint-Augustin 2005.

Beretta, Francesco, Galilée devant le Tribunal de l'Inquisition. Une relecture des sources, Freiburg/Schweiz 1998.

Blackwell, Richard J., Galileo, Bellarmine, and the Bible, Notre Dame u. a. 1991.

Brandmüller, Walter/Langner, Ingo, Der Fall Galilei und andere Irrtümer, Augsburg 2006.

Füssel, Stephan, Johannes Gutenberg, Reinbek [6]2019.

Pagano, Sergio M. (Hg.), I documenti del processo di Galileo Galilei (Collectanea Archivi Vaticani 21), Vatikanstadt 1984.

Shea, William R./Artigas, Mariano, Galileo Galilei. Aufstieg und Fall eines Genies, Darmstadt 2006.

Tortarolo, Edoardo, Zensur als Institution und Praxis im Europa der Frühen Neuzeit. Ein Überblick, in: Helmut Zedelmaier/Martin Mulsow (Hg.), Die Praktiken der Gelehrsamkeit in der Frühen Neuzeit (Frühe Neuzeit 64), Tübingen 2001, S. 277–294.

Wolf, Hubert, «Wahr ist, was gelehrt wird» statt «Gelehrt wird, was wahr ist»? Zur Erfindung des «ordentlichen» Lehramts, in: Thomas Schmeller/Martin Ebner/Rudolf Hoppe (Hg.), Neutestamentliche Ämtermodelle im Kontext (Quaestiones Disputatae 239), Freiburg im Breisgau u. a. 2010, S. 236–259.

Wolf, Hubert (Hg.), Inquisition, Index, Zensur. Wissenskulturen der Neuzeit im Widerstreit (Römische Inquisition und Indexkongregation 1), Paderborn u. a. [2]2003.

Wolf, Hubert/Burkard, Dominik/Muhlack, Ulrich, Rankes «Päpste» auf dem Index. Dogma und Historie im Widerstreit (Römische Inquisition und Indexkongregation 3), Paderborn u. a. 2003.

5.

Tribunal für einen Toten
Die Theologie vor der Inquisition

Der Text beruht auf folgenden Publikationen:
Wolf, Hubert, Der Fall Sailer vor der Inquisition. Eine posthume Anklage-schrift gegen den Theologen und Bischof aus dem Jahre 1873, in: Zeit-schrift für Kirchengeschichte 101 (1990), H 2–3, S. 344–370.
Wolf, Hubert, Johann Michael Sailer. Das posthume Inquisitionsverfahren (Römische Inquisition und Indexkongregation 2), Paderborn u. a. 2002.
Wolf, Hubert, Tribunal für einen Toten. Der posthume Inquisitionsprozess ge-gen Johann Michael Sailer (1751–1832), in: Römische Quartalschrift 96 (2001), H 3–4, S. 221–239.

Zum Weiterlesen:
Fleischmann, Kornelius, Klemens Maria Hofbauer. Sein Leben und seine Zeit, Graz/Köln/Wien 1988.
Gatz, Erwin (Hg.), Die Bischöfe der deutschsprachigen Länder 1785/1803 bis 1945. Ein biographisches Lexikon, Berlin 1983.
Jendrosch, Barbara, Johann Michael Sailers Lehre vom Gewissen (Studien zur Geschichte der katholischen Moraltheologie 19), Regensburg 1971.
Kustermann, Abraham Peter, «Katholische Tübinger Schule». Beobachtungen zur Frühzeit eines theologiegeschichtlichen Begriffs, in: Catholica 36 (1982), S. 65–82.
Martina, Giacomo, Pio IX, 3 Bde. (Miscellanea Historiae Pontificiae 38, 51, 58), Rom 1974–1990.
Schiel, Hubert (Hg.), Johann Michael Sailer. Leben und Briefe, 2 Bde., Regens-burg 1948 und 1952.
Schulte, Johann Friedrich von, Der Altkatholizismus. Geschichte seiner Ent-wicklung, inneren Gestaltung und rechtlichen Stellung in Deutschland. Aus den Akten und anderen authentischen Quellen dargestellt, Gießen 1887, Nachdruck Aalen [2]2002.
Schwaiger, Georg, Johann Michael Sailer. Der bayerische Kirchenvater, Mün-chen/Zürich 1982.
Schwaiger, Georg/Mai, Paul (Hg.), Johann Michael Sailer und seine Zeit (Bei-träge zur Geschichte des Bistums Regensburg 16), Regensburg 1982.
Schwedt, Herman H., Der römische Index der verbotenen Bücher, in: Histo-risches Jahrbuch 107 (1987), S. 296–314.
Weiß, Otto, Die Redemptoristen in Bayern (1790–1909). Ein Beitrag zur Ge-schichte des Ultramontanismus (Münchener Theologische Studien. I. His-torische Abteilung 22), Sankt Ottilien 1983.

Weiß, Otto, Klemens Hofbauer und seine Biographen. Eine Rezeptionsgeschichte (Bibliotheca historica Congregationis Ssmi Redemptoris 19), Rom 2001.

Weiß, Otto, Klemens Maria Hofbauer, Repräsentant des konservativen Katholizismus und Begründer der katholischen Restauration in Österreich. Eine Studie zu seinem 150. Todestag, in: Zeitschrift für bayerische Landesgeschichte 34 (1971), S. 211–237.

Weitlauff, Manfred, Johann Michael Sailer (1751–1832). Universitätslehrer, Priestererzieher und Bischof im Spannungsfeld zwischen Aufklärung und Restauration, in: Zeitschrift für Kirchengeschichte 77 (1983), S. 149–202.

Wolf, Hubert, Ketzer oder Kirchenlehrer? Der Tübinger Theologe Johannes von Kuhn (1806–1887) in den kirchenpolitischen Auseinandersetzungen seiner Zeit (Veröffentlichungen der Kommission für Zeitgeschichte B 58), Mainz 1992.

Wolf, Hubert/Schmidt, Bernward (Hg.), Benedikt XIV. und die Reform des Buchzensurverfahrens. Zur Geschichte und Rezeption von «Sollicita ac provida» (Römische Inquisition und Indexkongregation 13), Paderborn u. a. 2011.

6.
Die Inszenierung des Geheimen
Von den Tücken der Papstwahl

Der Text beruht auf folgenden Publikationen:
Wolf, Hubert, Konklave. Die Geheimnisse der Papstwahl, München ³2017.
Wolf, Hubert, Papstrücktritt als Normalfall? Über die Entmystifizierung einer Institution, in: Herder Korrespondenz Spezial 1/2015, S. 29–33.

Zum Weiterlesen:
Fuhrmann, Horst, Die Päpste. Von Petrus zu Benedikt XVI. (Beck'sche Reihe), München ³2005.

Herde, Peter, Coelestin V. (1294) (Peter vom Morrone). Der Engelspapst (Päpste und Papsttum 16), Stuttgart 1981.

Hergemöller, Bernd-Ulrich, Die Geschichte der Papstnamen, Münster 1980.

Inizio del Ministero Petrino del Vescovo di Roma Benedetto XVI, hg. vom Ufficio delle Celebrazioni Liturgiche del Sommo Pontefice, Vatikanstadt 2006.

Jasper, Detlev, Das Papstwahldekret von 1059. Überlieferung und Textgestalt (Beiträge zur Geschichte und Quellenkunde des Mittelalters 12), Sigmaringen 1986.

Johannes Paul II., Constitutio Apostolica «Universi Dominici gregis» de Sede

Apostolica Vacante deque Romani Pontificis electione, in: Sede Apostolica Vacante. Eventi e Celebrazioni, Aprile 2005, hg. vom Ufficio delle Celebrazioni liturgiche del Sommo Pontefice, Vatikanstadt 2007, S. 518–573; deutsch: http://w2.vatican.va/content/john-paul-ii/de/apost_constitutions/documents/hf_jp-ii_apc_22021996_universi-dominici-gregis.html (letzter Zugriff 27.3.2024).

Nersinger, Ulrich, Liturgien und Zeremonien am Päpstlichen Hof, 2 Bde., Bonn 2010 und 2011.

Ordo Rituum Conclavis, hg. vom Officium de Liturgicis Celebrationibus Summi Pontificis, Vatikanstadt 2000.

Pulte, Matthias, Der Amtsverzicht Papst Benedikts XVI. vom 11. Februar 2013. Erwägungen aus kirchenrechtlichem Blickwinkel, in: Trierer Theologische Zeitschrift 123 (2014), H 1, S. 67–81.

Rahn, Kerstin, Wie «geheim» kann das Vatikanische Geheimarchiv noch sein? Die *Legge sugli Archivi della Santa Sede* von 2005, in: Quellen und Forschungen aus italienischen Archiven und Bibliotheken 87 (2007), S. 355–373.

Richter, Klemens, Die Ordination des Bischofs von Rom. Eine Untersuchung zur Weiheliturgie vom Neuen Testament bis zum Pontificale Romanum von 1968, Münster 1972.

Schatz, Klaus, Allgemeine Konzilien – Brennpunkte der Kirchengeschichte (Uni-Taschenbücher 1976), Paderborn u. a. [2]2008.

Schatz, Klaus, Der päpstliche Primat. Seine Geschichte von den Ursprüngen bis zur Gegenwart, Würzburg 1990.

Schmidlin, Josef, Papstgeschichte der neuesten Zeit, 4 Bde., München 1933–1939.

Sede Apostolica Vacante. Eventi e Celebrazioni, Aprile 2005, hg. vom Ufficio delle Celebrazioni liturgiche del Sommo Pontefice, Vatikanstadt 2007.

Stollberg-Rilinger, Barbara (Hg.), Vormoderne politische Verfahren (Zeitschrift für Historische Forschung. Beihefte 25), Berlin 2001.

Wassilowsky, Günther, Die Konklavereform Gregors XV. (1621/22). Wertekonflikte, symbolische Inszenierung und Verfahrenswandel im posttridentinischen Papsttum (Päpste und Papsttum 38), Stuttgart 2010.

7.
Es war immer schon so!
Erkenntnisse aus den Archiven für eine Kirchenreform

Der Text beruht auf folgenden Publikationen:
Wolf, Hubert, Die Reformierbare. Von den vielfältigen Optionen der katholischen Kirche, in: Aus Politik und Zeitgeschichte 52 (2016), S. 28–33; http://www.bpb.de/apuz/239247/die-reformierbare-von-den-vielfaeltigen-optionen-der-katholischen-kirche (letzter Zugriff 31. 1. 2024).
Wolf, Hubert, Die vielen Gerüche der Schäfchen. Warum Subsidiarität der Schlüssel zu Reformen in der katholischen Kirche ist, in: Paul M. Zulehner/Tomáš Halík (Hg.), Rückenwind für den Papst. Warum wir Pro Pope Francis sind, Darmstadt 2018, S. 139–158.
Wolf, Hubert, «Ein dogmatisches Kriterium der Kirchengeschichte»? Franz Xaver Funk (1840–1907) und Sebastian Merkle (1862–1945) in den Kontroversen um die Identität des Faches, in: Reimund Haas/Karl Josef Rivinius/Hermann-Josef Scheidgen (Hg.), Im Gedächtnis der Kirche neu erwachen. Studien zur Geschichte des Christentums in Mittel- und Osteuropa. Festgabe für Prof. Dr. Gabriel Adriányi zum 65. Geburtstag, Köln 2000, S. 713–732.
Wolf, Hubert, Frau Kardinal und die Macht der Geschichte. Reformideen aus der Tradition der Kirche, in: Herder Korrespondenz 69 (2015), H 2, S. 74–78.
Wolf, Hubert, Krypta. Unterdrückte Traditionen der Kirchengeschichte, München [2]2015.
Wolf, Hubert, Plusquam ancilla theologiae. Was die Kirchengeschichte zu aktuellen Reformdebatten beitragen kann, in: ET-Studies 10 (2019), H 1, S. 23–43.
Wolf, Hubert, Vollmacht durch Nachfolge. Ordensgeschichte als Quelle für Kirchenreformen, in: Hanspeter Schmitt (Hg.), Kirche, reformiere dich! Anstöße aus den Orden, Freiburg im Breisgau u. a. 2019, S. 20–39.

Zum Weiterlesen:
Angenendt, Arnold, Geschichte der Religiosität im Mittelalter, Darmstadt 1997.
Angenendt, Arnold, Martin als Gottesmann und Bischof, in: Rottenburger Jahrbuch für Kirchengeschichte 18 (1999), S. 33–47.
Benedikt XVI., Glaube und Vernunft. Die Regensburger Vorlesung. Vollständige Ausgabe, kommentiert von Gesine Schwan/Adel Theodor Khoury/Karl Kardinal Lehmann, Freiburg im Breisgau u. a. 2006.

Daufratshofer, Matthias, Das päpstliche Lehramt auf dem Prüfstand der Geschichte. Franz Hürth SJ als «Holy Ghostwriter» von Pius XI. und Pius XII., Freiburg im Breisgau u. a. 2021.

Deckers, Daniel, Subsidiarität in der Kirche. Eine theologiegeschichtliche Skizze, in: Jean-Pierre Wils/Michael Zahner (Hg.), Theologische Ethik zwischen Tradition und Modernitätsanspruch. Festschrift für Adrian Holderegger zum sechzigsten Geburtstag (Studien zur Theologischen Ethik 110), Freiburg/Schweiz 2005, S. 269–295.

Die Dokumente des Zweiten Vatikanischen Konzils. Konstitutionen, Dekrete, Erklärungen. Lateinisch-deutsche Studienausgabe, hg. von Peter Hünermann (Herders Theologischer Kommentar zum Zweiten Vatikanischen Konzil 1), Freiburg im Breisgau u. a. ²2004.

Escrivá de Balaguer, Josemaría, La Abadesa de Las Huelgas. Estudio teológico jurídico, Madrid ³1988.

Frei, Judith, «Bist du bereit, die dir anvertrauten Schwestern zu Gott zu führen?» Die «Feier der Äbtissinnenweihe» im deutschen Pontifikale von 1994, in: Winfried Haunerland/Otto Mittermeier/Monika Selle/Wolfgang Steck (Hg.), Manifestatio Ecclesiae. Studien zu Pontifikale und bischöflicher Liturgie (Studien zur Pastoralliturgie 17), Regensburg 2004, S. 219–238.

Fürstenberg, Michael von, «Ordinaria loci» oder «Monstrum Westphaliae»? Zur kirchlichen Rechtsstellung der Äbtissin von Herford im europäischen Vergleich (Studien und Quellen zur westfälischen Geschichte 29), Paderborn 1995.

Höhler, Matthias, Das Dogmatische Kriterium der Kirchengeschichte: Ein Beitrag zur Philosophie der Geschichte des Reiches Gottes auf Erden, Mainz 1893.

Köpf, Ulrich, Art. Reformgedanke, in: Religion in Geschichte und Gegenwart[4] 7 (2004), Sp. 159–164.

Krips, Katharina/Mokry, Stephan/Unterburger, Klaus (Hg.), Aufbruch in der Zeit. Kirchenreform und europäischer Katholizismus (Münchener Kirchenhistorische Studien. Neue Folge 10), Stuttgart 2020.

Löwe, Heinz (Hg.), Die Iren und Europa im frühen Mittelalter, 2 Bde., Stuttgart 1982.

Lumpe, Adolf, Zur Bedeutungsgeschichte des Verbums ‹reformāre› und seiner Ableitungen, in: Annuarium Historiae Conciliorum 14 (1982), S. 1–12.

Nell-Breuning, Oswald von, Subsidiarität in der Kirche, in: Stimmen der Zeit 204 (1986), S. 147–157.

Reinhard, Wolfgang, Das Konzil von Trient und die Modernisierung der Kirche. Einführung, in: Paolo Prodi/Wolfgang Reinhard (Hg.), Das Konzil von Trient und die Moderne (Schriften des Italienisch-Deutschen Historischen Instituts in Trient 16), Berlin 2001, S. 23–42.

Reinhardt, Rudolf, Die Abtsweihe – eine «kleine Bischofsweihe?», in: Zeitschrift für Kirchengeschichte 91 (1980), S. 83–88.

Repgen, Konrad, «Reform» als Leitgedanke kirchlicher Vergangenheit und Gegenwart, in: Römische Quartalschrift 84 (1989), S. 5–30.

Röttger, Sarah, Eine unerträgliche Weihe von Frauen? Zur Geschichte der Äbtissinnenweihe (Münchener Kirchenhistorische Studien. Neue Folge 11), Stuttgart 2022.

Seewald, Michael, Reform – Dieselbe Kirche anders denken, Freiburg im Breisgau u. a. 2019.

Wassilowsky, Günther, Kontinuum – Reform – (Symbol-)Ereignis? Konzilsgeschichtsschreibung nach Alberigo, in: Franz Xaver Bischof (Hg.), Das Zweite Vatikanische Konzil (1962–1965). Stand und Perspektiven der kirchenhistorischen Forschung im deutschsprachigen Raum (Münchener Kirchenhistorische Studien. Neue Folge 1), Stuttgart 2012, S. 27–44.

Wassilowsky, Günther, Trient, in: Christoph Markschies/Hubert Wolf (Hg.), Erinnerungsorte des Christentums, München 2010, S. 395–412.

8.

Ehelosigkeit als Dogma
Die Erfindung des Zölibats

Der Text beruht auf folgenden Publikationen:

Wolf, Hubert, Der verbotene Körper. Zölibat, Keuschheit, Jungfräulichkeit, in: Carmen Roll/Christoph Kürzeder/Steffen Mensch/Marc-Aeilko Aris (Hg.), Verdammte Lust! Kirche. Körper. Kunst. Essays (Kataloge und Schriften des Diözesanmuseums für christliche Kunst des Erzbistums München und Freising 82), München 2023, S. 58–69.

Wolf, Hubert, O Celibato sacerdotal na história da Igreja católica. Amazônia – Novos caminhos, in: Revista Eclesiástica Brasileira 79 (2019), S. 336–348.

Wolf, Hubert, Zölibat. 16 Thesen, München 2019.

Zum Weiterlesen:

Angenendt, Arnold, Liturgie im Mittelalter. Ausgewählte Aufsätze zum 70. Geburtstag, hg. von Thomas Flammer/Daniel Meyer (Ästhetik – Theologie – Liturgik 35), Münster 2004.

Brown, Peter, Die Keuschheit der Engel. Sexuelle Entsagung, Askese und Körperlichkeit am Anfang des Christentums, München/Wien 1991.

Codex Iuris Canonici auctoritate Ioannis Pauli PP. II promulgatus, im Auftrag der Deutschen Bischofskonferenz übersetzt und hg. von Winfried Aymans u. a., Kevelaer ²1984.

Denzler, Georg, Das Papsttum und der Amtszölibat, 2 Bde. (Päpste und Papsttum 5), Stuttgart 1973 und 1976.

Denzler, Georg, Die Geschichte des Zölibats (Herder Spektrum 4146), Freiburg im Breisgau u. a. 1993.

Des Sulpicius Severus Schriften über den Hl. Martinus (Bibliothek der Kirchenväter 20), Kempten/München 1914.

Frank, Karl Suso, Askese und Mönchtum in der alten Kirche (Wege der Forschung 409), Darmstadt 1975.

Franzen, August, Zölibat und Priesterehe in der Auseinandersetzung der Reformationszeit und der katholischen Reform des 16. Jahrhunderts (Katholisches Leben und Kirchenreform im Zeitalter der Glaubensspaltung 29), Münster 1969.

Frings, Bernhard/Großbölting, Thomas/Große Kracht, Klaus/Powroznik, Natalie/Rüschenschmidt, David, Macht und sexueller Missbrauch in der katholischen Kirche. Betroffene, Beschuldigte und Vertuscher im Bistum Münster seit 1945, Freiburg im Breisgau u. a. 2022.

Götz von Olenhusen, Irmtraud, Klerus und abweichendes Verhalten. Zur Sozialgeschichte katholischer Priester im 19. Jahrhundert (Kritische Studien zur Geschichtswissenschaft 106), Göttingen 1994.

Hallermann, Heribert/Meckel, Thomas/Pfannkuche, Sabrina/Pulte, Matthias (Hg.), Der Strafanspruch der Kirche in Fällen von sexuellem Missbrauch (Würzburger Theologie 9), Würzburg 2012.

Heid, Stefan, Zölibat in der frühen Kirche. Die Anfänge einer Enthaltsamkeitspflicht für Kleriker in Ost und West, Paderborn u. a. 1997.

Hünermann, Bernd/Hilberath, Bernd Jochen (Hg.), Herders Theologischer Kommentar zum Zweiten Vatikanischen Konzil, Bd. 4, Freiburg im Breisgau u. a. 2005.

Lüdecke, Norbert, Mehr Geschlecht als Recht? Zur Stellung der Frau nach Lehre und Recht der römisch-katholischen Kirche, in: Sigrid Eder/Irmtraud Fischer (Hg.), … männlich und weiblich schuf er sie … (Gen 1,27). Zur Brisanz der Geschlechterfrage in Religion und Gesellschaft (Theologie im kulturellen Dialog 16), Innsbruck 2009, S. 183–216.

Lüdecke, Norbert, Sexueller Missbrauch von Kindern und Jugendlichen durch Priester aus kirchenrechtlicher Sicht, in: Münchener Theologische Zeitschrift 62 (2011), H 1, S. 33–60.

Lüdecke, Norbert/Bier, Georg, Das römisch-katholische Kirchenrecht. Eine Einführung. Unter Mitarbeit von Bernhard Sven Anuth, Stuttgart 2012.

Memorandum zur Zölibatsdiskussion, in: Orientierung 34 (1970), H 6/7, S. 69–72.

Picard, Paul, Zölibatsdiskussion im katholischen Deutschland der Aufklärungszeit. Auseinandersetzung mit der kanonischen Vorschrift im Namen der Vernunft und der Menschenrechte (Moraltheologische Studien. Historische Abteilung 3), Düsseldorf 1975.

Puza, Richard, Viri uxorati – viri probati. Kanonistisch-historische Überlegungen, in: Theologische Quartalschrift 172 (1992), S. 16–23.

Sexueller Missbrauch an Minderjährigen durch katholische Priester, Diakone und männliche Ordensangehörige im Bereich der Deutschen Bischofskonferenz, Mannheim, Heidelberg, Gießen, 24. September 2018; https://www.dbk.de/fileadmin/redaktion/diverse_downloads/dossiers_2018/MHG-Studie-gesamt.pdf (letzter Zugriff 2.2.2024).

Striet, Magnus/Werden, Rita (Hg.), Unheilige Theologie! Analysen angesichts sexueller Gewalt gegen Minderjährige durch Priester (Katholizismus im Umbruch 9), Freiburg im Breisgau u. a. 2019.

Wagner, Doris, Spiritueller Missbrauch in der katholischen Kirche, Freiburg im Breisgau u. a. 2019.

Weber, Ulrich/Baumeister, Johannes, Erfahren. Verstehen. Vorsorgen. Studie zu Taten gegen die sexuelle Selbstbestimmung seit 1945 im Verantwortungsbereich des Bistums Mainz, 3. März 2023; https://www.uw-recht.org/images/230303 %20Bericht%20EVV_final.pdf (letzter Zugriff 2. 2. 2024).

9.
Die Unfehlbarkeit der Päpste
Ein Blick hinter die Kulissen

Der Text beruht auf folgenden Publikationen:

Wolf, Hubert, Der Unfehlbare. Pius IX. und die Erfindung des Katholizismus im 19. Jahrhundert. Biographie, München 2020.

Wolf, Hubert, Joseph Kleutgen, das Breve *Tuas libenter* (1863) und die Folgen für die katholische Theologie, in: Franz Xaver Bischof/Georg Essen (Hg.), Theologie, kirchliches Lehramt und öffentliche Meinung. Die Münchener Gelehrtenversammlung von 1863 und ihre Folgen (Münchener Kirchenhistorische Studien. Neue Folge 4), Stuttgart 2015, S. 49–69.

Wolf, Hubert, «Wahr ist, was gelehrt wird» statt «Gelehrt wird, was wahr ist»? Zur «Erfindung» des «ordentlichen» Lehramts, in: Thomas Schmeller/Martin Ebner/Rudolf Hoppe (Hg.), Neutestamentliche Ämtermodelle im Kontext (Quaestiones Disputatae 239), Freiburg im Breisgau u. a. 2010, S. 236–259.

Zum Weiterlesen:

Aubert, Roger, Art. Pius IX., in: Theologische Realenzyklopädie 26 (1996), S. 661–666.

Aubert, Roger, Vaticanum I (Geschichte der ökumenischen Konzilien 12), Mainz 1965.

Bäumer, Remigius (Hg.), Die Entwicklung des Konziliarismus. Werden und Nachwirken der konziliaren Idee (Wege der Forschung 279), Darmstadt 1976.

Bischof, Franz Xaver, Theologie und Geschichte. Ignaz von Döllinger (1799–1890) in der zweiten Hälfte seines Lebens. Ein Beitrag zu seiner Biographie (Münchener Kirchenhistorische Studien 9), Stuttgart u. a. 1997.

Bischof, Franz Xaver/Essen, Georg (Hg.), Theologie, kirchliches Lehramt und öffentliche Meinung. Die Münchener Gelehrtenversammlung von 1863 und ihre Folgen (Münchener Kirchenhistorische Studien. Neue Folge 4), Stuttgart u. a. 2015.

Brandmüller, Walter, Das Konzil von Konstanz 1414–1418, 2 Bde. (Konziliengeschichte. A: Darstellungen), Paderborn u. a. 1991 und 1997.

Daufratshofer, Matthias, Das päpstliche Lehramt auf dem Prüfstand der Geschichte. Franz Hürth SJ als «Holy Ghostwriter» von Pius XI. und Pius XII., Freiburg im Breisgau u. a. 2021.

[Döllinger, Johann Joseph Ignaz von] Quirinus, Römische Briefe vom Concil, München 1870.

Granderath, Theodor, Geschichte des Vatikanischen Konzils. Von seiner ersten Ankündigung bis zu seiner Vertagung. Nach den authentischen Dokumenten, 3 Bde., Freiburg im Breisgau 1903–1906.

Horst, Ulrich, Das Dogma von der Unbefleckten Empfängnis Marias (1854). Vorgeschichte und Folgen, in: Manfred Weitlauff (Hg.), Kirche im 19. Jahrhundert (Themen der Katholischen Akademie in Bayern), Regensburg 1998, S. 95–114.

Kleutgen, Joseph, Die Theologie der Vorzeit, Münster 1853–1870, [2]1867–1874. 1. Teil: Die Lehre der Vorzeit; 2. Teil: Die Philosophie der Vorzeit, 2 Bde., Münster 1860 und 1863, [2]1878.

Knop, Julia/Seewald, Michael (Hg.), Das Erste Vatikanische Konzil. Eine Zwischenbilanz 150 Jahre danach, Darmstadt 2019.

Lauster, Jörg, Die Verzauberung der Welt. Eine Kulturgeschichte des Christentums, München 2014.

Pahud de Mortanges, Elke, Philosophie und kirchliche Autorität. Der Fall Jakob Frohschammer vor der römischen Indexkongregation (1855–1864) (Römische Inquisition und Indexkongregation 4), Paderborn u. a. 2005.

Reinhardt, Volker, Pontifex. Die Geschichte der Päpste. Von Petrus bis Franziskus, München 2017.

Schatz, Klaus, Kirchenbild und päpstliche Unfehlbarkeit bei den deutschsprachigen Minoritätsbischöfen auf dem 1. Vatikanum (Miscellanea Historiae Pontificiae 40), Rom 1975.

Schatz, Klaus, Vaticanum I. 1869–1870, 3 Bde. (Konziliengeschichte. A: Darstellungen), Paderborn u. a. 1992–1994.

Seewald, Michael, Dogma im Wandel. Wie Glaubenslehren sich entwickeln, Freiburg im Breisgau u. a. 2018.

Wolf, Hubert (Hg.), Zwischen Wahrheit und Gehorsam. Carl Joseph von Hefele (1809–1893), Ostfildern 1994.

10.
Mord auf Befehl der Gottesmutter
Skandal im Nonnenkloster Sant'Ambrogio

Der Text beruht auf folgenden Publikationen:
Wolf, Hubert, Die Nonnen von Sant'Ambrogio. Eine wahre Geschichte, München ⁴2013.

Zum Weiterlesen:
Alfieri, Fernanda, Veronica und der Teufel. Die wahre Geschichte eines Exorzismus, Darmstadt 2023.

Curtius, Friedrich (Hg.), Denkwürdigkeiten des Fürsten Chlodwig zu Hohenlohe-Schillingsfürst, 2 Bde., Stuttgart/Leipzig 1907.

Denzler, Georg, Die verbotene Lust. 2000 Jahre christliche Sexualmoral, München ³1991.

Deufel, Konrad, Kirche und Tradition. Ein Beitrag zur Geschichte der theologischen Wende im 19. Jahrhundert am Beispiel des kirchlich-theologischen Kampfprogramms P. Joseph Kleutgens S. J. Darstellung und neue Quellen (Beiträge zur Katholizismusforschung. B: Abhandlungen), München u. a. 1976.

Erlebnisse der Fürstin Katharina von Hohenzollern-Sigmaringen in Sant'Ambrogio zu Rom, 1858–1859, notiert von Christiane Gmeiner 1870; https://www.deutsche-digitale-bibliothek.de/item/6Y6RTNBCP7AQVVQULQOPLT2QZHVPP645 (letzter Zugriff 1. 2. 2024).

Fries, Heinrich/Schwaiger, Georg (Hg.), Katholische Theologen Deutschlands im 19. Jahrhundert, 3 Bde., München 1975.

Hasler, August Bernhard, Pius IX. (1846–1878), päpstliche Unfehlbarkeit und 1. Vatikanisches Konzil. Dogmatisierung und Durchsetzung einer Ideologie, 2 Bde. (Päpste und Papsttum 12), Stuttgart 1977.

Markschies, Christoph/Wolf, Hubert (Hg.), Erinnerungsorte des Christentums, München 2010.

Patt, Gregor (Hg.), Die Erlebnisse der Fürstin Katharina von Hohenzollern im Kloster Sant'Ambrogio, in: Freiburger Diözesan-Archiv 136 (2016), S. 159–240.

Wolf, Hubert, Mord im Kloster auf Befehl der Gottesmutter? Mystizismus und
    falsche Heiligkeit im Rom Pius' IX., in: Dominik Burkard/Nicole Priesching
    (Hg.), Katholiken im langen 19. Jahrhundert. Akteure, Kulturen, Mentali-
    täten. Festschrift für Otto Weiß, Regensburg 2014, S. 313–327.
Wolf, Hubert (Hg.), «Wahre» und «falsche» Heiligkeit. Mystik, Macht und
    Geschlechterrollen im Katholizismus des 19. Jahrhunderts (Schriften des
    Historischen Kollegs. Kolloquien 90), München 2013.

PERSONENREGISTER

Abaelard, Petrus 75
Adenauer, Konrad 63
Alexander III., Papst 121
Andrea, Girolamo d' 109
Augustinus 85, 156
Aversa, Giuseppe 66

Bacon, Francis 82
Beck, Louise 98 f.
Beecher Stowe, Harriet 87–89
Bellarmin, Robert 80, 83, 166
Benedikt X., Papst 120
Benedikt XV., Papst 57 f., 60–62, 129
Benedikt XVI., Papst 123, 125 f., 158
Benigni, Umberto 57 f.
Bernini, Gian Lorenzo 127
Bismarck, Otto von 61
Blet, Pierre 34
Brecht, Bertolt 71 f., 91
Brini, Mario 21, 23, 25
Brinnitzer, Franz 17, 19–27, 29
Brinnitzer, Heinz Norman 22, 25 f.
Brinnitzer, Joseph 22
Brinnitzer, Meta 21–27, 29
Brown, Dan 9

Canali, Nicola 69
Chieregati, Francesco 131
Cicero 56

Darwin, Charles 73, 82–85
Dell'Acqua, Angelo 34 f., 39–43

Descartes, René 82
Döllinger, Ignaz von 96, 109, 168 f.,
    178, 180 f.
Döpfner, Julius 133
Drey, Johann Sebastian 109

Eichmann, Adolf 14
Engels, Friedrich 87

Faulhaber, Michael von 63
Fink, Karl August 13
Firrao, Agnese 186 f., 190, 196, 200
Formosus, Papst 116
Foscarini, Paolo 79 f.
Français, Gilbert 85
Franzelin, Johann Baptist 105–109
Franzen, August 155
Franziskus von Assisi 186
Franziskus, Papst 12 f., 113, 127, 130,
    133, 139, 148
Frohschammer, Jakob 109, 170
Funk, Philipp 93

Galilei, Galileo 10, 71–73, 78–83, 91
Gasparri, Pietro 53, 57–61, 63–65,
    67, 152
Gasser, Vinzenz 104, 106
Goebbels, Joseph 51
Goethe, Rudolf 150
Graham, Robert A. 34
Gregor VII., Papst 9, 120
Gregor IX., Papst 118

Gregor X., Papst 121
Gregor XV., Papst 122
Gregor XVI., Papst 88, 109, 137
Gregorovius, Ferdinand 90
Guidi, Filippo Maria 165 f.
Gundlach, Gustav 44–46, 49
Gutenberg, Johannes 75 f., 91

Hadrian VI., Papst 131 f.
Haffner, Sebastian 32
Hefele, Carl Joseph von 178
Heine, Heinrich 89
Hitler, Adolf 21, 33, 61
Hobbes, Thomas 82
Hochhuth, Rolf 32–34
Hofbauer, Klemens Maria 94, 98 f.,
    101 f.
Hohenlohe-Schillingsfürst, Gustav
    Adolf 198 f., 202
Hohenzollern, Katharina von
    183–189, 194–200, 202
Hus, Jan 75

Jesus Christus 32, 54, 65 f., 73, 90,
    113, 118, 122–124, 127, 132,
    134 f., 138, 141 f., 154, 156, 158 f.,
    175 f., 178, 188 f.
Johannes II., Papst 124
Johannes XII., Papst 124
Johannes XXIII., Papst 125
Johannes Paul I., Papst 125
Johannes Paul II., Papst 12, 81, 93,
    111, 125–127, 129, 133, 140, 157

Kant, Immanuel 100
Kasper, Walter 157
Kepler, Johannes 73, 79
Ketteler, Wilhelm Emmanuel von
    178
Kleutgen, Joseph (Giuseppe Peters)
    170 f., 192 f., 195–197, 200–202

Klinkhammer, Lutz 34
Konstantin, Kaiser 115
Kopernikus, Nikolaus 72 f., 78–80
Kuhn, Johannes Evangelist 96,
    105 f., 109, 171

Lapide, Pinchas 32
Leiber, Robert 20 f., 23–26, 29
Leo XII., Papst 109, 187
Leo XIII., Papst 87
Levien, Max 60
Lucia (Jugendliebe Pacellis) 56
Lukas, Evangelist 112
Luther, Martin 9, 76, 94, 97, 131

Maglione, Luigi 36, 38, 40 f.
Malvezzi, Giovanni 38 f., 41 f.
Maria Crocifissa, Schwester in
    Sant'Ambrogio 191
Maria Felice, Schwester in
    Sant'Ambrogio 194
Maria Giacinta, Schwester in
    Sant'Ambrogio 189 f., 195 f.
Maria Ignazia, Schwester in
    Sant'Ambrogio 198
Maria Luisa Ridolfi, Novizen-
    meisterin von Sant'Ambrogio
    185–198, 200, 202
Maria Veronica, Äbtissin von
    Sant'Ambrogio 188
Maria, Gottesmutter 183, 188 f., 194,
    201
Martin V., Papst 115, 179
Martin von Tours 154
Martin, Konrad 104, 106
Martini, Angelo 34
Marx, Karl 87
Marx, Reinhard 142
Max I., Joseph, bayerischer König
    94
Maximos IV. Saigh 147

Meir, Golda 32
Meisner, Joachim 123
Mengele, Josef 14
Mercator, Gerhard 82
Merry del Val, Raffaele 67–69
Michelangelo 54, 122
Mill, John Stuart 87
Montini, Giovanni Battista, siehe
    auch Paul VI. 23–26, 29, 35, 38,
    40 f., 45
Münster, Sebastian 82
Mussolini, Benito 26, 51

Nell-Breuning, Oswald von 139
Newton, Isaac 82
Nikolaus II., Papst 118–120
Nina, Lorenzo 108 f.

Osborne, Francis 25

Pacelli, Eugenio, siehe auch Pius XII.
    53–69
Pacelli, Filippo 55
Pacelli, Virginia 55
Pagano, Sergio 48
Paracelsus 82
Paschalis II., Papst 119
Patrizi, Costantino 198
Paul V., Papst 12 f.
Paul VI., Papst 38, 125 f., 157 f., 167
Paulus, Apostel 77
Petrus, Apostel 54, 77, 113 f.,
    117–119, 126 f., 150, 176
Phillips, George 153
Pius VI., Papst 137
Pius IX., Papst 88, 95, 107–109,
    159, 165–177, 179, 183, 199,
    201 f.
Pius X., Papst 57, 109
Pius XI., Papst 12, 54, 63, 65, 67, 129,
    139, 158

Pius XII., Papst 12, 14, 17, 20–24,
    26 f., 29, 31–41, 43–51, 54 f.,
    117, 129, 139, 141 f., 159,
    172
Pizzardo, Giuseppe 63, 68 f.
Price, Richard 150
Priester, Amalie 22
Priester, Wilhelm 22

Rahner, Karl 136, 157
Ranke, Leopold von 89 f.
Ratzinger, Joseph, siehe auch
    Benedikt XVI. 123, 157 f.
Reinhard, Wolfgang 28
Reisach, August Graf von 170 f.,
    183–185, 197
Renan, Ernest 109
Roosevelt, Franklin D. 35

Sailer, Johann Michael 93–110
Schaezler, Constantin von 95–97,
    100–105, 107, 110
Scheptyzkyj, Andrej 38 f., 41 f.
Scherr, Gregor 167, 180 f.
Schiel, Hubert 94
Schioppa, Lorenzo 60
Schliemann, Heinrich 11
Schmid, Christoph von 93
Schmidlin, Josef 128 f.
Schmöger, Karl Erhardt 98 f.
Schneider, Burkhart 34
Schwaiger, Georg 93
Senestrey, Ignatius von 95–99, 103,
    105, 107 f.
Sergius IV., Papst 124
Silvester, Papst 115
Stalin, Josef 61
Steinhuber, Andreas 85 f.
Stephan (II.), Papst 115 f.
Stephan VI., Papst 116
Stephan IX., Papst 120

Stohr, Albert 150
Sulpicius Severus 154

Tacchi-Venturi, Pietro 26
Tardini, Domenico 35
Tarquini, Camillo 105
Taylor, Myron 36–41
Thomas von Aquin 64, 85, 142, 159,
    166, 169
Tittmann, Harold H. 41
Trullet, Angelo 170 f.
Trump, Donald 74
Turowski, Adalbert 26

Ubaghs, Casimir 109
Urban VIII., Papst 80

Vannutelli, Vincenzo 57
Vianney, Jean-Baptiste-Marie
    158 f.
Vinzenz von Lérins 165

Weber, Anton 26
Weiß, Otto 99
Wessenberg, Ignaz Heinrich von
    109
Wilhelm II., Kaiser 59
Wolff, Christian 100
Wolter, Maurus 199, 202
Wyclif, John 75

Zahm, John 83–87